[美学]
核心素养

高建平 主编

中国文联出版社

图书在版编目（CIP）数据

美学核心素养 / 高建平主编. -- 北京：中国文联出版社，2020.12
（2021.11 重印）
ISBN 978-7-5190-4533-3

Ⅰ. ①美… Ⅱ. ①高… Ⅲ. ①美学教育 Ⅳ. ①B83

中国版本图书馆 CIP 数据核字(2021)第 019535 号

中国文学艺术基金会
中国文学艺术发展专项基金　资助项目

主　　编	高建平	
责任编辑	邓友女	
责任校对	鹿　丹	
装帧设计	袁　硕	

出版发行　中国文联出版社有限公司
社　　址　北京市朝阳区农展馆南里 10 号　　邮编　100125
电　　话　010-85923025（发行部）　　010-85923091（总编室）
经　　销　全国新华书店等
印　　刷　湖北恒泰印务有限公司

开　　本　787 毫米 x 1092 毫米　　1/16
印　　张　16.75
字　　数　254 千字
版次印次　2020 年 12 月第 1 版　　2021 年 11 月第 2 次印刷
定　　价　48.00 元

版权所有 · 侵权必究
如有印装质量问题，请与本社发行部联系调换

本书为深圳市"十三五"课题规划资助项目

(项目名称:"美学核心素养精粹",项目编号:SZ2020B003)

目 录

序 言 ... 1

导言：论美学学科内涵的扩展与新变 ... 1
  第一节　关于美学的对象和性质 ... 1
  第二节　美学学科的形成 ... 5
  第三节　美学与艺术学的关系 ... 10
  第四节　当代美学学科的发展 ... 12
  本章小结 ... 14

第一章　审美活动：主客二分的美与美感及其超越 ... 16
  第一节　当代中国美学的"四大派"理论及其分析 ... 16
  第二节　几个核心美学概念的提出 ... 20
  第三节　关于美的理论的新的三分 ... 23
  本章小结 ... 30

第二章　自然美、环境美、生态美 ... 31
  第一节　审美领域的差异与关联 ... 32

第二节　审美精神与伦理精神的内在统一　　37
　　本章小结　　42

第三章　艺术与艺术美　　43
　　第一节　艺术的定义　　43
　　第二节　艺术创造　　46
　　第三节　对艺术的理解　　49
　　本章小结　　52

第四章　美与艺术的范畴　　54
　　第一节　美　　54
　　第二节　崇　高　　57
　　第三节　笑　　59
　　第四节　历史感　　64
　　第五节　新异感　　68
　　本章小结　　70

第五章　古代与中世纪的美学　　72
　　第一节　柏拉图的美学思想　　72
　　第二节　亚里士多德的美学思想　　77
　　第三节　希腊化与罗马时期的美学　　79
　　第四节　中世纪美学　　82
　　本章小结　　85

第六章　现代美学的兴起　86

第一节　文艺复兴：对世俗生活、感性与文学艺术的重新重视　86

第二节　启蒙运动：理性看待感性、审美、艺术与美学的诞生　90

第三节　美学上的总结与成熟：从康德到黑格尔　95

本章小结　102

第七章　20世纪前期西方美学　104

第一节　古典到现代的转型　104

第二节　形式的意义　108

第三节　存在主义与现象学　110

第四节　社会批判理论　115

本章小结　118

第八章　语言学转向：西方美学的新发展　119

第一节　维特根斯坦　119

第二节　沃尔海姆　122

第三节　丹托与迪基　124

第四节　古德曼　127

第五节　韦尔施与舒斯特曼　130

本章小结　132

第九章　先秦两汉的美　133

第一节　《周易》的生命美学思想　133

第二节　中和：礼乐的美学本质　138

第三节　自然与朴素：老庄的自然美学　143

第四节　温柔敦厚：诗教之美	147
第五节　奇艳与闳侈：楚骚与汉赋之美	151
本章小结	156

第十章　魏晋至唐宋美学概要　157

第一节　立言与载道：中国古代美学的价值理想	157
第二节　气韵与风骨：从人格修养到艺术审美的转换	163
第三节　意象与意境：关于艺术本体的理论建构	169
本章小结	176

第十一章　元明清的美　177

第一节　元代绘画的美学追求	178
第二节　"生""拙"与"师"的美学	182
第三节　本色当行的戏曲美学	187
第四节　"一画"与"无二"	190
第五节　明清的小说美学思想	195
第六节　李渔的戏曲结构美学	199
本章小结	202

第十二章　近现代的美　205

第一节　从20世纪初的草创到20世纪前50年中国美学的两条主线	205
第二节　20世纪50年代的美学大讨论	210
第三节　70年代末至80年代前期的"美学热"	214
本章小结	218

第十三章　中国马克思主义美学的现代历程　219

   第一节　从"五四"新文化运动到"左翼美学"的兴起　220

   第二节　两支文艺队伍的形成和在理论上的努力　224

   第三节　"美学大讨论"和"美学热"在建立中国马克思主义美学方面的努力　228

   第四节　美学的复兴与新时代的马克思主义美学　231

   本章小结　234

第十四章　美学与美育　236

   第一节　审美教育：培养全面自由发展的个人　236

   第二节　守正创新：建构中国现代美育话语体系　240

   第三节　美育实践：强化三位一体的育人结构　245

   本章小结　248

后　记　250

序 言

从20世纪50年代起，美学这个学科在中国经历了三次热潮。第一次美学热潮从1956年到1966年，史称"美学大讨论"。第二次美学热潮从1978年开始到1988年，史称"美学热"。第三次热潮大约从2000年开始，史称"美学的复兴"。当然，即使在美学低潮时，研究和讨论并没有间断。这只是说，由于种种原因，美学时而处于人文社会科学研讨的中心位置，时而处于边缘位置。

在新世纪，美学这个学科在经历了一个萧条时期后，得到了复兴。中外美学交流常态化，中西美学史研究兴盛，美学和美育得到了社会各个层面的重视。这些年，召开了一些重要的美学会议，出版了一些重要的美学书籍，美学内各分支研究的展开，对美学基本问题的研究又出现了新的趋向。这是一个美学发展的好时候。

社会的发展，大致要经历一些阶段。在现代化的过程中，首先是追求生活的温饱、富足，有安全和尊严感，下一步，还要追求有品味。美学就与品味建设有关。如果说，"美学大讨论"是以建立中国的马克思主义美学理论体系为目的，"美学热"则是在"拨乱反正"和"改革开放"的大形势下催生的。此后经历了经济的大潮，以及在此以后的人文精神的讨论，到了世纪之交，出现了"全球化"浪潮，美学在这一新的社会需求中得以复兴。新世纪以来的20年，美学得到稳步而全面的发展。这时，美学不再像"美学大讨论"时围绕着几个焦点问题争论，也不限于"美学热"时种种美学观点的各自表述和展开，而是开始了对美学的各个方面、各个分支、各个艺术门类美学，中外美学历史和现状，以及对美学的概念和范畴的研究，对新的美学观点和观念的引入。这时，美学已经成了一个巨大的家族，各种各样研究背景的人，带着各自的兴趣和需要，加入到美学研究队伍中来，形成了美学研究的繁荣。

以上是美学专业研究圈内的情况。本书的目的，是要促进更多的人了解美学这门学科的知识，形成美学的核心素养。美学的素养的养成，是一个长期的而日积月累的过程。平时有好的艺术展览就去看，有好的音乐会就去听，亲近自然，爱好读书，天长日久，就受到陶冶。除此之外，朱光潜先生强调，不学一艺莫谈艺。或是音乐绘画，或者诗文书法，总之，从事美学研究的，不能只是欣赏，还要有艺术的实践。只是用眼用耳不行，还要动手动脚，身体力行。所有这些，都是课堂和讲堂所无法取代的。美在实践之中，在实践中接受美的熏陶，接受情感教育。

美学的素养，不能靠一两本美学书就能做到。然而，书有书的用处。本书的性质，介乎美学基本知识介绍、美学的专业教科书、美学的学科前沿状况的描述三者之间，试图用简短的篇幅，简明的语言，叙述这个学科的最重要的内容。

美学的基本书籍，一般说来，分为两种：一是论，一是史。美学理论著作是从一种理论体系出发，分述这门学科的基本内容。与此不同，美学史著作，则要叙述这门学科的来龙去脉。本书主要采用史论结合的写法，既写了论，也写了史。

在论的部分，勾勒出一个基本的知识框架，说明一些美学观点本身，以及当下对这些观点的看法和理解，在一个发展过程中描述这些理论的状态。而在史的部分，努力做到在历史发展过程中说明有一些重要的美学概念，这些概念在历史上具有重要意义，在今天仍有价值。流行的美学教材，在讨论美学理论的时候，总是将论分成"美"和"美感"两个部分。本书说明了这种"美"和"美感"二分的理论形成的原因，以及各有什么重要观点，再将它们放到一道来综合考察。

进一步，将自然美和艺术美分别加以叙述。关于自然美的讨论，过去限于在概念上溯源，讨论"自然的人化"，而本书则将当代关于环境美学和生态美学的研究成果包括进去，不再将自然作为征服改造的对象，而说明人与自然共生的意识对美与审美的影响。

在艺术美的讨论中，从关于艺术的现代体系的形成和艺术概念的建立，分析美学对美学定义的探讨，再到当代艺术所面临的诸多挑战，出现了许多过去关于艺术美学研究没有碰到的新问题。在本书中，对这一艺术美学发展的历程进行了描述和分析。

这本书的另一个特色，是对西方和中国美学史作了概略性的叙述。无论是西方美学史、西方美学的当代发展情况，还是中国从古代到现代的美学史，内容都极其丰富。如何能做到一本在手，将最重要的概念包括在内？这是一个挑战。然而，做好这一工作，还是有意义的。从中西美学史的概略的知识出发，可引导读者进一步去阅读包含相关内容的更全面更深入的书籍。同时，本书的特点还在于，略去对历史细节的详细叙述，只留下了一个大的框架，却给当代学科前沿留下一定的篇幅，说明中西美学史研究的当代发展情况。

本书的最后一章，归结到美育上来。美育是一个重要的话题。美学要在美育上落实，提高民众的审美素质，进行品味建设，这是具有重要意义的工作。但从另一方面说，这是一个实践性的工作，在理论上叙述很难。本书说明了相关的几个要点，说明美育的重要性，而对美育的实施寄予希望。

美学的知识像汪洋大海，这本小书只是取一瓢饮而已。希望这本书成为一部导论性的书，引导读者更多更深地介入到美学之中，并且从理论到实践，在美的欣赏和陶冶之中，完善自身，推动社会的发展。

导言：论美学学科内涵的扩展与新变

什么是美学？关于这个问题的回答，已经多种多样了。美学不是一个固定的物，可以对它作纯客观的分析。这是一个随历史的发展而形成和变化的学科，从事这个学科的研究者们在研究过程中拓展了这个学科，丰富了这个学科的内涵。

第一节 关于美学的对象和性质

关于美学学科对象，一些美学通论和教材都习惯用三分的方式来论述，将美学分为美的哲学、审美心理学、艺术哲学。例如，李泽厚的《美学四讲》，就分为"美学""美""美感""艺术"这四讲，除了第一讲是引论以外，其他三讲就分别讲述了这三个部分。① 对美学这种"三分法"的理解，在后来流传很广。王朝闻主编的《美学概论》除了"绪论"讲述美学研究的对象、任务和方法以外，共分六章。第一章讲"审美对象"，分别论述美的本质与形态。第二章讲"审美意识"，讲审美意识的本质和审美心理。从第三章到第六章都讲艺术，分别讲"艺术家""艺术创作活动""艺术作品"和"艺术的欣赏和批评"。这实际上还是"三分法"，只是由于王朝闻作为一位艺术家来编书，大大扩充了第三部分中的"艺术"的内容。② 这与王朝闻作为艺术家对艺术特别重视，从而给予艺术以更大的篇幅，是分不开的。与王朝闻主编的这本美学教材相反，杨辛和甘霖编的《美学原理》，则把更多的篇幅放在美的本质、范畴、起源、类型之上，

---

① 参见李泽厚.美学四讲[M].北京：生活·读书·新知三联书店，1989.
② 参见王朝闻主编.美学概论[M].北京：人民出版社，1981.

将"艺术美"放在诸种美的类型之中,并把悲剧和喜剧放在美学的范畴之中来讨论,形成了一种以"美"为中心,兼谈艺术和美感的教材体系。但是,从根本上讲,这两位作者对美学的理解,仍是当时流行的"三分法",只是他们给"艺术"留的篇幅少一些而已。[①] 此后,国内有多种教材问世,这三方面内容,都是必不可少的。

以美、美感、艺术这三个方面的内容来建构美学的做法是历史地形成的。美学首先被许多学者认为是哲学的一个分支。至今在学科划分中,美学仍属于哲学。在历史上,不少哲学家常常在建立了他们的哲学体系以后,作为体系的补充或延续,写出美学著作。例如,康德继发表了《纯粹理性批判》和《实践理性批判》这两大批判之后,在66岁时写出了《判断力批判》这部综合了当时的各种美学的核心概念,形成了一个美学体系的著作。黑格尔在发表《精神现象学》《逻辑学》《哲学全书》《法哲学原理》等代表性著作以后,不幸早逝。他留下讲稿《美学讲演录》在死后被整理出版。杜威也是在他的教育学、哲学和伦理学著作发表以后,才开始发展他的美学研究,并在75岁高龄时出版了《艺术即经验》这部重要的美学著作。维特根斯坦逝世早,没有活到他的"美学时期",但后来,他的学术上的追随者在他的哲学基础上,发展出了蔚为大观的分析美学学派。

哲学史家们围绕着美学在哲学中的地位,产生了许多争论。有人认为,康德通过《判断力批判》一书,完成了他的哲学体系。美学是哲学的延伸,是哲学原理的运用。还有人认为,美学是第一哲学,处于哲学大厦的顶端。这种争论本身说明,美学是哲学的一个重要组成部分,它本身具有哲学性,研究和学习美学,要以哲学知识和修养为基础;同时,美学的研究和学习也会成为哲学入门的向导和哲学能力提高的动力源。总之,美学与哲学有着千丝万缕的联系。

美学与心理学有关。面对一个对象,例如一朵花、一片风景、一首诗、一幅画,或者一首音乐,为什么会产生美的感受?生活中的事物多种多样,为什么某些人,会对其中某些事物,在某个特定时候,产生美的感受?围绕着这些问题,美学家们会分成两派,一派认为,是由于这一对象的特点,另一派认为,是由人的心理机制决定的。主张前一派的,是客观

[①] 参见杨辛、甘霖.美学原理[M].北京:北京大学出版社,1983.

论者；主张后一派的，是主观论者。

早在19世纪，德国心理学家费希纳（Gustav Theodor Fechner，1801—1887）就提出"自下而上的美学"。费希纳著有《实验美学论》（1871）和《美学导论》（1876），讨论各种美学的原理和方法，奠定了实验心理学美学的基础。

在19世纪末和20世纪初，美学上出现了"心理学转向"。这种"心理学转向"，表现为几种情况：第一，一些哲学家具有强烈的心理学倾向。尽管他们不认为自己是心理学家。例如克罗齐（Benedetto Croce，1866—1952），他提出"直觉"即"表现"，即"艺术"的观点，以及乔治·桑塔耶那（George Santayana，1863—1952），他提出，美的对象是客观化的快感。第二，一些心理学研究者在"审美态度"这一内省的方法的基础上，提出了一些审美心理规律。例如立普斯（Theodor Lipps，1851—1914）提出了"移情说"，爱德华·布洛（Edward Bullough，1880—1934）提出了"心理距离说"。第三，像弗洛伊德（Sigmund Freud，1856—1939）这样的出身于精神病医生的学者提出了"无意识"的理论，依据这一理论，形成了重要的"心理分析学派"。弗洛伊德还积极从事对艺术家和艺术作品的心理分析，他的做法影响了他的学生和追随者们。他们提出的心理模式和研究方法后来渗透到20世纪各派的美学研究之中。第四，格式塔心理学作为一种新的心理学流派对美学产生重要的影响，出现了以鲁道夫·阿恩海姆（Rudolf Arnheim，1904—2007）为代表的运用格式塔心理学进行视觉分析的流派。除此以外，一些艺术史家，例如恩斯特·贡布里希（E. H. Gombrich，1909—2001）认为他的代表性著作《艺术与错觉》也是一种艺术心理的分析。

在审美心理学中，一直纠缠着哲学思辨性与科学实验性的矛盾。这构成研究路径上的两极。在这两个极端之间，研究者们持不同的立场，采用部分思辨、部分调查和内省的方法。哲学的思辨性，指一些研究者对审美心理的模式进行猜想，判定一些审美心理的要素，假定它们的活动方式。科学实验性是试图通过实验心理学的科学实验、数据积累、定量分析等手段，研究人的审美心理机制。科学实验的研究对审美心理学的研究是有益的。这方面研究的成果，会给美学这个学科带来许多有益的新知识。在当今，随着现代科技的发展，这方面的研究会变得越来越成熟。然而，长期以来，审美心理学中最具影响力的研究成果，仍是内省性的心理学美学，并且在可见的将来，内省性的研究还将占据重要地位。

美学与艺术的研究有着密切的关系。关于艺术，可以有多种多样的，多层次多方面的研究。艺术可分为多个门类，对各门类艺术的起源、性质、功能和作用，作出具体的研究。但是，随着时代的发展，人们开始关注各门类艺术之间的关系，如诗、乐、舞之间的关系，绘画、雕塑之间的关系，诗与画之间，绘画、音乐和建筑间的关系，等等。这种研究最终促使人们把各门艺术统一成一个体系，对艺术进行总体研究。由此出发区分艺术与非艺术、艺术与工艺、艺术与自然物，并在艺术之中进一步分类。

艺术研究还具有层次性。对文学从主题、题材、情节到叙事手法的研究，对绘画从色彩、线条、构图方面的研究，对音乐从节奏、旋律、调式方面的研究，是一个层次。向上到艺术普遍特征，如艺术的形象性、有机整体性，具有某种审美范畴，例如优美、崇高、幽默、滑稽等等。因此，再向上抽象，进行艺术的本质、艺术的边界和艺术定义的探讨。

艺术研究还具有历时性的特点。艺术本身就有一个形成和发展的过程，与艺术相关的概念和范畴也是如此。如何将艺术放进历史中进行考察，这本身也是一个哲学问题。历史上，一物何时是艺术，这是工艺史与概念史结合的产物。

早在18世纪，法国学者夏尔·巴托就提出"美的艺术"概念，并由此形成现代艺术体系。① 黑格尔认为，"美学"的正确名称应该是"艺术哲学"，以艺术为中心来进行美学研究。② 在20世纪初，马克斯·德索提出"一般艺术学"的研究，推动艺术研究的发展。③ 分析美学认为美学的任务是对艺术批评的概念进行分析，从而将美学定义为"元批评"，即批评的批评。④

美学研究的这三分法，在近年来就被打破了。美学的范围得到了拓宽，容纳进了新的研究对象，例如，对自然、环境和生态美的研究，对神

---

① 参见[法]夏尔·巴托.归结为同一原理的美的艺术[J].高翼，译.外国美学，2020(32).
② 参见[德]黑格尔.美学[M].朱光潜，译.北京：商务印书馆，1982.
③ 参见[德]马克斯·德索.美学与一般艺术学[M].朱雯霏，译.北京：中国文联出版社，2019.
④ 参见[美]门罗·比厄斯利.美学史：从古希腊到当代[M].高建平，译.北京：高等教育出版社，2018.

经美学的研究，对乡村和城市美的研究，对新媒体和信息革命所带来的审美对象的新样态的研究，以及对美育的研究，等等。

第二节　美学学科的形成

美学是一个现代的学科，有它的形成过程。"美学"这个词是从 aesthetics 翻译而成。因此，有几个起源可以分别叙述。

第一，"美学"这个词从哪里来的？

这个词是从一个人开始的，这个人的名字叫亚历山大·戈特利布·鲍姆加登（Alexander Gottlieb Baumgarten，1714—1762）。1735年，当时只有21岁的鲍姆加登在他的博士论文《对诗的哲学沉思》一书中，根据希腊语词根造出"美学"（aesthetics）一词。他指出，事物可分为"可理解的"和"可感知的"两种，前者是本体论研究的对象，后者是"美学"（"感性学"）所研究的对象。一段话或一首诗可以完善（perfectio）或不完善地表现其意义，这是一种"完善"；也可以在声音、韵律，其中所包括的隐喻、象征，等等方面获得完善或不完善的表现，这是另一种"完善"。前者是理性的，后者是感性的。研究这后一种感性表现的完善的科学，就是"美学"。鲍姆加登对他的这一发明很重视，1750年，以这个词为书名，发表了他的巨著《美学》（*Aesthetics*）第一卷。在这本书中，美学的定义有了扩大，前一本书主要涉及诗的艺术，而这一本书则将讨论的范围扩大到"诸自由艺术之理论，低级认知学说，美的思维之艺术，类理性之艺术"。[①] 过了几年，在1758年，他又出版了《美学》第二卷。他有一个雄心勃勃的计划，要写出一部多卷本的著作，通过对各门艺术进行描述和讨论来发展他的对"感性表现的完善"的研究。但是，可惜的是，他的健康情况已经不允许，写作这第二部就已很勉强，终于在1762年逝世，没有能完成宏愿。

学术界围绕着鲍姆加登是否创立了美学有一些不同的看法。例如，朱

[①] 参见［德］亚历山大·戈特利布·鲍姆加登.美学§1［J］.贾红雨，译.外国美学，2018（28）.

光潜在他的《西方美学史》一书中写道，自从鲍姆加登正式用"埃斯特惕卡"来称呼他的研究感性认识的一部专著，"美学作为一门新的独立的科学就呱呱下地了"。①蒋孔阳先生表达了类似的意见，指出鲍姆加登"不仅第一次确立了'美学'这门学科的名称，而且也第一次确定了美学研究的对象和范围"。他的结论是，说美学作为一门学科是从鲍姆加登开始，"一点也不过份"。②但也有人有所保留。例如，汝信就这样写道，鲍姆加登的理论功绩，"不仅仅是为美学取了一个名称，而且确实对这门科学的正式诞生作出了一定的贡献"。③

第二，这个学科的其他重要概念被提出和逐渐成熟的过程。

鲍姆加登确实对"美学"这个学科的诞生作出了重要的贡献。他对这个学科的命名，对"感性"重视和强调，并形成一种独立的关于"感性"的"完善"的观念，这些对该学科的形成都极其重要。然而，这个学科的诞生，还需要有其他众多重要的概念，并在这些概念的基础上形成了一些体系。

在这些概念中，首先要提到的，是意大利人维柯（Giovanni Battista Vico，1668—1744）。克罗齐认为，维柯"可谓是发明了美学科学的真正革命者"。④维柯认为，在其他各种智慧之前，有一种"诗性智慧"，人的智慧由此而派生出来。这构成了对哲学上的理性主义的批判，对现代艺术哲学的形成，具有奠基性的意义。⑤

然而，许多英美学者更倾向于认为，这个学科是夏夫茨伯里（1671—1713）所创立的。夏夫茨伯里提出了两个重要概念：第一是"审美无利害"。当时处在资本主义上升时期，哲学界也弥漫着强烈的功利主义倾向。针对这种倾向，夏夫茨伯里提出，人可以欣赏大海的美，但不必有像海军元帅那样占有大海的感觉。对美的欣赏，所需要的是无功利的静观。第二是"内在的眼睛"或"道德感官"。人具有一种内在，但却是直接的感官，凭借它来产生美感。由此，对美的感受不是一种理性活动，而是一种直接

---

① 朱光潜.西方美学史［M］.北京：人民文学出版社，1979：297.
② 蒋孔阳.德国古典美学［M］.北京：商务印书馆，1981：47.
③ 参见汝信.西方美学史论丛续编［M］.上海：上海人民出版社，1983.
④ ［意］贝尼季托·克罗齐.作为表现的科学和一般语言学的美学的历史［M］.王天清，译.北京：中国社会科学出版社，1984：64.
⑤ ［意］维柯.新科学［M］.朱光潜，译.北京：人民文学出版社，1986：151—247.

的感性活动。

在英国,趣味的观念得到许多哲学家的关注,有很多的论述。特别是休谟(David Hume,1711—1776)的论述,具有重要影响。休谟立足于经验主义的立场来讨论趣味,即认为趣味依赖于主体的感受,从而趣味具有相对性。但是,趣味仍是有标准的,它依赖于排除一切偏见的"有资格的观察者"。这种对趣味的强调,认为审美与趣味有关,对美学发展具有重要意义。

另一个与休谟同时代的人埃德蒙·伯克(Edmund Burke,1729—1797)发表了《关于崇高与美的观念的哲学探讨》一书。"崇高"是一个古老的概念。在古罗马时,就有一篇被假托为朗吉弩斯所作的《论崇高》问世。此后,"崇高"的观念被很多人提起,有了很大的发展。但是,这些论述都是将"崇高"视为美的一种类型。只有到了伯克时,"崇高"才与"美"对立起来,被认为两者在感性性质上正好相反:崇高是"力量、匮乏与空虚,以及尺度的巨大"①;与此相反,美是"小、光滑、逐渐的变化、精巧"②。他还试图从心理学的角度对"崇高"和"美"所提供的不同感受作出分析。

在与鲍姆加登提出 aesthetics 这个概念大致同一时间,法国人夏尔·巴托(Charles Batteux,1713—1780)发表了《归结为同一原理的美的艺术》(1746)一书,书中提出了"美的艺术"的体系和概念。书中"将诗、绘画、音乐、雕塑和舞蹈包括进来,这也许是人类历史上第一次将'美的艺术'定义为一个特殊的范畴"。③

以上的这一系列的概念的形成和逐渐成熟,为美学这个学科的诞生准备了条件,终于到了18世纪末,康德写出了《判断力批判》,将这些概念容纳进去,并进行深刻的分析。康德从一个独特的哲学角度,论述了无功利,没有概念而具有普遍性和必然性,没有目的而又有合目的性的美,论述了数学性质和力学性质的崇高,论述了"美的艺术""天才""趣味"等

---

① [美]门罗·比厄斯利.美学史:从古希腊到当代[M].高建平,译.北京:高等教育出版社,2018:323.
② [美]门罗·比厄斯利.美学史:从古希腊到当代[M].高建平,译.北京:高等教育出版社,2018:323.
③ [美]门罗·比厄斯利.美学史:从古希腊到当代[M].高建平,译.北京:高等教育出版社,2018:261.

重要概念，将它们结合成一个成体系的整体。①

美学成为一个学科，也与大学教育制度在欧洲的发展有着密切的关系。欧洲近代大学在经历了几百年发展后，从17世纪开始，迎来一个繁荣的时期，出现了众多的自然科学、人文科学和社会科学方面的新学科。作为一个学科，它的形成，需要有明确的名称，完整的概念体系。大学制度催生学科的形成，而学科也在大学制度下得到确立。

18世纪形成的美学学科，经过19世纪的一系列的发展，逐渐走向成熟。并且作为现代文化的一部分，向一些非西方国家传播，推动这个学科在世界各国的建立。

第三，这个学科的名称和学科的基本理论传到中国的过程。

美学这个学科是在20世纪初传到中国的。在1900年以前，欧洲来华传教士对这门学科有所提及，在1900年以后的几年中，王国维和蔡元培对这门学科有了专门的著述，并逐渐确定了"美学"这两个字作为aesthetics的译名。此后，有更多的人翻译和介绍这一学科的内容。但是，直到20世纪30年代，当朱自清为朱光潜的《文艺心理学》一书写序言时，还认为，"美学大约还得算是年轻的学问，给一般读者说法的书几乎没有；……像是西洋人说中国话，总不能够让我们十二分听进去"。② 而朱光潜这本书，"全书文字像行云流水，自在极了。他像谈话似的，一层层领着你走进高深和复杂里去"。③ 这句话典型地代表了20世纪30年代的学者们对美学这门学科，以及朱光潜对美学这门学科来到中国所起的作用的感受。

20世纪是美学这个学科在中国逐渐发展，并走向兴盛的过程。这基本上可以归结为两条线索：第一条线索，是从王国维、蔡元培，再到宗白华、朱光潜的对西方美学的引入和研究，这一线索遵循的是"审美无利害"的"静观"的线索；第二条是梁启超的文艺"新民"和鲁迅的"改造国民性"的线索，这条"文艺为人生"线索，后来就与致力于社会改造的马克思主义的美学结合起来，随着社会革命形势的发展占据了主导地位。在20世纪50年代，出现了"美学大讨论"，使美学这个学科在中国成为

---

① ［德］康德.判断力批判［M］.邓晓芒，译.北京：人民出版社，2002.
② 朱光潜.朱光潜美学文集［M］.上海：上海文艺出版社，1982：326.
③ 朱光潜.朱光潜美学文集［M］.上海：上海文艺出版社，1982：329.

显学,产生了美学上的"四大派"。到了70年代末和80年代,在"改革开放"的大环境下,美学的讨论重启,出现了"美学热"。

中国的美学,经历了一个从"美学在中国"到"中国美学"的过程。美学引入后,经过消化和吸收,再反思中国的传统的美学思想因素和艺术的观念,结合当下的中国审美和艺术实践,逐渐形成中国自己的美学体系和具有中国特色的美学观念。

第四,现代的美学与古典的美学。

朱光潜提出,鲍姆加登提出了aesthetics这个词,从他开始,美学这个学科才像新生儿一样"呱呱落地"了。前面已经指出,美学这个学科的诞生并非仅仅从鲍姆加登提出这个词开始;然而,美学这个学科的成熟,的确应该归因于18世纪一些具有支撑性的美学概念被相继提出,并且由康德将之结合成了一个完整的体系。

然而,朱光潜的《西方美学史》的写法,仍是从古希腊的毕达哥拉斯写起,经柏拉图、亚里士多德,再到希腊化和罗马时期,到中世纪和文艺复兴,再到近代和现代。不仅是朱光潜的《西方美学史》,而且我们所熟悉的几乎所有的西方美学史著作,都是采用了这种写法。例如,鲍桑葵的《美学史》、基尔伯特和库恩的《美学史》、克罗齐的《作为表现的科学和一般语言学的美学的历史》、门罗·比厄斯利的《美学史:从古希腊到当代》等等,都是如此。

如何解决这一概念上的矛盾呢?朱光潜晚年在《美学拾穗集》中提出了一个构想,即区分"美学"和"美学思想"。他写道:"美学成为一门独立的科学虽不过两百多年,美学思想却与人类历史一样的古老。"[①]"美学"这个学科是从鲍姆加登开始的,而此前所存在的,是"美学思想"。当然,朱光潜在这里的表述,也不够准确。美学并不是"与人类历史一样的古老",许多的美学史著作,包括朱光潜的《西方美学史》,都有一个开端,即从希腊人写起。对此,鲍桑葵在写作《美学史》时,曾作了这样的解释,只是到了希腊哲学中,人类才到达了"一个人们可能要开始从严格的哲学角度来考虑审美现象的时刻了"。[②] 显然,这种反思,开始于人们的

---

① 朱光潜.美学拾穗集[M].北京:中华书局,2013:121.
② [英]鲍桑葵.美学史[M].张今,译.北京:商务印书馆,1985:22.

抽象思维的能力提高。这时，人们开始对美和艺术的现象进行概括，并形成了一些关于美和艺术的概念。

综合以上这两个阶段，我们可以大致形成这样的理解：从古希腊时期开始，西方人有了"美学思想"，而到了18世纪，开始了"美学"这个学科的建设。

第五，中国的美学思想与中国美学。

在中国也存在同样的情况。1900年以后，美学这个学科在中国形成，并出现了第一批专门研究者，并在中国的大学里开始设立相应的课程。但是，这并不等于说，此前没有"美学思想"。一部中国美学的历史，还是要从中国的先秦时期写起。在《周易》中，在《左传》等古书的记载中，在《论语》所记录的孔夫子的言论中，在《老子》《庄子》等诸子书中，在《吕氏春秋》这样一些保留大量古代材料的古书中，有着大量精彩而有价值的美学观点。

中国古代美学思想极为丰富，是建构当代中国美学的丰富的宝库。从中可吸收丰富的营养。这些思想也是我们在今天建立中国特色的美学的宝贵资源和理论工具。但是，当代中国美学的建立，并不能看成是古代中国美学思想的自然生长。当代中国美学有一个引入、适应、发展的过程。直至今日，仍需要我们立足当下，面向当下的审美和艺术的现实，从古代和外国吸取营养，进行独立自主的理论创造。

第三节　美学与艺术学的关系

前面曾说到，美学是由三大块组成的，即美、美感、艺术。关于艺术的研究是美学的重要组成部分。这种三分法，并不仅仅意味着在编写美学这一门学科的教材时，要对三个方面的内容分别作出讲述，而且，更为重要的是，这三者的内容是联系在一起、相互作用的。从现代美学形成之时起，艺术就对美学的发展起着推动的作用。艺术就仿佛是制作美的实验室，在这里通过实验生产出美的事物和观念，再将之推广到一般事物的制作之中。能写诗和美文的人，在日常应用性文字写作中就会写得更好，写作者在诗文写作中练就了写作的能力，这种将艺术生活化的过程，最终促成了生活的艺术化。其他门类的艺术也是如此。书法家提高了一个时代的书法水平，而画家、雕塑家和建筑师等等，原本就是工匠，是众多工匠中的佼佼者。从另一方面看，艺术的创作和欣赏活动，形成了人的审美观念，陶冶了人的性情，培养了人的审美能力。因此，艺术这个美的实验室，不仅产生美的产品，在实验室外的广大世界中得以推广，使生活艺术化，使世界美化；同时，艺术还造就制作和欣赏艺术的人，使他们获得审美的眼光，从而改变对世界的观看方式。

现代美学正是在艺术的推动下形成的。正如前面所说，鲍姆加登为了说明诗本身具有感性独立性，提出了"美学"（"感性学"）这个词。后来，他试图将这个学科扩展到其他的艺术门类，认为不仅诗，而且各个艺术门类都具有独立的感性，并在追求感性的完善。夏尔·巴托所提出的"美的艺术"是现代美学的奠基性概念，他引导人们思考把各门艺术归为同一原理，从而开始了艺术本质的研究。

欧洲美学史上的重要美学家们，实际上都把主要注意力放在艺术上。原因在于，艺术是制作和欣赏的美的活动，而审美只是直观，行动永远要比直观更能吸引理论家的注意力。艺术创造美，人要为这种活动作出解释，并根据这种解释的需要形成理论，从而进一步推动和改进实践。

康德的美学从对自然的讨论开始，却以对艺术的解释为旨归。对他来说，对自然的审美相对比较简单，从对自然的审美，包括对美的四契机的分析和对两种崇高的分析，可以成为进一步进入复杂的艺术审美的钥匙。黑格尔的美学就是艺术哲学。对他来说，对自然的审美不过是"灌注生气"的结果，而这种"生气"，是人在与艺术相关的活动中形成的。

20世纪的美学家们都与艺术学有千丝万缕的联系。罗杰·弗莱（Roger Fry，1866—1934）和克莱夫·贝尔（Clive Bell，1881—1964）与"后印象主义"兴起，以及艺术中的新形式主义的发展有着密切联系。他们提出的"有意味的形式"，区别于从毕达哥拉斯和柏拉图开始的旧形式主义美学传统，也冲击了古老的"摹仿"理论传统。他们的思想渗透到现代主义艺术的各种流派之中，对艺术形式在20世纪的更新起了重要作用。

阿瑟·丹托（Arthur C. Danto，1924—2013）与乔治·迪基（George Dickie，1926—　）等人发起的关于"艺术界"的讨论，试图为以杜尚的《泉》为代表的超越感性的概念艺术作辩护，说明它们可成为艺术的理由。

他们的讨论意味着艺术与美，或者说艺术与一切原本艺术所依赖的感性特征的分离。然而，我们不能将之看成是艺术与美学从此分开，从而艺术学独立的标志。恰恰相反，阿瑟·丹托等人所做的，是一种面对艺术发展的新变建立起来美学理论。丹托的美学是黑格尔的《美学》影响的结果。黑格尔认为，美是"理念的感性显现"，在历史的进化过程中，理念终将超越它的外在显现，而概念艺术正是如此。一种被称为后现代的艺术，更需要理论，这种艺术寻求在作为艺术哲学的美学支撑下存在。

第四节 当代美学学科的发展

美学的当代发展，呈现丰富性和多样性。从总体上说，有着两股倾向，这就是"超越"和"回归"。美学并不是沿着原有的道路向前发展，而是一方面建立"超越美学的美学"，另一方面又在许多方面呈现出早期美学的特点。具体说来，这体现在以下几点：

第一，美学在继续追踪艺术的发展，研究新的当代艺术问题。艺术的概念化趋向，曾在阿瑟·丹托的带领下，被描绘成黑格尔式的理念超越了它的感性显现阶段，向其自身回归，由此而出现了"艺术的终结"。然而，艺术并不能永久地脱离"感性"。在特定的时期，一些特别的艺术流派，以对感性的超越相号召，构成对既有艺术制度和传统的破坏和挑战。但是，破坏了还需建设，脱离了还需复归。这时，建立新感性的任务就提了出来。当代艺术在语言、声音、光与色等方面所提供的新效果，激发美学对这些艺术上的新发展作出描述和回应，以此来思考美学的新的发展可能性。从这个意义上讲，只要艺术存在，就有面向艺术的美学，只要艺术在发展，就有追踪艺术发展而出现的美学的发展。

第二，审美心理学研究重启的可能性。在20世纪初，曾经有过一个审美和艺术研究的心理学热潮。依托当时的实验心理学和心理分析的发展，出现了众多的心理学美学的流派。但是，这种发展后来就呈现两极的现象。从实验心理学那里借用一些模式，走出实验室，作理论发挥的做法，得到了极大的流行。分析美学曾努力克服美学中的心理学倾向，更偏重语言分析。在很长一段时间里，心理学美学受到压制。然而，只要人的审美现象存在，从心理角度对这种现象作美学研究的潮流就是不可阻挡的。当然，美学研究者主要是一些人文学者，他们对科学实验的手段，对自然科学的统计和分析的方法不熟悉，在这方面的研究进展缓慢，也常有挫折感，对审美和艺术这种高度复杂的现象进行实验研究缺乏信心。同时，在面对审美现象中所涉及的心理性与社会性，一般生理心理机制与审美主体的意志和意愿，个体差异与群体间相互影响之间的种种复杂的问题时束手无策。然而，当代科技进步的强大力量，最终会对美感研究产生推动，这种力量也是不可阻挡的。划定界限，对人的审美现象进行具体而定量分析，已经有人在作这方面的努力。这种方面的研究成果必将渗透到美学研究中来，使这个学科的面貌得到改变。

第三，关于自然美的探讨被对自然和社会的改造的努力所取代。自然之美，是由于它本来就美，是由于人的情感、情绪的投射，还是由于自然被"人化"了，人在自然中欣赏到自己的力量？这是曾经争论过的古老问题。美学的研究后来就实现了问题的转移。自然美研究就转化为生态环境美的研究。这种转移背后，有一种主客体关系的变化。将自然作为认知对象，情感寄托对象，物质性改造的对象，这些都是在哲学上将自然对象化的产物。人是从动物进化而来，自然界原本是动物的生存环境，同样，对原始人来说，自然界也是生存环境。日月星辰、风雨雷电、寒暑轮替、草木枯荣，这些都是他们要面对的，也是他们生活在其中的大自然。美感在这个过程中产生，与他们的生命活动联系在一起。只有到了要对"美"进行"审"的时候，人们才将美的现象对象化。因此，对自然美的研究，要探这个源，从人与自然一体，对象还原为环境，还原整体的生态观说起。

自然之美，有其光与色的形式主义因素，但是，这源于它们是人的生活环境以及基于对环境直觉的生态意识。由此引申到对乡村和城市的美的建设的思考。在这些思考之中，家园的意识，应是最根本的。从人的生活、实践的观点出发，寻求对自然之美的解释，应是一个有价值、有意义的理论方向。

第四，现代科技带来的人的审美方式的变化。现代科学技术的发展，对于艺术来说，既是挑战，也是机遇。这种挑战是多方面的。新媒体出现了，网络文学在挑战纸媒文学，视觉艺术，包括电影、电视和网络视频，有了新的制作和传播形式。一些古老的艺术门类被边缘化，一些新的、借助新媒介的艺术进入主流。对这些，美学应如何应对？或者说，在众多的人面对这种新变，或是沉湎其中，或是不知所措之时，美学是否能从历史与现实的角度，对如何应对提供建议？

不仅是新的媒介会产生的媒介对内容和形式的多种影响，而且人工智能所生产的产品对艺术概念带来更直接的挑战。当AI艺术来临之时，提出一些深刻的关于人的作用的问题。AI艺术是不是艺术？机器人写的诗，画的画是不是艺术？美学家们该怎么回答？如果说，由于这些不是人的创作，我们就可以宣布，它们不是艺术的话；那么，部分在AI的辅助下，人所创作的艺术呢？从机器到人，我们如何划界？机器参与了多大的比例，以什么方式参与，它就是，或者不是艺术了？这些都留下了研究的空间。

当然，当代艺术中还有一些问题，这就是当代的日常生活审美化现象。在人人都是艺术家之时，艺术家在做什么？处处皆美之时，艺术能为社会提供什么？

文化创意产业，能否取代艺术？文化创意产业很重要，这是艺术向产业的移植，也许这是艺术向社会所作的贡献。正如前面所说，艺术成为美的实验室，实验出来的美在社会中推广。但是，在产业的力量造成廉价的美充斥之时，艺术自身仍须存在。那么，艺术应是怎样的存在？怎样才能维持一种实验、批判和创新的立场？

第五，美学与文化间的对话。在世界上，存在着各种民族和文化，它们各自独立发展，也相互影响。当我们说，各美其美，美人之美，美美与共之时，这包含着一种对未来的乐观理想。但是，现实的情况却是，民族间有利益之争，文化间有认同之争。美既具有民族性和文化性，也具有普世性。文明间可能会冲突，也可能会相互理解，相互吸收，取长补短。这都是事在人为。在这方面，美和艺术的欣赏和交流，能起重要的作用。

本章小结

当我们讨论"什么是美学"之时，要克服一种共时的、平面的、教科书式的列举的做法，而进入到共时与历时相结合，立体而相互联系的，有发展眼光的研究之中。

美学的"三分"理论是历史形成的,有重要意义。"美学"与"美学史"之间的关系,是一种"双向互动"的关系。美学史发展到一定水平,产生了成体系的美学,而这种成体系的美学又形成一种历史观,构成对历史进行审视的基础,投射到对历史的书写之中。

现代美学体系和美学观念的形成具有重要意义,但历史不可隔断,人类对美和艺术的反思,有其久远的历史,是文明的重要成果。

对艺术的哲学研究,是美学的核心。从这个意义上讲,艺术离不开美学,美学也离不开艺术。不仅在过去,而且在现代和将来,都是如此。然而,美学也有对其他方面的关注。美的本质和范畴、审美心理、自然和生活的美、城市与乡村的美、美育等等,都日益成为美学的关注对象。正像艺术对生活有着多种用途一样,美学如果能起各种重要作用,对人类有益的话,为什么不朝这些方面发展呢?

第一章 审美活动：
主客二分的美与美感及其超越

对美学的思考最初从这样一个素朴的提问开始，这就是对象的美和人对该对象的美感谁先谁后？一种观点认为，由于对象美，人才会产生美感；另一种观点认为，由于对象能使人产生美感，它才是美的。以上两句话，似乎是同义反复，但意义大相径庭，代表着两种截然相反的观点：前者认为，是美在先；后者认为，是美感在先。许多争论都是围绕着这两种不同的立场而展开。

第一节 当代中国美学的"四大派"理论及其分析

20世纪的中国美学，实际上是处在一种既引进，又创建的过程之中。几代中国学者，都是既学习和阐释西方的美学思想，同时又对美和美感现象进行思考，形成自己的观点。这些观点在后来就形成了所谓的"四大派"。这"四大派"各有其国内外思想渊源，是在中国20世纪50年代后期至60年代初期的"美学大讨论"中呈现，并在20世纪70年代末和80年代初年的"美学热"中得到总结。"四大派"是一个历史概念，代表着当时理论框架所能提供的对美与审美关系的四种可能性。

一、朱光潜及其所代表的"主客观统一"派

学术界一般将朱光潜的美学思想分为前后两期，即1949年以前的"前期"，以《文艺心理学》一书为代表，1950年以后的"后期"，以他在"美学大讨论"中的一些论文为代表。当然，这只是最粗略的区分。他的

思想是在时时变化的,在"前期"的不同著作中,对一些观点的表述也有一些差异;至于"后期",他的体系在50年代论争中形成,但到了80年代还提出一些新的观点。

朱光潜《文艺心理学》一书,在处理美与美感关系时,主要以美感经验为中心。他的分析从美感经验出发,讲述了"形象的直觉""心理的距离""物我同一""美感与生理"等几个部分,从而总结道,美是"心借物的形象来表现情趣"。①

朱光潜所介绍的是一些当时在西方流行的属于"审美态度"一派的观点。这种观点来自康德,在克罗齐那里得到了改造。朱光潜总结道,一物之所以是美的,是人在面对此物时采取了审美的态度。举例说,对一棵梅花,可以有科学的态度,从而辨认是"属于某一门某一类,它的形状有哪些特征,它的生长需要哪些条件,经过哪些阶段"②;可以有实用的态度,思考梅花的效用;还有一种态度,就是在不知道它的名称、特征和效用的时候,看见梅花"本来的形象"③。朱光潜在另一本书中举例说,对同一棵古松,植物学家、木材商人和画家所看到的是不同的东西,这也分别是由科学、实用、审美的态度决定的。④无论是梅花,还是古松,或者其他什么物,只有采取审美的态度,才能使它成为审美对象。"心理距离"说和"移情说",都可归入到这一被称为"审美态度"的派别。

朱光潜到了20世纪80年代回忆说,他当时其实还受另外一个派别的美学的影响。他说:"在我心灵里植根的倒不是克罗齐的《美学原理》中的直觉说,而是尼采的《悲剧的诞生》中的酒神精神和日神精神。"⑤对象成了两种精神的体现。

不管是受克罗齐,还是受尼采的影响,朱光潜1949年以前的美学观都属于主观派的。

到了20世纪50年代,经过"美学大讨论"的论辩,朱光潜逐渐放弃了原属"审美态度"说的"心理距离"和"移情"的观点,也不再提尼采

---

① 参见朱光潜.文艺心理学[M].上海:上海文艺出版社,1982:153.
② 朱光潜.文艺心理学[M].上海:上海文艺出版社,1982:13.
③ 朱光潜.文艺心理学[M].上海:上海文艺出版社,1982:14.
④ 朱光潜.朱光潜美学文集第一卷[M].上海:上海文艺出版社,1982:448.
⑤ 朱光潜.悲剧心理学——各种悲剧快感理论的批判研究[M].北京:人民文学出版社,1983:1.

的唯意志论，而提出了"主客观统一说"。他认为，要区分"物"与"物的形象"，或者说区分"美的条件"与"美"。"物"是客观的，"物的形象"既与客观，也与主观有关；"美的条件"是客观的，而"美"则既与客观，也与主观有关。由此可见，美是主客观相互作用的产物。

二、蔡仪及其所代表的"客观派"

蔡仪主张美是客观的，是事物的自然属性，这种属性成为美的原因，在于一物与同类事物相比较时展现出的典型性。与此相应，美感则是主观的，是美的认识和反映。蔡仪的思想在形成过程中受一些日本美学家影响，在1948年就已经在他的《新美学》一书中提出。到了20世纪50年代的"美学大讨论"中，蔡仪的美学成为重要的一派。

三、吕荧和高尔泰所代表的"主观派"

20世纪50年代的"美学大讨论"中出现的"主观派"，比起朱光潜1949年以前受西方理论影响而形成的主观论美学来说，显得更为素朴而直接。这一派的代表人物之一吕荧先生在1953年发文指出，"美是物在人的主观中的反映，是一种观念"[1]。到了1956年，他进一步阐释道："美是人的社会意识。它是社会存在的反映，第二性的现象。"[2] 在他之后，高尔泰在《新建设》上发表了《论美》一文，提出："有没有客观的美呢？我的回答是否定的：客观的美并不存在。"[3]"美和美感，实际上是一个东西。"[4] 这些观点能够得到发表，与当时学术上"百家争鸣"的大背景有关，但一经发表，就受到许多人的批判。

四、李泽厚所代表的"社会派"

在20世纪50年代的"美学大讨论"中，李泽厚是一位年轻的参与者。他的观点在当时就很有影响，到了80年代成为占据主流地位的美学观点。这就是"客观社会派"。李泽厚认为，美是客观的，但这种客观性，

---

[1] 吕荧.吕荧文艺与美学论集[M].上海：上海文艺出版社，1984：416.
[2] 吕荧.吕荧文艺与美学论集[M].上海：上海文艺出版社，1984：400.
[3] 文艺报编辑部.美学问题讨论集第二集[M].北京：作家出版社，1957：132.
[4] 文艺报编辑部.美学问题讨论集第二集[M].北京：作家出版社，1957：134.

并不是像蔡仪所说的那样,是对象的自然的属性,而是存在于人类社会之中的任何对象都具有的"社会性"。同一对象,可能会在一个社会中被认为不美,而在另一个社会中被认为美,这并不是由于物有什么不同,而是由于物在不同的社会之中拥有了社会所赋予的不同性质。

这种"社会性",并不等于主观性。人在社会生活中受着种种不以人的意志而转移的客观规律的影响。在这些客观规律影响下,人具有社会存在性,这种社会存在性是客观的,美感则是这种社会存在性在人的心理中的反映。李泽厚后来在这种思路的基础上,发展出他关于美、美感和艺术的观点,以及文化心理结构、积淀、工具本体和情本体等一系列的思想。

五、主客二分的哲学及其解体

20世纪50年代所产生的美学上的"四大派",是历史的产物,是在同一个哲学总框架中的争论。当时对审美的研究,主要被一种直观的预设所支配:将审美对象与审美主体孤立起来,认为审美活动只是"一个主体面对一个客体时所发生的一个事件"。

研究者们围绕这个事件,论述在审美活动中,美感产生的根本原因是在主体一边还是在客体一边。认为在主体一边的是主观派;认为在客体一边的是客观派;认为既在主体一边,也在客体的一边的,是主客观统一派。对于许多研究者来说,这是由审美活动的基本而直观的事实所构成的三种可能性,从而相应地形成20世纪50年代美学上的前三派。

李泽厚派所持的观点,是超出这三派,也超出审美是"一个主体面对一个客体所发生的一个事件"这一直观的事实而进行论述。他认为,无论是主体,还是客体,都处在一定的社会之中。因此,研究审美要超越这种直观事实,看到它们背后为社会性所支配这一更为深层而根本的原因。一物是否美?一物为什么此时美而彼时不美?一物为什么在此地美在彼地不美?这一切都具有超出审美活动对象本身的物理特性之外,也超出人的生理—心理构造特征之外的社会原因。这种社会性无所不在,它是客观的,又影响到人的主观;它是社会的,或者说是文化的,又影响到人的心理。

由于"社会"这一维度的引入,美学讨论就被引向了深入,进入到一个新层次。个体与集体,个人与社会的关系又成为美学讨论的新难题。

六、人与世界的关系再思考

人与世界的关系，可以归结为人与自然的关系和人与人的关系。对这两种关系的理解，在现代哲学和美学的指导下，都有一个新的变化。

人与自然的关系，过去的研究集中在人对自然的认识和改造之上。用这种眼光来看待自然，只能将自然看成是人在自然中欣赏到自己的力量，这种力量，包括对自然的认识所体现出的人的理性能力，也包括对自然的改造所体现出的人对自然力量的支配。这也包括随着生产水平和科技水平的提高，人对自然的关系的变化，造成人对自然的感觉的变化。例如，随着现代化的进程，科技的发展，一些自然力不再在实际上威胁人的生存。人们能克服恐惧，对自然有亲和感，从而欣赏自然的美。

当代哲学所实现的一个变化，是对人与自然关系认识的改变。自然不再只是认识和改造的对象，不再仅仅是有待征服的力量。人类不再将自然看成是对手，而将自然看成是人生活其中的家园。这就是说，自然从人的对象转化成了环境。人类在自然中生存和生活，所有对自然的认识都起源于一种身处其中的认识，而不是身处其外的，将自然对象化的认识。人对自然美的理解，也是从这种对生存环境的理解出发的。对自然美的感性的欣赏，都从这种对环境的欣赏出发。

人与人的关系也是如此。个人与集体、个体与社会，并非处在对立之中。集体是由个人组成的，社会也是由个体的人组成的。但是，集体和社会又有着许多超越单个的人的性质。这种性质有作为社会性抽象存在的共识，有对社会秩序作规范的法律、法规和各种规约，也有具有物质性存在形态的各种约定俗成的符号。

根据这种对人与物，人与人关系的理解，美与美感的关系就进入了新的维度，超出"一个主体面对一个客体所发生的一个事件"这个限度，从而引入了众多新的思考。

第二节　几个核心美学概念的提出

当代中国美学的一些讨论，面对上述难题而发挥了创造性。这构成了自从20世纪80年代以来，在中国美学界出现的种种讨论。在这种讨论中，有几组概念值得我们注意。

一、生命、生活、人生、休闲

这一组概念有着不同的来源。生命美学从西方当代的生命哲学吸取了资源，其中包括柏格森、齐美尔等人的哲学思想。在美学中，生命可以从两个方面与美学联系起来：首先是认为美体现出对生命的肯定，生命本身是一个过程，生命体的吸收与排泄，新陈代谢，内外循环，生长与成熟，这些本身是美的；同时，这种生命活动的实现过程，也使人感到美，当我们看到健康完美发育的人，健壮的动物，生机勃勃的植物，都会产生欣喜感，感到美。生命哲学将世界看成生命生长的过程，这成为生命美学的基础。

生活美学则避开生命美学所具有的形而上学性和神秘性，以人的日常生活为基础，认为现实的生活过程，而不是可以泛化解释的生命过程，才是美的根源。这种美学所适应的，是更为当代的潮流，认为在当代，日常生活被审美化了。康德的美学有两条规定，一是审美是无功利的，二是艺术是自律的。当代的审美和艺术打破了这两条禁令。审美与功利没有截然的区分，而艺术与日常生活的界限也被打破。这时，艺术成为生活的一部分，审美的基础也被建立在日常生活之上。

人生论美学，在观念上与生命和生活美学相近，但更接近中国传统的观念。中国传统文人和士大夫的生活观，他们所崇尚的生活方式，以及与艺术的关系，在这种观念中得到了体现。立身处世，要"达则兼济天下，穷则独善其身"，在人生修养方面，要琴棋书画样样精通，这种人生论，实际上也是从现实生活立论，只是增加了一份古雅的理想，试图用一种士大夫的生活理想来改造当下的生活。

另有一些休闲的美学、文化创意的美学，分处美与功利关系的两极。休闲的美学从审美的非功利性出发，一方面植根于德国美学的审美自由理想，一方面连接当代老龄化社会的现实所带来的休闲需求，从而赢得一定的影响。与此相反，具有直接功利性的文化创意的美学，则从当代美学对无功利美学批判的理论吸取营养，将设计、工艺等方面的美学追求吸收在内，与社会的需求结合。实际上，无论是休闲的美学，还是文化创意的美学，都具有强烈的现实指向。

这一系列的美学，从具有形而上意义的生命美学，到具有高度现实指向的休闲和文化创意，成为当代中国美学重要的光谱。

二、自然与艺术

除了这一系列之外，一些从某些美学分支出发的研究，也绕道指向了美学的本体论问题。关于自然美，曾有过美在外在自然，从自然的质料和形式角度立论的论述，到关于将自然看成是人的环境和生态的论述。这方面的论述，与当代社会对环境和生态的重视联系在一起。与这种研究相关，原本从古代中国一些哲学思想，如《周易》的学术和道家的学术发展而来的"生生"思想，与从西方引进而来的生命哲学思想结合，形成了被称为"生生美学"的一派。这一派与中国的生态美学结合，形成了以"生生"来命名的美学。

同样，在艺术方面也是如此。黑格尔将美学看成是"艺术哲学"。在传统的美学体系中，关于艺术的研究，只是三分的美学中一个方面而已。当下艺术研究的发展，促成了对艺术本质问题的再思考。这种思考，与分析美学关于艺术定义的思考，与先锋艺术研究中关于艺术终结的命题的论争，与日常生活审美化所带来的对艺术边界的讨论，联系在一起。这些问题既具有现实性，又具有哲学含量，并且，这些问题也向其他的美学问题辐射，推动了整个学科的发展。

三、实践、经验、身体

在美学研究界，更多的研究者关注的是实践、经验、身体这样一些概念。

首先是"实践"概念。从实践出发，进入到了新实践、实践生存、对实践的超越等研究派别之中。美学的实践论，来源于马克思《关于费尔巴哈的提纲》，以及其他一些马克思的论述。从哲学上讲，"实践"的观点，改变了认识论上"直观"的主体对对象的模仿，而将"认识"的基础及其真理性的依据立足在"实践"之上。美学上的这种实践论，对于克服将美的欣赏看成是"一个主体面对一个客体时所发生的一个事件"的思维框架，也对克服将美的根源直接归因于空泛的"社会性"，具有重要意义。实践是去"做"，强调行动。认识来源于实践，这是在说，实践是与认识相对的不同的概念。认识是接受，实践是行动，人的行动这一主与客相互作用的物质性的事实，归根结底在影响着人的知觉器官在面对作为客体的事物时的知觉和想象。

在当前，另一支颇有影响的美学潮流是"身体美学"。身体美学最早由法国存在主义哲学家莫里斯·梅洛-庞蒂的《眼与心》一书介绍到中国，而形成了一定的影响。此后，在21世纪初，理查德·舒斯特曼的《实用主义美学》一书译成中文，开启了实用主义线索的身体美学。这一线索的思想，由于后续舒斯特曼的多部著作介绍到中国，以及作者本人多次到中国访问，而形成广泛影响。身体美学的基本立场，是立足于身体的经验，认为身体的经验优先于思维的理性。这种理论重视感受性和动作性，是一种以身体为主体的美学。身体、身体的感觉、身体与情感、行动中的身体，成为这一派美学的核心概念。然而，这种思维在传播过程中，不仅在国外，也在中国，被误读为以身体为客体的美学，从而产生种种对这种理论的偏离。

第三节　关于美的理论的新的三分

当我们克服了那种"一个主体面对一个客体所发生的一个事件"的直观的对美和美感关系的理解，走出过去的主客二分的理论之后，就出现了种种理论上的尝试。这些理论的尝试，正如前面所说，要进行理论上的归类，从而揭示其理论上的指向。然而，是从心的一面，还是从物的一面来寻找美，这仍是一个绕不过的问题。心中有物，物中有心，但是，我们关注的指向是在哪一边，这决定了我们的研究方法，也影响了研究的结论。不过，这种研究指向，不再被划分为互不相容的派别，而是通过不同的研究分工，构成了一种互补关系，也为美学上的进一步综合奠定基础，积累材料。

一、心的美学

"心"的美学主要是从审美主体这一方面来研究美感形成的原因。这种研究并非排除物一面，但将聚焦点放在物对人的影响。这种美学，主要有三种类型。

第一种仍是哲学性的，依赖思辨和分析的方法。例如康德的美学，就是从人的心理的角度来看待美。他所谓的美的四个契机，实际上都是从主观的一面来寻找美的原因，例如：美的无功利性，与人的超越功利的感觉有关；没有概念的普遍性，要追溯人所共有的"共通感"；没有目的的合目的性，是对象本身没有目的，而人主观上却认为它具有合目的感；对象的必然性，还是人所具有的必然的感觉。至于克罗齐的美学，则从人的直觉来立论，认为美即直觉，直觉即表现。他与康德一样，也是将美归结到人的认识及其反应。

在19世纪还有另一系列的美学，即叔本华和尼采的美学。这一派的美学主要从人的意欲来立论。叔本华认为美在于人的欲望的去除。人有欲望，而欲望产生痛苦。艺术是超越事物作为感性对象存在的一种柏拉图式的理念的存在，因此对它的观赏能暂时消除欲望，从而能获得愉悦。而尼采则用酒神精神和日神精神来说明人的两种内在的精神，艺术由这两种精神的相互作用而产生。

第二种是通过调查、统计、实验等方法对人的美感进行研究，以期寻找出规律来。这种研究一般说来，是从费希纳开始的。19世纪的德国心理学家费希纳是这方面的最早提倡者。这种研究是伴随着现代心理学的形成而出现的。在费希纳和冯特的倡导和身体力行下，形成了现代实验心理学，从此开始了被称为"构造心理学"的心理学流派。心理学后来继续发展，有格式塔心理学、精神分析心理学、机能主义心理学和行为主义心理学等各种流派。

如何将心理学的研究成果运用到美学研究上去？美学能否完全变成心理学的一个分支？这是学术界一直纠结的问题。一方面，20世纪科学的发展，对美学走向科学具有极大的推动力，由此而形成对美感进行心理实验的要求。实际上，从19世纪起，经过整个20世纪，一直到当下，都有人在进行这方面的研究。他们致力于利用尽可能先进的仪器，对人的审美活动进行定量的测试和分析。到了21世纪，随着现代心理学的发展，以及其他各种医学、生理学，以至神经生理学、脑科学，以及现代信息技术和人工智能的研究手段的加入，人对审美现象的科学研究会越来越深入。这方面科学技术手段的快速发展，丰富了人们的想象力，也增添了信心，使人们相信，科学技术手段的发展会最终解决美与审美这一千古难题。

然而，这个问题是否能通过科学的手段而得到最终解决？人能否通过实验找到美的规律？围绕这个问题，有着不同的回答。不同的回答方式，代表着不同的学术路线。认为实验不能找到美的规律的人，是哲学上的思辨者。他们认为，美和艺术的现象极其复杂，一方面与个人所处的社会、时代、文化、阶级与阶层，与个人的教养、个性特征有关，也与个人审美时的情感和情绪有关，心理实验室所提供的统计数据，是用一种较为低级的手段解决一个高级的问题，是不会有什么结果的。认为实验能够找到美的规律的人则认为，科学的力量是无比强大的。审美无非是人面对某个或某些对象的心理反应而已。这种反应固然受着极其复杂的条件的影响，很难总结出规律，但是，我们还是要相信科学。随着科学的发展，过去大量被人们认为无法解决的问题，都被科学解决了。实验不能解决的美学问题，只能依靠更多更好的实验。当前科学技术在飞速发展，研究的手段会越来越多，人的综合分析的能力也会越来越强，人类终究会一步一步地解决这一难题。

第三种，就是介乎上述纯思辨的态度和纯实验的态度之间的，大量的，各种派别的审美心理学。一种比较古老的理论，是审美态度说。这种理论认定，审美依赖于人面对审美对象时所具有的一种审美的态度。这种主观的审美态度，决定了审美活动的最终效果。爱德华·布洛的"心理距离"说，立普斯的"审美移情说"都具有这方面的特点。

围绕着审美心理，还出现了各种关于人的心理模型的理论。例如，弗洛伊德关于心理无意识理论，以及关于个人的意识、无意识和前意识的心理模型的提出，荣格关于集体无意识的观点，马斯洛关于人本主义心理学的理论，等等，都属于这种建筑在对人的心理进行各种手段的科学研究基础之上的关于人的心理模型的构想。

二、物的美学

与上述心的美学相对，有一种物的美学，即从物的一面寻找美的原因。这一研究主要研究审美对象的性质。具体说来，我们可以从三条线索来论述物之美。

第一条线索，是形式之美。在古希腊，毕达哥拉斯依据音乐的启发，第一个提出了关于美的理论。他发现了"绷紧的弦的长度与它们的振动所产生的音高间的关系",例如"1∶2,八度;2∶3,五度,3∶4,四度",这依赖于数学的比例,并由此构成 harmonia(译成"和谐"或"和声")。① 这种启示成为一个出发点,被推广到物理学和天文学上,形成了一种以数为基础的关于世界美的理论。这种观点由于柏拉图的继承而得到发扬光大。柏拉图提出,"度(metron)、比例(symmetron)的性质总是……构成美与优秀"(《斐利布篇》)。② 将美归结为物的形式,包括物的比例、符合一些几何图形,例如,圆和椭圆,三角、五角、六角或八角形,正方或长方形,等等,或在复杂而看似无规则的图形中,看出这些几何图形。从毕达哥拉斯到欧几里得,许多数学家论述过图形的"黄金分割"之美;列奥纳多·达·芬奇图示了维特鲁威关于人体与方和圆的关系的论述;更进一步,事物之间和事物之内的各部分之间都有一些平衡和对称的关系,这也构成形式之美。美在形式,在不同的形式的组合,在形式所构成的和谐,这构成了一种共识,成为延续持久的一个大理论。

第二条线索,是物的光与色的美。与形式主义的理论依赖于理性的推断不同,这种光与色的美,更依赖于自然的感觉。阳光与彩虹之美、金银的色泽之美、森林河流之美、蓝天大海之美,都不依于形式而存在。然而,这种感性的美,尽管很早就被人们感受到,在欧洲古代思想史上,却只有到了古罗马哲学家普罗提诺,才开始为单纯事物的美寻找理论的根源。他认为,并非复合的事物是美的,单纯事物也可以是美的。这种美不依赖于各种对称和比例的关系,而是由于其自身。这种自身的美在于光与色,而光与色之所以美,是由于它指向一种精神性,成为作为万物本体的"大一"的一面镜子。③

第三条线索,是整体性之美。比例和对称,以及由此而形成的和谐,当然也有着朝向整体性建设的倾向,但是,这与后来美学界所理解的整体性不一样。这种思想的起源,最早可追溯到亚里士多德的《诗学》。亚里

---

① [美]门罗·比厄斯利.美学史:从古希腊到当代[M].高建平,译.北京:高等教育出版社,2018:33.
② [美]门罗·比厄斯利.美学史:从古希腊到当代[M].高建平,译.北京:高等教育出版社,2018:59.
③ [美]门罗·比厄斯利.美学史:从古希腊到当代[M].高建平,译.北京:高等教育出版社,2018:125.

士多德在讨论悲剧时，提出要"有头、有中间、有尾"，这暗示了一种生物学的比喻，并由此启发后世形成了"有机整体"的理论。

对于这三条线索，中世纪著名神学家托马斯·阿奎那给予总结。他写道："美包含了三个条件：完整或完善，缺少这些性质的事物也因此而是丑的；合适的比例或和谐；以及最后一点，明亮或清晰，被称为美的事物都有鲜明的颜色。"[①]具体说，还是这三点：完整性和整体性；形式、比例和和谐；光与色。这是古代和中世纪对物之美的观点的代表。

在当代美学，对物的研究受到越来越多的重视。世界的美是丰富多彩的。由这三条线索所构成的三点，又有着多种多样的分化和交叉，形成多种多样的物之美。

例如，整体性各有不同，有几何性的整体，具有建筑学的隐喻，内在各部分以平衡、对称等原理而实现的相互结合，也有作为生物学隐喻的"有机整体"，即将对象看成是一个活物，实现着对象中的功能性结合。还有古老的"合适"概念在这种整体性中的体现，即物的部分因其在整体中的位置和作用而得到审美评价。除此之外，还有一种对整体的开放性的评价，例如残缺之美，就是整体性遭到破坏造成的美。

再如，形式、比例和和谐所代表的形式主义传统，在近现代实现了转变。英国画家荷加兹通过线条美的经验主义分析，归纳出六个特征，即合适、多样性、一致性、简单性、复杂性、量或尺寸，并在此之上，进一步归纳出，"美的线条"是"波浪线"，这种线条延展到三维空间，就成了"蛇形线"这种"优雅的线条"。此前，这种形式主义的传统，是与哲学上的理性主义联系在一起的，形式是由于数。这在荷加兹那里被解释成是由于经验，将经验分解成不同的层次，从而认为经验要归结为这种既不过于单调，又不过于复杂的线条。认为这种线条能在经验中获得满足，从而获得美感。因此，这种线条就美。这是一种主观性的论证，却获得了对客观物之美的认定。在20世纪，罗杰·弗莱、克莱夫·贝尔、苏珊·朗格等人，都认为审美的对象是"有意味的形式"。这种新的形式主义不再坚持原有的理性主义传统，而重视感性的直观。

---

① ［美］门罗·比厄斯利.美学史：从古希腊到当代［M］.高建平，译.北京：高等教育出版社，2018：163.

还有，西方中世纪的艺术，重视光与色。但那个时代作为艺术手段的光与色，毕竟还是有限的。到了当代，随着科学技术的发展，光的重要性显得越来越重要。电灯给千家万户带来了光明的夜晚，霓虹灯装点了城市繁华闹市区的街道。各种新的光源，带来了各种光和灯的节日。从奥运会的开闭幕式，到中国各地风景区的大型实景演出，都要在晚间举行，原因就在于灯能带来神奇的艺术效果。光带来色，色激发光，这些也都成为艺术家方便使用的手段，成为可借此以发挥才能的媒介。

中国艺术的形式的表现性，体现出一种在形式中有着动作性的特点。中国的传统绘画，特别是文人画深受书法的影响，而书法的形式是书写出来的，是人的动作的痕迹。因此，中国绘画的形，具有主观表现转化为客观形式，并从客观形式中看到主观表现的特点。这也打破了物的纯客观性，使形式成为人的活动的痕迹。

三、符号的美学

符号活动是人们在社会之中用图像、声音或语词来指代意义、行动或物体的现象。它需要三个条件：一个指代物，一个被指代物，这种指代活动被一个社会所认可。

符号活动是一种古老的活动，从原始社会就有。原始氏族和部落的图徽就是一种符号，被社会认可，起着凝聚人群，产生认同感的作用。中国古代作为文明起源的河图、洛书、八卦，都是符号，对华夏文明的诞生起到了巨大的作用。在欧洲，从希腊神话到基督教，都流行着大量的符号，具有广泛的社会意义。

用符号表达意义，是一种古老的人类现象。但是，符号学作为一门科学，是20世纪才开始的。一般说来，现代符号学有两个主要源头：

一个源头是美国实用主义的哲学家皮尔士，他作出了许多的重要的符号学论述，此后被莫里斯等人所继承。皮尔士区分三种类型的指号（sign），包括图像（icon）与所指物有相似关系，例如图像与所描绘的物；导引（index）与所指物有连带关系，例如烟与火；和符号（symbol）与所指只有惯例关系，例如语词与其意义。

另一个源头是瑞士语言学家索绪尔。索绪尔的《普通语言学教程》是一本他去世后出版的讲课记录，主要讲语言学的原理。从这部著作中发展出来的符号学,其根源在于语言学。他区分了"能指"(signifier)和"所指"(signified),说明"能指"是声音或纸上的记号,而"所指"是所要表达的意义。他还区分了"言语"(parole)和"语言"(langue),前者是个人的实际上的表述,而后者是这种表述所依托的惯例体系。

这些符号学和语言学上的道理,看上去简单,实际上蕴藏着一场哲学上的革命。旧哲学的认识论是主客二分的。"主"是指认识主体,而"客"是指认识对象。符号学就提出了一个观念,人是通过符号来认识对象的,符号介乎主体与客体之间。人不可能认识到不被符号包装起来的赤裸的对象,所有的对象都只有通过符号才能被认识。符号具有任意性,但又不是根据个人的主观任意所决定。符号存在于社会之中,是人们在交流中形成的。这是一种人所创造的事物,但又不具有主观任意性,不依个人的意志而转移。

符号是人用以表达意义的一种中介物,符号可指示我们做什么或不做什么。同时,符号也是我们认识和思维的工具。符号包括视觉的和听觉的符号,也包括语言符号。实际上,通过符号,人才生活在一个意义的世界之中。

符号具有约定俗成性。我们指着一张桌子,说"这是桌子",这是对的。但指着一张椅子说"这是桌子",这就错了。本来,一物被称为"桌子"还是"椅子",具有任意性,但一经确定,就难以改变。这是人们的共同的约定,也不以个人的意志而转移。如果有权力者一定要这么做,例如,指鹿为马,并以此来测试一种个人违反公众习惯的权力,那会是一种危险的挑战。

在20世纪,符号学具有广泛的影响。无论是维特根斯坦的分析哲学,海德格尔的存在主义,罗蒂的新实用主义,都渗透着符号学的研究成果。然而,在美学上,影响比较大的,还是恩斯特·卡西尔和苏珊·朗格所创立的文化符号学。

卡西尔在符号学方面的代表作,是多卷本以德文写成的《符号形式的哲学》,他用英文写的《人论》简要地概述了他关于符号的思想。在这本书中,卡西尔分述了"神话与宗教""语言""艺术""历史""科学"等各种人类文化符号,说明人是通过这些符号认识世界的,这些符号相互之间有着区别,各有其意义,相互之间又有着种种联系。卡西尔的追随者朗格则努力区分两种符号，即科学符号与艺术符号，说明艺术符号是情感的符号。她的著作《哲学新解》《感受与形式》等，对这方面的理论作了详尽的解释。

本章小结

在过去的一些理论著作和美学教材中，美和美感都被人们分开，并分别作论述。从我们前面的叙述可以看出，它们是结合在一起的，是同一种现象的两个方面。在对它进行叙述时，不同的人有不同的侧重，但是，最终还是需要将它们结合在一道，说明它们之间的互动、渗透和一体性的关系。人的审美是一种极其复杂的现象，希望通过单一的方法，清晰而一劳永逸地解决这个难题，形成一条或一些像数学、物理学、化学那样的规律和公式，是不现实的，也是会带来误导的。有时，一些审美心理的模式会带来一些新的假想，带来新的话题，这也可被看成是这一学科的一些进步。但是，从公式出发还不如从现象出发，从派别出发还不如从问题出发。回到美和美感的实际上来，才能提高美学素养，也才能推动美学研究的发展。

过去几十年的美学研究中，出现了众多的新概念，也出现了各种纷争。面对这种当下的纷争，基本理论应起桥梁的作用。实际上，所有的这些概念和流派，都具有一种结合的可能性。这就是，要以人的活动为中心。美的本质是身体的，但只能是活的身体，是身体的活动及其感受。它是经验的，但这是活动中的经验，而不是被动的对当下事物的直观和体验。它是生存，但不能被理解成是"活着"，不能被泛化为"人生在世"，而是指"去活"。它是认知，但这种认知不是"静观"，而是在活动基础上的"观"。它是人的活动，但不能以人的本质来论证美的本质，而是要看到从动物到人的连续性。它是"实践"，但既不能狭义地被归结为"阶级斗争""生产斗争""科学实验"这"三大实践"，也不能广义地被扩展到观念、思想和认知之上，不能将思维活动归为实践。实践是"做"，是"操作"，是做完一件事又做一件事。回到柏拉图的结论："美是难的"。柏拉图以后两千多年的理论研究者所选择的，不是知难而退，而是知难而进！

第二章　自然美、环境美、生态美

探讨美学问题，不可忽略与美感相关的两个焦点，一个是人的生存世界，一个是艺术。美与美感的来源及其创造均与两者相关。世界于人而言，"世"为时间，"界"为空间，时空的结合指向了人可思、可感、可游的具体生存境遇。艺术的起源与风格变化与人切身的生存经验息息相关，甚至可以说艺术是对前者的描述、总结和再创造。本章着重探讨前者，即对一种人与生存世界的感性关系作讨论，并对这一审美类型的历史发展以及内在关系变革展开叙述。

一般来说，人的生存世界经历了自然、环境、生态的发展演变。但很多人会说，自然的描述仍然很流行，并没有被取代，环境与生态也往往连用。那么自然、环境与生态到底有什么样的根本区别呢？实际上，这种类型的划分是文化学意义上的。三种形态在一定意义上可以是同一处景观，决定其指称的是我们持有哪一种文化思维和视角。在农业文明时期，人类依附于自然，农业、建筑、宗教、礼法强调顺应甚至模仿自然界，自然是一种人类想象中的自然，一种统筹人与其他物种以及无机界的最高世界图式。到了工业文明阶段，科学理性武装了人的主体意识，人类开始统治和驯服自然，后者逐渐成为人类获取资源和科学改造的环境。而在后工业时代，生态系统的科学认识论逐渐占据了自然环境观念的主流，在这一阶段自然不仅是外在于人的资源对象，同时还是包含人在内整个生态系统的有机整体。人类对于自然的敬畏在更高层面上重新回归。虽然不同文化心理视野中的指称不同，但自然、环境、生态作为人的生存境遇总处于一种与人同构的耦合性关系中，双方相互构成。外在于人的自然要素实际上塑造了人的身体、感知以及最初的文化建构，而自然环境的历史实际上也是人参与改造的历史。在你中有我我中有你的共生关系中，一种感性依存关系呈现出来。

第一节　审美领域的差异与关联

当我们在说自然美、环境美、生态美的时候，我们其实就在讨论人与自然、环境、生态的审美关系。当我们作出一个审美判断，它暗含了一个基础：审美活动或者说审美经验的展开。所以自然美、环境美、生态美并不是专断地强调客观对象美的属性，诸如色彩的明亮、比例的协调、触感的光滑等等。三者都指向包容主体之人与具体对象于一体的审美经验的展开，主体感知、对象属性均是对这一活动的片段解析。只有承认这一点，我们才能从三种审美类型的不同文化语境经验中见出差异与关联。

自然（Nature）是人类文明的开端，早期的地理、水文、植被、气候等自然条件深刻地影响了人类的生产、生活方式。例如古希腊地形多山，岛屿众多，不适合传统农业耕作，但有利于种植橄榄、葡萄等经济作物，适合发展航海贸易。这一自然条件同样影响了希腊的城邦民主政治以及希腊人善于思辨、批判同时较为务实的民族品格。西方人对于世界的认识是从解释自然开始的，自然既是万物有生命的总和，也是世界发展变化的动力和规律。在古希腊前智者学派的哲学中，自然就相当于是变动的、有生命的世界，人和其他事物共同分有自然本质的某种属性。以此为基础，他们将自然的本质或解释为水，或解释为火，或解释为气，或解释为原子。这些本质推动万事万物的变化、运转，万物分别享有这一成分的特征。人还没有从这种自然解释中独立出来，自然和人趋向于解释的一元。例如，公元前6世纪的毕达哥拉斯学派认为世界的本原在于数。数的度量、比例以及协调是世界得以存在的根源。这一派进而认为，美就在世间万物数的和谐。这种对于美的反思很大程度上来源于观察自然中动植物以及天体、星象数的特征。而到了苏格拉底之后，自然成为人的理性智慧的思考对象，它最终成为一种与人既相关又分离的自然界。伴随着反思性的解释，自然同时具有了一种内在规律、自然动力的对象性解释。波兰学者塔塔尔凯维奇在《西方六大美学观念史》中认为："依照亚氏的见解，自然一词所表示的，除了指事物之外，还指他名为'形式'的那样东西，那也就是他们的本质，引导自然运行的力量。"[①] 亚里士多德将自然物的本质、发展动

---

① ［波］塔塔尔凯维奇.西方六大美学观念史［M］.刘文潭，译.上海：上海译文出版社，2006：298.

力归还于它自身而非外在理念,从而形成了一种解释自然的物理学传统。这一传统同时将自然作为世界变化、运转的规律性内嵌于每个个体自身,也即物自身的本性。亚氏将美界定为事物的秩序、匀称和确定性,很大程度上源自对自然物理规律的探求。所以,自然本身的含义复杂多样,而对自然的审美则受到这些观念的深刻影响。事实上,在后世的美学中,自然审美往往成为艺术审美观念的重要来源。这是因为自然构成人类文化建构的基础。

中国传统的自然审美同西方在一定意义上有着共通之处。但大陆平原的地理特征,决定了中国传统文明以农耕而非海洋贸易为主。这种生产方式决定了人在长期的历史发展过程中极为依赖自然的周期性变化。中国古代的天文、历法乃至礼乐制度无疑都是从自然变化中总结出的合乎天人相协的规律。《老子》曰:"有物混成,先天地生。寂兮寥兮,独立而不改,周行而不殆,可以为天下母。吾不知其名,强字之曰道,强为之名曰大。"(《老子·二十五章》)老子从鸿蒙之初的天地混沌状态悟出自然的本原——道,并赋予其极具哲学意味的内涵。道是万事万物的本原,同样也是最根本的规定性,这在一定意义上与古希腊理念、本质有相似之处。但正如老子所云:"人法地,地法天,天法道,道法自然"(《老子·二十五章》),道并非无所依凭,绝对独立于现实世界之外。它是一种纯任自然的规定性,这又与西方观念有别。这种本体论上的解释在庄子那里得到了个体存在论意义上的继承和发展,更加明确了对于自然之物及其本性的审美。庄子认为"朴素而天下莫能与之争美",要达成对于自然的审美就要"游心于物之初",即从自然本性之道进行审美。自然在中国传统中不仅仅指河流、湖泊、山川、草木以及虫鱼鸟兽,而更为重要的是一种"自然性"。《易传·系辞下》曰:"古者包牺氏之王天下也,仰则观象于天,俯则观法于地,观鸟兽之文,与地之宜,近取诸身,远取诸物,于是始作八卦,以通神明之德,以类万物之情。"中国古人对自然的仰观俯察,就在于吸收学习自然背后的自然之道、自然之情,并与之相通。在这个意义上来说,中国传统的自然审美更多的是从人与自然共生一体的角度来体察一种生命的律动,一种寻求自身内化于天地自然的涵养。中国传统对于自然的审美可谓遍及诗、文、书、画。例如南北朝时期文艺理论家刘勰《文心雕龙》中所言:"人禀七情,应物斯感,感物吟志,莫非自然"(《文心雕龙·明诗》），讲述了文学创作与自然审美以及自然性的关联。又例如明代著名书画家董其昌所谓："画家以古人为师，已自上乘，进此当以天地为师。每朝起看云气变幻，绝近画中山。山行时见奇树，须四面取之。树有左看不入画，而右看入画者，前后亦尔。看得熟，自然传神。传神者必以形。形与心手相凑而相忘，神之所托也。"（《画禅室随笔》卷二《画诀》）这里同样道出了艺术家应当以天地自然作为师法对象，最终在自然性的审美陶冶中达到形、心、手的契合一律。中国传统自然审美并不聚焦于物质形式的几何规律、比例的协调，而是侧重于天地万物与人共同依赖的自然性。

环境（Environment）的审美经验同自然审美有着紧密关系，但异质性也很突出。环境一词的词源是中古法语"environnement"，它由词根environner、environner + 词缀 ment 组成，意指"围绕某物的行为"。现在的一般用法是将其视为"自然界或物理的总体环绕物"，或是特指整体或是指整体之内的特定地理区域。环境总是与处于中心位置的人相对，体现出人探索世界理性精神的觉醒。虽然环境的本义似乎非常明确，但在当代哲学美学语境下的内涵却存在诸多不同理解。一方面，自然是人类生存于世的最大环境，人脱离自然提供给人的水、空气、适宜的温度湿度片刻都无法生存，人只是自然的一个产物并极端依赖它；另一方面，人类建造环境以及人文制度、风俗习惯、社会文化心理都可以称为环境，它是人之为人并区别于原始动物的重要表征。人类既是自然的产物，同时也是文化的产物。所以涉及环境这个概念，我们往往将它分为自然环境、人文环境，它相较自然被赋予了更多内涵。并且更多情况下，环境融合原始自然同人文改造特征于一身，物理属性与文化价值于一身。正如美国学者阿诺德·伯林特所言："地球上没有一处地方能对人类免疫"[①]，同样我们也可以说人类从来不能对环境免疫。人类的影响无处不在，同时环境对人的影响也片刻不能剥离。环境的类型多种多样，有自然环境、农业环境、园林环境、城市环境等等。人类在改造自然过程中创造了农业环境。农业是人类从纯粹自然走向文明的基础，正是人类种植、养殖的农业实践开启了人类改造自

---

① ［美］阿诺德·伯林特.环境美学[M].张敏、周雨，译.长沙：湖南科学技术出版社，2006：5.

然、创造社会意义的过程。农业景观包含了家畜家禽、农作物景观、农业劳动景观以及农民生活景观。农业景观不仅包含自然性还有人文性,不仅有静态对象还有动态活动,不仅有形式审美性还有物质功利性。另外一个具有古典精神的环境是园林。居住意义、文化意义在这一方天地中充分展开。古典的中西园林都与皇家住所有关,其中往往畜养兽类、种植奇花异草,有着极尽奢华的宫殿。但更晚近的私家园林,居住性得到充分考虑,例如明代造园家计成的《园冶》就充分考虑厅堂、楼阁、门楼、书房、亭榭的构造规划,并与自然构成良好的互动。中西园林有着差异化的审美价值追求,中国园林注重隐秀、虚实的结合,西方园林重视几何图形的对称统一,中国园林讲求师法造化、以无法为上法,西方园林讲求人的理性精神以及繁复的装饰。这些差异来源于中西对天人关系的不同理解。此外,在当代我们还面临城市环境、文化环境、网络环境等等。这些环境的产生由人类的实践改造而来,同时糅合了不同地域人群对于社会、自然、审美的价值判断。环境意识是伴随近代工业文明与人类理性意识觉醒才逐渐产生的,在此之前人们更多地将生存世界归于自然家园或宗教性想象。伴随这一理性意识在科学精神中的高扬以及对自然生命性的忽视,以人类中心主义为基础的环境观成为了环境丑的罪魁祸首。

科学精神是近代环境意识产生、发展的根本推动力。随着近代自然科学的发展,主客分立世界观带来了物理、化学、机械、生物等自然科学的飞速发展,对象性思维为我们发现客观世界的规律提供了便利。另一方面,自然科学的进步加剧了人对于环境资源的利用频率,生态破坏与环境污染也随之愈演愈烈。也就是说,人类在以科学技术为工具确定环境为人的实践对象的时候,主客对立趋于激化。科学层面的环境观往往将客观世界的客观性作为其唯一的内涵而忽略其与人的存在关系以及与之相关的伦理关系。于是,19世纪后期一门研究环境系统关系的科学——生态学(Ecology)诞生了。生态学一词源自希腊语词根"住所""房屋",它于1866年被德国生物学家海克尔所定义,成为一个专门学科。起初它仅仅局限于动物科学领域,但随着生态学的不断发展,一批新观念开始引起广泛的讨论与思考。1927年查尔斯·爱顿在《动物生态学》中提出了"食物链"概念,细致描绘了细菌、植物、动物、人以及阳光所构成的金字塔式关系。1935年坦斯利提出的"生态系统"观念以及1949年威廉·福格特首创的"生态平衡"概念对当代生态学研究以及环境哲学、生态审美观念产生了重大影响。生态或环境的整体主义在审美中强调人对生态关系性知识的预先掌握,特别是对现代生态学视野下的生物学、地理学、景观学等的了解,在一种整体主义科学性视角下促成科学认知同审美感知的深度融合,加深人与环境共生一体的经验和家园感。在我们的日常生活中,这种生态审美处处都会遇到。当我们走入一片森林,不仅仅去鉴赏树木的协调比例之美、环绕于人的空气的清凉以及栖息于树梢鸟儿清脆的鸣叫,而且对森林调节空气温度以及氧含量、涵蓄地下水源,森林如何生产、消耗、循环能量以及不同物种如何依赖并促进这个环形结构有理性认识。这种认识不是一个处于世界对立面绝对主体的冷静观审,而是处于生态系统之中的人对自己生存家园的参与性反思。人类曾经无比依赖于森林生活,曾经本能地遵循着生态性规则,但现在需要我们在生态整体主义的立场上去寻找已经逐渐失落的感性依存。生态性审美能够唤起人与自然一体的感性经验,这对于当下人与自然关系的失调当然无比重要。

自然审美诞生于渔猎以及农耕文明,人与自然命运与共的血肉联系使人将自然视为一种富有生命意义的整体,它的特征、节奏、变化、比例不仅仅是真的,也是美的和善的。自然除了世界的整体意义之外,同时还指向世界变化、发展的规律性,一种隐含于世界物象背后的运转准则。这种对自然的二元理解,恰恰将自然静态的空间理解与动态时间的规律性表露出来。两者的统一就是人类理解的时空世界本身。后期,前者逐渐发展为自然的对象意涵,后者发展为自然运转的规律性以及个体事物的本性意涵。自然的审美观念也从真善美一体转变为对象特征的分析,以及自然内在运转规律性的体察。西方倾向于前者,中国以及东亚文明更加侧重后者。进入工业文明阶段,人类在充分改造自然与社会的过程中从依附自然转向征服自然、控制自然,企图让整个自然界为人类服务。由此发展为一种人类中心主义的时代观念。这一时期,自然以改造后的环境面貌现身,形成自然环境、农业环境、城市环境、园林环境、建筑环境等众多以人类为中心围绕物的境域,当然环境不局限于改造后的自然,还包含众多人造物或精神语境。这一时期既是人类理性彰显的时代,同样也是自然祛魅的时期,自然的审美价值逐渐让位于艺术,要么成为艺术的附庸,要么被排除在审美观念之外。但人与自然环境、社会环境、他人的关系却日益紧张起来，越来越多的环境污染、人为造成的自然灾害冲击着传统的环境观。也正是在这种反思环境问题的语境下，环境审美问题才在20世纪下半叶走上学术研究的前台。可以说，环境美学在根本意义上是一种反抗工业传统审美习惯的新美学。其内在地含有走向生态性审美的必要性和必然性。但环境审美依然需要借助于生态性审美的内核才可能摆脱传统人类中心主义。这种审美发生在对传统工业文明展开反思的后工业文明阶段。生态观念的展开借助于科学理性的自我革新，将系统性、关系性、整体性作为认识世界的新视角。由此重新发现了在物质层面、精神层面、价值层面人与自然环境的共生关系。这种发现可以视为一种对农耕文明自然价值观更高层面的回归。所以，当我们探讨自然美、环境美、生态美时，我们并非面对绝然不同的三种审美对象，而是依照何种文化观念来观照我们的生存世界。这种文化观念的更迭就在人类历史实践的长河中悄然发生。

第二节　审美精神与伦理精神的内在统一

上一节，我们讨论了自然、环境、生态审美领域不同的历史文化观念所造成的差异与历史连续性。但我们仍然要去追问的是：如果说三者的差异由文化视角所造成，那么人与生存世界的感性关系究竟有何普遍性的内涵？它究竟何以成为自然、环境、生态审美本身？三种审美领域的差异又暗含了什么共同属性呢？

我们可以尝试从马克思的《1844年经济学哲学手稿》中寻找这个答案。马克思认为：

> 从理论领域来说，植物、动物、石头、空气、光等等，一方面作为自然科学的对象，一方面作为艺术的对象，都是人的意识的一部分，是人的精神的无机界，是人必须事先进行加工以便享用和消化的精神食粮；同样，从实践领域来说，这些东西也是人的生活和人的活动的一部分。人在肉体上只有靠这些自然产品才能生活，不管这些产品是以食物、燃料、衣着的形式还是以住房等等的形式表现出来。在实践上，人的普遍性正是表现为这样的普遍性，它把整个自然界——

首先作为人的直接的生活资料,其次作为人的生命活动的对象(材料)和工具——变成人的无机的身体。自然界,就它自身不是人的身体而言,是人的无机的身体。人靠自然界生活。这就是说,自然界是人为了不致死亡而必须与之处于持续不断的交互作用过程的、人的身体。[①]

马克思在上文中认为植物、动物、石头、空气、光等自然世界的物质与人的精神和肉体发生着密切关联。在精神层面,自然世界成为人类自然科学研究、审美欣赏的对象,它们成为人类意识活动的参与者和构成部分。如果我们把人自身精神的完整性作为一个有机系统的话,那么自然世界在此意义上属于精神的无机界。在物质实践层面,自然世界无论是空气、水、光照等原始材料还是食物、燃料、衣服、房子、工具等加工材料都直接或间接地成为人生存的一部分。因此就身体来看,自然尽管不构成人体结构,但却成为有机体之外的无机身体。无论是精神上还是物质上,自然世界都扮演着人皮肤之外的另一个组成部分,它同人一直处于能量、信息的交互过程,片刻不能割离,它就是人本身。

实际上,马克思肯定了"人即自然"的命题。更明确地说,在实践活动中人与自然、环境构成了直接的生态依存关系。这种相互依存、相互构成的关系是人本然的生存状态,并不随人类文化观念的变迁而改变。特别极端的例证是,工业革命之后人类对于自然进行了大规模的开采、破坏,将自然仅仅视为可以促进生产的资源、可以利用的对象,最终换来的是诸如伦敦烟雾事件、日本"水俣病"、洛杉矶光化学烟雾事件等生态灾难。人类如何对待自然环境,自然环境就给人以相应的回报,人与生存世界本质上是一体的。因而,我们可以说人与自然、环境、生态的关系是建立在直接性存在关联基础之上的。这种存在关联显然是传统拒绝物质功利性的博物馆艺术所不具有的。这种关系进一步要求人与生存世界建立一种维护生态整体利益的伦理法则。

传统社会伦理主要处理社会中价值主体间的矛盾冲突,维系社会整体的和谐有序,它以约定俗成与人的自觉性为重要特征。那么当伦理意识扩

---

① [德]马克思.1844年经济学哲学手稿[M].北京:人民出版社,2000:56.

大到环境、生态领域，它就被具体化为对环境整体权利的观照，并涉及人对于环境的责任、义务。中国传统农耕文化是十分重视对自然生态的尊重和维护的。例如《礼记·月令》提到："命祀山林川泽，牺牲毋用牝。禁止伐木。毋覆巢，毋杀孩虫、胎、夭、飞鸟，毋麛、毋卵。"这要求农业生产要注重对林木的保护，对处于幼年以及孕期的野生动物要放生。再例如《逸周书·大聚解》有："春三月，山林不登斧，以成草木之长；夏三月，川泽不入网罟，以成鱼鳖之长。"根据不同季节，农业需要实行休林休渔。伦理关系是人与生存世界关系的第一要义。只有遵从一定的生态伦理准则，人与世界的关系才能长久和谐，科学以及审美活动也才能有稳固的根基。所以当代的生态伦理学或曰环境伦理学对生态系统中其他物种以及主体进行了符合生态整体主义的描述。首先，各个生态构成要素有自身的价值。以往的伦理学只承认人的存在价值，否定物或其他物种拥有自身的价值，甚至认为它们只能以是否对人有用来确定价值。这种观点是由人作为自然唯一价值主体的观念造成的。我们现在必须在生态整体价值层面肯定其他生态参与要素的自身价值。开屏的孔雀、燕子像剪刀一样的尾巴、娇艳欲滴的花朵都有着符合生物生存、发展意义的功能，而非仅仅为人欣赏。其次，各个生态构成要素均有生存、发展的权利。生存权可以分为动植物个体的生存权利和物种的生存权利。无论个体还是物种，人类都应当持一种尊重态度。事实上，人类为了自身的生存发展不可能不损害动植物的生命，但我们倡导以尊重而非滥杀、虐杀的方式来处理。当下很多地球物种正在快速消失，人类负有很大责任。我们唯有尽全力去保护物种的多样性，维护生态整体稳定。尊重生态要素的发展权，即要求我们尽量减少人类对于森林、湿地、荒野的人为干预，还生态诸要素自然原始的发展空间。再次，以生态公正作为行动标准。生态公正是一个以生态平衡为价值导向的行为准则，它要求人在和其他物种产生冲突时不是以人的利益而是以生态整体的利益作为评判标准。必要时，人需要为生态做出让步。当然这一公正原则不可能是绝对的，因为对生态平衡的定义是人类作出的，它具有变易性和时代性。此外，人类的让步也是在不损害人根本的生存发展基础上实施的。

虽然当代的生态伦理学将人与环境、生态的伦理法则以理性的方式阐述出来，但使法则得以呈现的伦理意识和伦理精神却无时无刻不同审美关联在一起。在很多时候两种精神甚至互为基石。20世纪之前，自然伦理与审美更加倾向于浪漫主义的荒野体验。美国作家梭罗被称为生态学产生前的生态学家，他认为自然存在一种超灵的道德力，人要通过直觉去把握物质表象之下的世界整体。这种整体主义观念被称为"神学生态学"。虽然梭罗没有有意识地建构环境生态思想，但他将自然万物看作是有生命的、不断变动的共同体。这一理念已经暗合了当代的环境伦理观念。更重要的是，他将湖畔耕种、沉思、游历、感受的诗意生存同人和自然关系的反思融为一体，伦理关怀与审美化人生自然地结合在一起。另一位自然主义者约翰·缪尔也持同梭罗类似的观点，他认为"大自然也是那个人属于其中的、由上帝创造的共同体的一部分"[1]。他倡导人是自然共同体中的普通一员。无论是植物、动物还是石头、水，它们作为上帝的创造物都可以净化人的心灵并使人获得审美满足，使身体得到休息、元气得到恢复。对于荒野自然的淳朴之爱在梭罗、缪尔那里是结合审美与伦理的关键要素，并且两者均从自然有机整体的视角来描述人同自然的一体关系。20世纪，对于生态伦理与审美的融合性经验更加受到重视。利奥波德是美国的自然保护论者，他的著作《沙乡年鉴》被称为现代环境主义运动的一本新圣经，其中创立的"大地伦理学"第一次结合生态学肯定了动植物的权利并认为人类对大地负有责任。同时他认为："当一个事物有助于保护生物共同体的和谐、稳定和美丽的时候，它就是正确的，当它走向反面时，就是错误的。"[2]利奥波德将美作为衡量伦理规范的重要标准。另外，他也倡导将生态知识融入到对于自然的审美感知力之中。利奥波德将审美感知力看作是揭示生态共同体内在功能和结构的一把钥匙，并且人与自然在审美实践中达成一体共生的和谐。我们不仅要摒弃那种仅仅将自然视为对象属性的眼光，而且要用对自然的来源、功能、机能的洞悉来培育自己审美感知的精神之眼（mental eye）。

面向自然、环境、生态的审美精神和伦理精神在人与世界共生一体的实践活动中往往达到统一。这里面含有对生命的尊重、对生态的敬畏、对共同家园的爱，这是由感性的依存关系生发出来的美善交融意识。当代随

---

[1] [美] R. F. 纳什. 大自然的权利 [M]. 杨通进, 译. 青岛：青岛出版社, 1999: 40.
[2] [美] 奥尔多·利奥波德. 沙乡年鉴 [M]. 侯文蕙, 译. 北京：商务印书馆, 2016: 252.

着学科分类的细化，生态环境的美学研究同伦理学研究各自有着深入的发展，但这不表明两者是一种平行关系，互不相关，恰恰从现代科学意义上将两者重新结合才能真正有益于人与生存世界的和谐。我们在自然环境的审美活动中，可以按照形式美的法则抑或形式主义的艺术美学原则评判对象的价值，但我们必须知道这些视角并不真正切中自然本身。这样的审美是肤浅的，所获得的美感也是比附于艺术的。西方曾经盛行"如画性"的自然审美观，认为自然风光要如一幅田园风景画般讲求位置布局、比例协调、由近及远。这种类似于明信片式的景色并非自然的全部，生态自然还有惊涛骇浪的河谷、一望无际的冰原、炎热潮湿的雨林等等，它们不能被人的艺术观念所束缚，同时其审美价值也不仅仅从视觉获得。真正的环境生态的审美活动，人的感官是全面开放的，特别是传统观念中不被重视的触觉、嗅觉、味觉以及和人体肌肉活动相关的动觉都在人与世界的交互活动中参与进来。当然，这种人对生存世界的参与性审美并不仅仅是短暂性的感官追求，无论在自然生态还是社会生态中，它处处受到伦理制约。这种善、恶的生态伦理意识或隐或显，直接影响着我们对于美丑的判断。当我们从形式、色彩的角度来观看水华、赤潮等现象，或许可以持一种审美态度来欣赏，但如果我们生活于此、依赖于这片水域，那么我们必然知道水体的这种现象将会引起水生生物的大量死亡、水质的破坏以及生态系统的紊乱，并最终引起人体中毒。这种生态破坏的景观是无论如何无法引起生存于此之人的美感的。而人与生态环境处于和谐审美关系，往往意味着人与生态系统中的他者各从其德，友好相处。《庄子·秋水篇》中说："号物之数谓之万，人处一焉；人卒九州，谷食之所生，舟车之所通，人处一焉"，在庄子的审美境界中，人"与天地并生""与万物为一"，天地万物没有贵贱之分，只需各从其本性，就可以达到"同与禽兽居，族与万物并"的至德之世。在日常自然审美中也是如此，自然界山清水秀，各个物种充满活力、繁衍生息，在给予人美感享受之时实际上也暗合了生态和谐的伦理事实。

人与环境、生态的审美关系本身无法摆脱一种生存伦理关系的基础。当代环境美学、生态美学对于伦理属性的强调是一种学科自觉、深入发展的必然结果，是对感性观照与实践伦理交融一体的还原。当代科学对于生态系统、生物群落的研究证明了生态整体主义传统观念的合法性。生态科学的发展构成了环境伦理研究科学化、更具革命性的前提，并为其提供道德规范阐发的保障。在此，传统意义上的美学、伦理学、生态学在当代环境美学语境下打破了各自的学科壁垒，相互交叉、构成。这种融合与相互构成在当代有其独特之处。首先，作为美学同伦理学一体的环境美学不同于传统的人伦关系之美。人伦关系之美在于人各是其是，通过社会伦理的外在规范与美德心灵的内在驱动达成社会关系的和谐。而环境视域下的伦理美学则容纳了自然、人文双重关系集合，并且以整体泛生态系统的和谐为价值导向。其次，美学与生态学的结合是当代美学变革的新生力量。西方美学发展史上具有革命意义的流派往往和新兴自然科学密切相关，诸如18世纪生理学对经验主义美学的影响，19世纪、20世纪精神科学、心理学对现象学的影响。生态学所强调的生态整体主义观念具有从根本上变革美学价值论的重要意义，它将主客关系为主导的价值结构转变为各个相关主体同整体之间相互关联的结构模式。从这个意义上来说，环境美学的生态价值属性决定了其并不仅仅是美学研究领域的扩大，同时也兼具美学基础理论的根本变革。

本章小结

当我们从历史文化流变的角度来看自然、环境、生态的审美，我们会惊讶于它们之间的巨大鸿沟。不同文明阶段人与世界依存、斗争与建构的关系中生发出审美之光。但当我们超越于历史的具体语境，从人与生存世界具有连续性的价值关系来考察三者亦会看到内在超越时空的一致性。人与人的实践交往世界有着道德伦理的内涵，人与自然、环境、生态的共生一体同样包含有深刻的伦理精神。当人遵循这种价值指引，使人与生存世界的感性关系与伦理的协调相一致，那么自然、环境、生态的审美就是切实和圆满的。

第三章　艺术与艺术美

在西方美学中，艺术与美密切相关。"艺术"经常被认为是对美的事物的创造和表现，它也是审美经验集中体现的领域。德国哲学家黑格尔就认为艺术与美基本上可以等同起来，他主张美学这门学科更恰当的名称应该是"美的艺术的哲学"。这一章，我们讨论何物是艺术（品），何物不是，及其裁定标准，也就是说，艺术或艺术品的定义是什么。继而，我们讨论艺术是如何创造出来的，这一部分自然聚焦于创造性的艺术家。最后我们转向艺术的观众，谈谈对艺术的理解与鉴赏。

第一节　艺术的定义

"艺术"的定义五花八门，我们这里介绍其中的三种，它们现在依然为很多人信奉，也常常在关于"艺术"的本体讨论中被学者们提起。在《艺术的现代体系》一文中，保罗·克里斯特勒（Paul Oskar Kristeller）曾考证，我们今天使用的艺术概念，是18世纪在欧洲确立起来的，涵盖绘画、诗歌、雕塑、建筑、音乐、舞蹈、戏剧等门类。[①]我们下面讨论的艺术定义，不是对哪一个具体艺术门类的定义，而是在整体上，在一般的意义上使用"艺术"这个概念。

西方美学中，历史最为悠久的一种艺术理论是：艺术是对现实的模仿。根据这种定义，一件艺术品，比如绘画或雕塑，要准确地呈现它所描绘的对象，不论这种对象是实质的物品，还是某个行为或活动。我们可以

---

① Paul Oskar Kristeller. The Modern System of the Arts: A Study in the History of Aesthetics Part I. *Journal of the History of Ideas*, Vol. 12, No. 4, 1951. 497.

把这种定义归入"写实主义"（realism）的艺术理论。一种流行的说法是，写实派艺术要能让观众迅速、轻易地识别出所描绘对象。

"写实主义"的艺术理论，可以追溯到古希腊哲学家柏拉图的著作。在他的对话体著作《理想国》中，柏拉图以"床"为例，道出了绘画的本质。他认为有三种类型的床。第一种是具有真正本质的床，它是神创造的，也就是"床之所以为床"的那个理式，它的确存在于某处，但我们看不到；第二种是木匠根据理式而制造的具体的床；第三种是艺术家以工匠制作的具体的床为对象，而描绘出来的床的"影像"。由此，柏拉图得出了一个著名的论断：艺术作品是摹仿的摹仿，是影子的影子，和真理隔着三层。艺术要服务于真理，服务于更高层次的善，因此在柏拉图的理想国中，艺术家是没有立足之地的。

如果写实主义的艺术理论更多适用于叙事性的、再现性的文艺类型的话，我们这里介绍的第二种艺术理论——艺术即表现——则更适用于抒情性的、抽象的文艺现象。艺术就是一种情感的表现，这种说法被很多批评家甚至艺术家奉为圭臬。俄国大文豪列夫·托尔斯泰就写道："艺术开始于一个人为了要把自己体验过的感情传达给别人，于是在自己心里重新唤起这种感情，并用某种外在的标志表达出来。"[1] 他举了一个在森林里遭遇狼，体验过恐惧的小男孩的例子。小男孩在叙述他的恐惧经历时，仔细描绘森林的环境，描绘自己的心理状态，以及狼的模样举动等等，目的是为了让他人感受到他所体验过的情感。而如果他的这段讲述成功地感染了听众，使听众感同身受，那么这就是艺术。

对表现主义艺术家而言，艺术不应该是对外界事物的样子和人类的模仿，即使是描绘风景，艺术也应该更加突出艺术家对风景的感受。表现主义理论认为，艺术应该强调经验性的内在世界，强调个人、内心和情感的价值。西方艺术史的这种转变由浪漫主义运动拉开序幕，18世纪末，英国浪漫派诗人华兹华斯在《抒情歌谣集》的序言中提出：诗是强烈情感的自然流露。

中国的艺术创作与批评传统不乏表现论的说法。比如，唐朝文学家韩愈不但主张艺术要抒情，而且要把"情"放在首位。他在《送高闲上人

---

[1] ［俄］列夫·托尔斯泰.什么是艺术［M］.何永祥，译.南京：江苏美术出版社，1990：58.

序》一文中写道:"往时张旭善草书,不治他技,喜怒、窘穷、忧悲、愉佚、怨恨、思慕、酣醉、无聊、不平,有动于心,必于草书焉发之。"① 这就是说,张旭的所有情感都在他的书法作品中表现出来。书法的抒情表意之功能常常延用于文人画的讨论中。元代画家倪瓒曾说:"余之竹,聊以写胸中逸气耳,岂复较其似与非,叶之繁与疏,枝之斜与直哉?"② 倪瓒此语可以表明,元代文人艺术家超越了写实主义,不再追求事物真实的外貌,而立足于瞬息间个人心理的真实;文人艺术家作品的成功在于深刻的思想以及艺术家内在真我的天然流露。

我们要介绍的第三种艺术定义,是由英国艺术批评家克莱夫·贝尔(Clive Bell)在20世纪初提出来的,他认为:艺术是有意味的形式。19世纪末20世纪初涌现出了一批新的绘画流派,如各种形式的后印象派、立体主义和抽象派,它们不再以忠实地再现事物为目标,而注重塑造符合主观感觉的形式。贝尔的定义正是在这个语境中产生的,他在1914年出版的《艺术》中论道:"艺术品中必定存在着某种特性:离开它,艺术品就不能作为艺术品而存在……这是一种什么性质呢?什么性质存在于一切能唤起我们审美感情的客体之中呢?什么性质是圣·索非亚大教堂、卡尔特修道院的窗子、墨西哥的雕塑、波斯的古碗、中国的地毯……所共有的呢?看来,可做解释的回答只有一个,那就是'有意味的形式'。在各个不同的作品中,线条、色彩以某种特殊方式组成某种形式或形式间的关系,激起我们的审美情感……'有意味的形式',就是一切视觉艺术的共同性质。"③

所谓"有意味的形式",在贝尔看来就是线条和色彩的关系与组合,它将艺术品与其他物品区分开。通常认为,这个定义捍卫了各种强调形式的现代派艺术的合法性:后印象派、立体派绘画就是艺术,因为那些作品中的线条和色彩,以特殊的方式组合起来后,能激起观众的审美情感。

上面三种定义都可以视为艺术为尊的定义。判断某物为艺术品,这几种定义都要求该物品要当得起艺术的荣耀:写实主义理论要求艺术作品体

---

① 上海书画出版社.华东师范大学古籍整理研究室编.历代书法论文选[M].上海:上海书画出版社,2014:292.
② 倪瓒.清閟阁集[M].杭州:西泠印社出版社,2010:302.
③ [英]克莱夫·贝尔.艺术[M].马钟元、周金环,译.北京:中国文联出版社,2015:3.

现真实和美，表现主义关注艺术如何表现以及表现了什么，而形式主义则强调艺术品形式元素的独特组合。但是，这三种定义中的任意一种真的能够揭示所有艺术的本质吗？答案是否定的。比如贝多芬的《c小调第五交响曲》，大概没有人质疑它是艺术品，但我们很难说它模仿了什么。

针对诸种试图寻找艺术本质的定义，美国哲学家莫里斯·韦兹（Morris Weitz）有一篇著名的文章——《美学中的理论角色》。他认为，艺术没有一整套必要且充分的类属性，所以也就不存在一个真实的、放之四海而皆准的定义。新的艺术形式，新的运动，总会不断出现，而我们能够做到的是，参照那些我们公认是艺术品的范例，找到待确定的艺术品与这些范例所共有的家族相似性。[①]韦兹的定义被认为是开放式的、反本质主义的，在他看来，我们面对的问题不是"艺术是什么"，而应该是"那是好的艺术吗"。韦兹不是激进的理论家，他并不排斥其他的艺术理论。在那篇文章的结尾，他写道："如果我们从作用和论点的角度，把这些理论作为聚焦于艺术的某些卓越标准而提出的严肃建议进行重新考察，我们就会明白美学理论并非毫无价值。"[②]也就是说，每一种理论都确立了一些优秀艺术的品质或标准，比如"情感深度、深奥真理和准确性"等等，它们都有助于我们以开放性的眼光看待未来的、新的艺术形式。

第二节 艺术创造

我们今天使用的"艺术"概念，无论是在专门的艺术领域，还是日常生活语境中，都与"创造"或"创造性"紧密地连结在一起。我们称呼艺术家为"有创造性的"一群人；我们使用"创造性"，以及它的近义词"原创性"，来描述艺术品；我们说诗人"创作"了一首诗，画家"创作"了一幅画。艺术即是创造——这种观念随着各种前卫艺术与现代主义对"创新"的追求，深入人心。

[①] Morris Weitz. The Role of Theory in Aesthetics. *The Journal of Aesthetics and Art Criticism*, Vol, 15, No. 1, 1956: 31.

[②] Morris Weitz. The Role of Theory in Aesthetics. *The Journal of Aesthetics and Art Criticism*, Vol, 15, No. 1, 1956: 35.

但是，将艺术与创造捆绑在一起，是相当晚近的事。前面提到，在柏拉图那里，艺术与创造的概念相去甚远。柏拉图曾在《理想国》中提问："我们也可以称画家为创造者或制造者吗？"他自己回答道："无论如何不行。"①"创造艺术"这种观念暗含艺术家能自由活动，但在古希腊，艺术意味着对规律与规则的服从，也就是说，艺术不在创造范围内。艺术理论家认为，这种看法在文艺复兴时期发生了变化。这一时期的那些伟大的艺术家，如达·芬奇和米开朗基罗，对自身"艺术家"的身份有强烈的认同，在关于艺术的散论中，他们开始强调独立与创造的意义。米开朗基罗就曾说，艺术家实现着自己的所见，他们并非摹仿自然。到18世纪，伏尔泰则公然宣称："真正的诗人都是创造性的。"最终在19世纪，"创造者"成为"艺术家"的同义词。

创造概念的变迁对于我们今天讨论广义的"艺术"有什么意义呢？在波兰美学家塔塔凯尔维奇（W. Tatarkiewicz）看来，这段变迁史可以理解成我们克服对伟大的艺术所设置的各种障碍、所持有的偏见的过程；它有助于我们理解艺术和诗的两种基本价值，"即一方面是要把握真理，深入自然，发现规律，发现支配着人的行为的法则；另一方面，它要求创造，要求创造出前所未有的新的东西，创造出人们设想的东西"。②进一步讲，西方艺术与创造的关系变迁历程，呈现了艺术与诗的两条准则，即规律与创造，或规则与自由，或技艺与想象。这两条规则被运用于一些当今最权威的英语文本中，比如有着英语世界的金科玉律之美誉的《牛津英语词典》，将"艺术"定义为"创造性的技能与想象的表现或运用"。

那么，对艺术家而言，艺术创作是什么样的活动呢？一种观点是，艺术创作包括两个阶段：艺术家先有一种想法，然后赋予其想法实在的物质形式。另一种观点认为，艺术创作过程包括四个阶段。首先是准备期，创作者对问题有所察觉，漫无目标地探索解决思路；其次是酝酿期，创作者清楚地认识到所面临的难题；继而是顿悟期，创作者获得洞见或启迪；最后是呈现期，艺术家的创造性观念成功地展现在作品中。在解释艺术的创

---

① ［古希腊］柏拉图.理想国［M］.郭斌和、张竹明，译.北京：商务印书馆，1986：391.
② ［波］符·塔达基维奇（塔塔凯尔维奇）.西方美学概念史［M］.褚朔维，译.北京：学苑出版社，1990：339.

造性时，研究者往往侧重于其中的某一个阶段。比如，有学者就认为，艺术的创造性有赖于最后的呈现期，正是在这个阶段，艺术家使其洞见或领悟具象化。

中国的文艺批评传统对艺术创作也有深刻的阐释。西晋文学家陆机在《文赋》的序言中写道："每自属文，尤见其情，恒患意不称物，文不逮意。"[①] 这句话的意思是说，每到提笔作文，陆机总担心，自己内心之"意"未能圆满地趋近外在之物，又担心写下的文辞未能圆满地呈现内心之"意"。陆机的这句话虽然重在表达文学创作上的焦虑，却也清楚地指出了中国文艺美学中一个常见的三项结构：创作乃是从外"物"到内"意"，而后再书写成"文"的转换过程。对中国文人与艺术家而言，外在的世界总是艺术创作的不尽的源泉，天地之间自有大美，需要艺术家去观，去捕捉，所以这里的"意"不仅仅是情感，它也是与"物"相关的心理活动，是内在于那些心物关系中的某种意味。但是，内在之"意"还不是艺术，创作中更为重要的阶段是艺术家用言辞，用笔墨，用音符将它呈现在一首诗、一幅画和一支曲子中。

清代画家郑板桥曾以画竹为例，将画家的创作分为三个阶段："眼中之竹""胸中之竹"和"手中之竹"。"眼中之竹"是画家对自然之物的感知与印象，"胸中之竹"则是经过画家思维和审美意识的熔铸而产生的审美意象，最后的"手中之竹"指画家用笔墨技巧将内心的意象具体呈现出来。对郑板桥而言，绘画创作同样要历经从"物"到"意"，再到外在画作的转化。

艺术创作乃是一个独立主体自由的、自然的，同时富有原创性的活动，它不应该受到传统规范，以及社会经济条件的制约。西方美学中，这种强调艺术家主体性的观点，经由康德以及之后的浪漫主义作家得以确立。康德将天才视为艺术家特有的禀赋，它的心理基础在于非凡的想象，而艺术创造的特征就包孕在想象力里面；天才的作品不是由摹仿产生的，天才为艺术立法。对19世纪初的浪漫主义艺术家而言，诗歌和一切艺术被视为人类至高无上的创造，文艺创作是个人内心与情感的体现。

20世纪以来，强调艺术家主体创造性的观点招来不少批评。一种批

---

① 郭绍虞，王文生.中国历代文论选[M].上海：上海古籍出版社，2001：66.

评的声音认为，艺术中的创造性或原创性与传统密不可分，艺术创作从来不是与传统相隔绝的实践活动。艺术批评家克莱门特·格林伯格（Clement Greenberg）在谈到现代派艺术的创新时写道，我们时代真正的艺术与传统存在着连续性，"没有艺术的过去，没有想要维持卓越性标准的需求与冲动，现代主义就既没有理由，也没有正当性"。[①] 真正创新性的艺术作品的产生不是一个独立的事件，它有赖于艺术家对传统的感知。现存的艺术经典构成了一个理想的秩序，当新的作品加入这个经典序列，整个秩序就必须改变一下，而与此同时，每件艺术品相对于整体的关系和价值也要作出调整。在艺术历史的长河中，过去因现在而改变，正如现在为过去所指引。中国艺术史的一个特色是强调"通变"，或者说"变通"："通变"强调艺术的新变来自对古人、对传统的学习，而"变通"则暗示艺术历史的延续在于各个时代艺术家的创造性。

艺术创作的结果是创造性的艺术品，我们经常讲艺术品是艺术家创造性活动的结晶。一些哲学家认为，在讨论艺术的创造性时，我们与其关注创作的过程，不如关注创作的结果。到底一件艺术作品的什么特质让我们觉得它具有创造性？这个问题的答案或许与创作过程毫无关系。也就是说，艺术的价值可以独立于生产方式，艺术创造力并不存在于创作过程，而存在于观看者体验到的作品之中。这种观点将艺术创造性与观众、听众或读者联系起来：正是通过艺术的欣赏者对艺术品的想象性体验，以及对作品所做的解读和评价，艺术的创造才得以实现。

第三节　对艺术的理解

艺术与美学领域有一系列的词可以描述人们观看艺术的活动：我们可以"解读"艺术，可以"鉴赏"艺术，可以"评价"艺术，也可以对艺术品展开"批评"。哲学家莫里斯·韦兹曾经收集，并且通读历史上所有关于《哈姆雷特》的批评文章，他得出的结论是：几乎所有批评家的行为都属于下列四类中的一类或几类——对该作品进行描述；对其进行解读；对

[①] ［美］克莱门特·格林伯格.现代主义绘画[J].沈语冰，译.油画艺术，2019（1）：34.

其进行评判；总结出与该作品相关的理论。

对艺术作品进行描述，就是试图去识别该作品中的事实性元素，比如它用了什么材料，在哪里、针对什么样的观众群创作。因为描述是事实性的，诉诸我们眼睛当下所见到的，所以也就有正确和错误、准确与不准确的区分。解读艺术也就是弄清楚作品传达的意义，它寻求阐明一件作品涉及的内容，解释它可能表现的含义。评判艺术即是评估作品的好坏，它常常要求评判者评估艺术的价值，并且提供评估的理据。显然，艺术评判这类活动对评判者有很高的要求，专业的评判者常常被称为"艺术批评家"。

有批评家认为，我们对艺术的理解与评价是一种非常主观的行为。对于一组艺术作品，为何我们对其中的几件作品有反应，而对其他作品无动于衷？解读艺术就是要把艺术带给我们的感受清楚地表达出来。这种观点带来了两个美学难题：其一，解释作品的意义时，难道我们不需要考虑创作者的意图吗？其二，如果说对艺术的批评与解释是主观的，那么一件艺术作品存在正确的解释吗？

在日常交流对话中，我们根据说话者的意图来了解他的话语的意义，这是非常平常的事情。在艺术领域，尽管大部分美学家都认可艺术家的创造性，但是当涉及艺术作品的意义与艺术家意图的关系时，美学界却形成了两个对立的阵营。以维姆萨特（W. K. Wimsatt）和比厄斯利（Monroe C. Beardsley）为代表的美学家，主张艺术家的意图不能用来，并且也不值得用来解释和评价文学艺术，这类观点通常被称为"反意图主义"。与之相反，"意图主义"阵营的学者则主张，艺术作品的意义与艺术家的意图密切相关。

反意图主义者力图将艺术作品与艺术家做本体论上的区分：艺术作品是物，艺术家是人。批评家的任务是研究艺术作品，而不是研究艺术家。比厄斯利就曾说，如果批评家去关注艺术家的心理和个人经验，就明显离开了批评家应该关注的对象。在文学领域，英美新批评学派采用的就是反意图主义的策略，新批评倡导文本细读，关注文学作品的性质和存在方式、作品的类型、文体学以及韵律、节奏、意象、隐喻等形式因素。

对意图主义者而言，按照创作者想要其作品被理解的那种方式来理解它是我们的职责。由于艺术创作者的意图决定了作品的意义，因此发掘和澄清艺术家的意图就是艺术批评的主要目的。如果我们将文学和艺术看成是作家和艺术家天才的表现，那么我们在研究文学艺术时，首先就要研究文学家和艺术家。"传记批评"是践行这种批评观的一种主要形式，提倡传记式研究法的人认为，传记有助于研究创作者的心理，有助于揭示文艺创作实际产生的过程。

中国传统美学很早就有对作者意图问题的思考。《孟子·万章上》有这样的说法："说诗者不以文害辞，不以辞害志，以意逆志，是为得之。"①孟子教导我们在解读诗时，不要拘泥于文字妨碍对词句的把握，也不要拘泥于词句而误解作者所要表达的意思，我们要从我们所理解的作品之意义，去推测艺术家的意图。显然，孟子强调在解释文本时，我们要以作者意图作为支撑，从这个意义上讲，孟子是一位意图主义者。

如果对艺术的批评与解读是主观的，那么对同一件艺术品而言，一定存在多种正确的解释吗？艺术理论家中的一元论者认为，每件艺术作品只有一个正确的、完整的解释。而多元论者则认为，艺术解释从来不是单一的，艺术作品允许存在不同的解读。

一元论与多元论的冲突，可以看作是对艺术意义之本质，对艺术解释之宗旨的对立表述。一种观点是，解释艺术就是去"探寻"关于意义的事实，而意义就存在于艺术客体或艺术行为之中，所以艺术解释有对错之分。需要指出的是，这种"现实主义"的艺术意义观并没有限定艺术意义的本质；艺术的意义可能是由艺术家的意图所构成的一种心理特质，也可能是一种依据可靠的意义系统能够理解的物理特性。显然，这种对艺术意义的看法与一元论是相融合的。与此相对的观点是，艺术的意义不是发现的，而是艺术的解读者"投射"的。这就是说，一件艺术品的意义是由读者或观众对它的反应所构成的，这时，艺术批评家的工作，就是去清晰描述艺术作品在我们心中引发的感受，以帮助大众理解艺术品。与其说艺术的意义是寻找到的，不如说它是被制造出来的——这种观点自然支持艺术解释的多元论。

20世纪以来，各种艺术史研究方法探讨的一个核心议题是：我们该如何，以及在何处寻得艺术的意义。形式主义的辩护者认为，我们要根据艺术品的形式特质（例如构图、材质、造型、线条、色彩）来欣赏艺术。法

---

① 杨伯峻.孟子译注[M].北京：中华书局，2010：199.

国艺术史学家亨利·福西永（Henri Focillon）在其代表作《艺术形式的生命》中就指出，艺术形式是有生命的实体，政治、社会、经济条件在很大程度上并不决定艺术形式。推崇符号学路径的艺术史学者，倾向于使用"阅读"这个词来谈论阐释艺术的过程。艺术符号学认为，各类艺术作品，例如一幅画、一支舞蹈和一段音乐，都可以被视为一个文本，进而，我们可以根据统治该类文本的符号规则"阅读"这个文本。英国艺术史学家恩斯特·贡布里希（Ernst Gombrich）认为，绘画作品并不是不言自明的，它们依照某种"图像语言"被创造出来，而破译这种"图像语言"，确定画作的"真实意义"正是艺术史学家的任务。

最近几十年来的艺术史实践强调艺术的语境，人们普遍接受的观点是，艺术受到宗教、政治、社会结构、文化实践与传统，以及思想潮流等外部因素的影响。艺术史学家广泛借用人文、社会科学领域的各种理论来解释艺术，比如马克思主义、女性主义理论和后殖民理论，这些理论方法为艺术史学家解释艺术提供了新的思路。例如，当我们采用马克思主义理论去思考一幅文艺复兴时期的画作时，我们可以对意识形态与作品产生的经济与社会条件提问：谁是这件作品的赞助人？赞助人的社会和经济地位如何？艺术家的社会地位如何？该时期的其他艺术家的地位如何？何种意识形态塑造了这幅作品的创造与接受？这幅画会在什么地方展示？谁会看到这幅画？在这一视角下，艺术是社会、政治、经济的复合关系之产物，它不应该被简单地贴上"天才创造"的标签。

我们认为，艺术的意义部分存在于作品中，同时也存在于更大语境下的动态交互中。对观者而言，欣赏视觉艺术不仅依赖敏锐感知力，它也诉诸我们对媒介、体裁与风格，和各种文化与社会观念的了解。

本章小结

本章讨论了三个议题：艺术的定义、艺术创造和对艺术的理解。关于艺术的定义，美学家们提出了一些说法，比如艺术即模仿，艺术即情感表现，艺术是有意味的形式，艺术即经验，等等。这些定义都不完满，不能适用于所有的艺术类型，但是通过这样的定义，美学家提出了许多新的艺术观，并以此推动了艺术的发展。就这个意义上讲，美学家们为艺术下定义，实际上就是一种话语行为，这种话语行为会对艺术创造与艺术批评产生一定的影响。例如，相信艺术是有意味的形式的批评家，在解释或评价艺术作品时，可能会侧重艺术品的形式要素。

艺术和审美活动的基本特征就是创造。"创造艺术"这种观念暗含艺术家能自由活动，但在古希腊，"艺术"意味着对规律与规则的服从。"创造者"成为"艺术家"的同义词，是相当晚近的事。20世纪以来，一种普遍的观点是，艺术创造是艺术家自主的、富有原创性的活动，所谓"现代艺术"，就是要跟过去的传统彻底决裂。与之相对的一种观点是，艺术的创造性与传统密不可分，当下的艺术与传统存在着连续性。

欣赏艺术作品，关键是要理解艺术品传达的意义。围绕艺术品的意义与艺术家意图的关系，美学界分为两个阵营。"反意图主义"的美学家主张，艺术家的意图不能，也不值得用来解释和评价文艺作品。"意图主义"阵营的学者则主张，要理解作品的意义，我们必须发掘艺术家的意图。当下的艺术史实践强调艺术的语境，强调外部因素，比如政治、社会结构和文化传统，对艺术的影响。我们认为，艺术的意义部分存在于作品中，同时也存在于更大语境下的动态交互中。

第四章　美与艺术的范畴

我们区分美与美感，说明它们之间的关系，不能直观地理解成"一个主体遇到一个客体所发生的一个事件"。无论是在主体一边，还是客体一边，都有许多此前的积累。而这些积累，又是主体与客体在漫长的相互作用过程中形成的。过去的知识积累下来，可成为当下的直接的反应。这种反应就是美感，而美感的对象就是美。因此，美与美感有着一个共同生长、相互成就的过程。

美有很多种类，需要进行分类研究。当我们说美的时候，还要区分狭义的美和广义的美。狭义的美，是呈现在当下，给人提供直接的愉悦的对象。除了这种狭义的美以外，还有其他各种感受，例如震撼、惊恐、哀怜、发笑、厌恶、恶心等等，也能给人带来感性的刺激，也应该成为研究的对象。"美学"（aesthetics）这个词，原来的意思就是"感性学"，研究人对外界的各种感性反应。汉字文化圈将这个词翻译成"美学"这两个字，也常常被人理解成关于美的学问。美学不应只研究狭义的美，而应将广义的各种审美对象都包括在内。

这种所引起的感性反应及其相应的对象，可以分成许多的类，但任何分类都不能穷尽无限丰富而细腻的人对世界的各种各样的感受。这里只是列举几个相对重要和常见的类别，并在列举过程中，说明其中的复杂性。

第一节　美

当人们说一物是美的，或者说对一物作出美的判断时，有人依据主观方面的原因，也有人依据客观方面的原因。主观的原因在于人的心理，客观的原因在于物的形态。我们已经说明了这里的复杂性。任何这方面的研究，都必须结合主体和客体的状况，结合个人与社会的状况。

在这里，我们还必须放弃像柏拉图所做的那样，致力于对"美"和"美的"的区分，从而陷入到对"美本身"的寻找之中。有关美的哲学论述，以及在涉及美的问题时主客间的纠结的情况，我们在第一章也已经作了说明。在这里，我们只是对美的特征作具体的描述。也就是说，当我们谈论美与艺术的范畴时，所涉及的，是对"美的"事物的分类。

美的特征，依据传统的观点，包括三个方面：

一、平衡或对称，适当的度和比例。这主要指对象中不同要素间的关系构成一种和谐。这里有量的关系：不同音高、音长的声音的结合而成为音乐，而不同的声音的声波波长之间是一种数量关系。同样，颜色的不同也是光波波长不同造成的，其间也是数量的关系。但另一方面，美也可以是不同质的事物间的和谐组合。一片美丽的风景要有山有水，有树有石，和谐搭配。一座美丽的建筑，也是木石铜铁各种建筑材料的组合。古代中国人更重视音的质，他们讲"八音克谐"，是八种不同的乐器发出的不同质的声音的结合。①

二、材质、颜色、光泽。美既存在于不同的事物或事物的不同要素之间的和谐关系之中，也存在于单一事物之中。人们可以谈论黄金白银的美，不是由于它们是贵金属而成为财富的象征，而是由于它们的色彩和光泽。物的材质也能成为美：家具的材质、建筑的用料，都成为美的要素。绿色的大草原、蓝天和大海、法国南部一望无际的薰衣草、荷兰的郁金香、中国江南大片的菜花黄和秧苗绿，都与平衡对称无关，只是一种单纯的颜色，以其巨大的规模而使人感到美。物之美还体现在光之美之上。朝阳有特别的美，夕阳也有自己的美。阳光照在物之上，会产生千奇百变的效果。所有这一切，都显示出物的单纯的美，不依赖物的要素间的关系。

三、整体性，成为一个几何的或有机的整体。事物可以有整体的美，这种美只存在于整体之中。依照一些几何图形所建成的房屋、公园、广场，可以有着整体的美，这种整体如果残缺了，就失去了美。文学艺术作品有自己的完整性，长到几百万字的长篇小说，短到四句抒情小诗，大到

---

① 语出《尚书·尧典》，八音指用八种不同的材料制成的乐器：金、石、丝、竹、匏、土、革、木。李民、王健.尚书译注［M］.上海：上海古籍出版社，2004：19.

绘画长卷，小到一幅速写，都有自身的完整性，就像一个或者巨大，或者微小的生命体，都有头、身体、各种器官，有自身的各种内在循环系统。

这是欧洲古典美的三个基本要素。中国人的美，在一些地方有所不同。中国的宫殿或官邸的建筑固然也讲整齐对称，但这种在平面中展开的整齐对称，并不能只是静态地看待其整体性，而要看到其动态的视觉呈现过程。例如北京故宫，宫殿群的排列既是静态的存在，又是从观赏者行进过程中看到的角度变化和感受递进的体现。从前门到午门，直到太和殿走向第一次高潮，再经中和殿、保和殿，再到乾清宫，观赏者的感受也走向起伏深化。中国的园林则打破欧洲园林的整齐对称，而将景观动态化，追求观赏山水景观时的随处换景、山重水复、曲径通幽，又豁然开朗。再如，中国绘画受书法影响，克服几何图形的布局，而追求通过绘画的用笔用墨的动作，使画面成为动作的痕迹，画家的气韵风神在画面中得到表现。

在现代艺术中，对这三个要素也多有突破。例如，现代艺术追求的非对称的美，利用非对称造型形成的反差产生美。再如，建筑克服整齐划一和几何型布局，从自然中汲取新的灵感。在光与色方面，更多地利用新的科技，特别是新光源的使用，产生过去所没有的奇特效果。在有机整体的追求方面，引入了残缺美概念，让完整的有机整体成为一个隐藏的理解框架，并以此从内在的整体观看这种当下的整体缺失，使欣赏者的心理反应成为可能。

一些美学家还讨论过美与合适的区分。美是由于一物自身而美，在于对象自身的种种要素的使用和实现，而合适是一物适合于它物而美。例如，一物由于自身的形式，包括尺度和比例，可以是美的。一物对于它物的合适，是依据它物来决定它是否美。一件衣服是否美，要看它本身的材质和式样，也要看是谁在穿，是否适合这个人的身材、肤色和气质，是否适合穿衣服人的年龄、身份，穿衣服的场合，等等。离开所穿的人来谈论衣服的美，是空泛的，是使一种本应有所依托的合适变得无所依托。在建筑中，配楼适合主楼；在西方古典油画中，配景适合人物；在中国书画中，题字和印章适合书画主体；如此等等。

美与媚也有着很大的区别。在这一对比之中，美倾向于静态的形式，即上面所说的形式的三要素，或者其他一些新的要素；与此相反，媚则倾向于展示生命的活力，展示活动着的身体或景与物所具有的吸引力。

从美的事物的特性看，还有着复杂美与单纯美的区分。在艺术中，有复杂装饰的美，也有单纯无装饰的美。宗白华曾区分错彩镂金、雕绘满眼的美与芙蓉出水、自然可爱的美，就是对这种不同的美的形象描绘。① 现代艺术中的极简主义运动，是一种对复杂美的反抗。通过这一运动，改变了艺术中繁复的装饰追求，以简单的形式和线条，呈现出具有现代感的美。

美是多种多样的，人们通过上述一些列举、对举等方式，对各种各样的美加以说明，但这一切都不能穷尽美的无限多样，因为美是不可穷尽的。

第二节 崇 高

崇高是一种重要的美学范畴，它的形成，在美学形成史上有着重要的意义。在欧洲，"崇高"概念最早由古罗马时代的一位托名为朗吉弩斯（Longinus）的人提出。这位匿名的作者留下一篇以希腊文写成的文章《论崇高》（Peri Hupsous，即 On The Sublime），在这篇文章中，"崇高"主要是指"伟大""高昂""高尚"一类的意义，是一个形容词。讲演更雄辩，文章写得更有气势，诗的格调更阳刚，都是"崇高"。1674年，法国新古典主义理论家布瓦洛将这篇文章译成了法文出版，推动了"崇高"概念在法国，以至在整个欧洲的传播和发展。布瓦洛将古典主义对形式的推崇与对艺术中的激情表现结合起来，保持了朗吉弩斯关于用崇高指伟大的风格的修辞学传统。

在17世纪末，有三位著名的英国人，即约翰·丹尼斯（John Dennis）、夏夫茨伯里和约瑟夫·爱迪生（Joseph Addison）分别写文章，用崇高一词描绘他们游历阿尔卑斯山的震撼、恐惧而又转为狂喜的感受。崇高由此与对自然的欣赏联系起来，这是崇高成为独立美学范畴的一个重要契机。1757年，英国人伯克发表了《关于崇高与美的观念的哲学探讨》（A

---

① 宗白华.宗白华全集（第3卷）[M].合肥：安徽教育出版社，2008：450—454.

Philosophical Enquiry into the Origin of Our Ideas of the Sublime and Beautiful，1757）一书，将美与崇高加以对比，认为，"崇高的事物在尺寸上是巨大的，而美的事物则是娇小的；美的事物应当是平滑、光亮的，而崇高的事物则是粗糙不平的；美的事物应当是避免直线，在偏离的时候，也令人难以察觉，而崇高的事物在很多情况下却以直线条的方式出现，即便存在偏离也是极为明显的；美不应当暧昧不明，而崇高则倾向于黑暗和晦涩；美应当柔和、精细，而崇高则坚固甚至厚重"。① 这部著作延续在英国形成的这种以崇高指自然物的传统，但在"崇高"概念史上至少完成了两个飞跃：第一是将"崇高"的名词化用法固定，即将崇高看成一个独立的美学范畴，而不仅是针对具体事物或艺术性质的描述；第二是将"崇高"与"美"这两个范畴相对举，相互独立，既相反又相联。

在伯克以后，对"崇高"概念发展作出最重要贡献的是康德。他于1790年发表《判断力批判》一书，书中延续了美与崇高的对立，并提出了数学的崇高和力学的崇高之分。数学的崇高，是指对象的绝对的巨大，超出了我们的想象力。审美中试图运用想象力，以一次单一的直觉来把握和包容整个表象，但又无法做到。表象对人的想象力构成一种压力，但理性自身又要求一种完整性。于是，两者之间构成一种冲突。它所带来的不是直接的愉悦，而是首先给予痛感，再克服痛感，通过领会理性的伟大来体验快感。力学的崇高指压倒性的力量形成我们在实际上安全的环境中感到似乎可怕的情景。例如，电闪、雷鸣、旋风、火山等等。但是，如果这些可怕的对象对人真正构成威胁，那也就不是崇高，也不能构成欣赏了。崇高的对象要像关在笼子里的老虎那样，使人"恐而不惧"。对崇高的欣赏，反映出的是一种具有无比力量的自然对我们的威压，并由此激发出我们内心的道德力量。

康德对崇高的论述，充满着强烈的思辨色彩，使直观的感受转化成了真正具有哲学性的论题。至此，美与崇高的两极在理论上被固定下来。人们不再像过去那样，谈论美以及种种对它的偏离，而是将各种各样对不同对象的欣赏，通过理性与感性相结合的不同模式，分成了截然相反的两

---

① ［英］埃德蒙·伯克.关于我们崇高与美观念之根源的哲学探讨［M］.郭飞，译.郑州：大象出版社，2010：125.

极,并将各种不同的感受向这两极汇聚。

在崇高对象从自然转向人,再转向艺术的过程中,19世纪的浪漫主义者们起到了巨大的作用。浪漫主义者们有一个共同特点,即喜欢自然。他们正是通过诗歌对自然的描写,将崇高观念内化成了一种艺术的风格。

到了20世纪,利奥塔认为,不管是现代主义的艺术,还是后现代主义的艺术,从本质上讲都是在追求崇高。他提出了独特的两种崇高来描绘艺术,提出现代主义的艺术,是一种带着抑郁感的怀旧的崇高(nostalgia sublime),以德国表现主义艺术,马列维奇、普鲁斯特等人为代表,而后现代主义艺术是一种追新的崇高(novatio sublime),以从塞尚,到立体主义,再到抽象艺术的艺术为代表。在1985年,利奥塔在巴黎的蓬皮杜现代艺术中心策划了一个展览,名为《无形物》(*Les Immateriau*),试图以无形见有形,并将这种观念与康德的崇高,即在理性和道德的帮助下克服当下感观对象的压迫联系起来。

对于中国古人来说,一些比美更高层次的范畴,并不与美相对立,而是层层递进。例如,孟子曾谈道,"充实之谓美,充实而有光辉之谓大,大而化之之谓圣,圣而不可知之之谓神"①,这些词,都是对一些不同层次的状态的形容。在今天的汉语中,对崇高一词的理解,更偏向于生活和伦理,例如讲人的性格、品德、行为的崇高。作为美学范畴,则比这些要更广泛一些,应该包括自然、社会和艺术等各个领域里的崇高。

第三节 笑

笑有多种多样:有微笑,内心感到愉快时,或者为了向人表示友好时是如此;也有大笑,内心感到得意时,或者看到什么可笑的事件或场景时是如此。当然,还有更复杂的情感可以通过笑来表达:讽刺地笑、轻蔑地笑、威胁地笑、关爱地笑、无奈地笑、尴尬地笑等等。美学中所研究的笑,主要在于如何用艺术的手段使人发笑,这涉及对作为艺术手段的笑进

---

① 孟子.尽心章句下[A].李学勤主编.十三经注疏十一·孟子注疏[C].北京:北京大学出版社,1999:394.

行分类，也涉及对笑的心理进行研究。

一般说来，要逗人发笑，有幽默和滑稽两种手段。幽默指利用语言表现引人发笑，而滑稽则指用动作表演使人发笑。例如，一个人讲述某人滑跤的故事，把大家逗乐了，就是幽默，但如果这个人在表演滑跤，那是滑稽。然而，这两者又是不可区分的。《史记》中有《滑稽列传》，但其中所讲的事，多为幽默，即用机智的表达方式，将原本冒犯的意思以不太冒犯的形式表达出来。

关于使人发笑的原因，历史上有一些哲学家做过一些总结。具体说来，有这样几条：

第一，"优越理论"（superiority theories）。这种理论强调笑的人有一种自我优越感。人们笑别人傻、笨拙、吝啬，笑邻居或相邻人群，相邻民族的生活习惯。例如英格兰人笑爱尔兰人或苏格兰人，比利时人笑弗莱芒人或荷兰人，瑞典人笑挪威人或芬兰人。他们说起这些邻近民族的笑话来，似乎有着无穷的乐趣。中国人以地域差异和城乡差异作为笑话的源泉，城里人笑乡下人说话"土气"，没有见识。乡下人也看不惯城里人做派。在鲁迅的《阿Q正传》中，城里人将长凳说成条凳，做鱼用葱丝，城里女人的走路姿势，阿Q都觉得可笑。在相声和小品中，喜欢拿方言作为笑料，例如宋丹丹表演东北话，牛群讲河南话，朱时茂教陈佩斯说上海话，都能产生喜剧性效果。对此，"优越理论"可以提供解释。

笑是要笑可笑之人，这种可笑之人的可笑之处，有愚笨却不自觉，还有不聪明还要自作聪明，被明眼人一看就觉得可笑。阿Q觉得城里人可笑，而读者却觉得正是由于此，阿Q才可笑，属于"精神胜利法"的一种表现。著名捷克小说家米兰·昆德拉引用过一句犹太谚语："人们一思索，上帝就发笑"，说明在人们自作聪明时，对于真正的智者来说，这不过是笑料而已。佛教中的弥勒佛笑口常开，笑世间可笑之人，也是这样一种对世间纷争的超越，显出种种自作聪明的渺小。

在近代，英国人霍布斯提出了一个很有影响的理论，这就是"突然荣耀"（sudden glory）说。体验到自己的胜利和对手的失败滋味，不由得笑了起来。同样，想到自己过去做的某件傻事，也会发笑。无论是笑别人，还是笑自己，都是优越理论。但是，"突然荣耀"理论要强调突然性。"优越理论"可以是比较和反思的结果，体现了一种精神上的超越；但是，人们的笑是感性的，是对当下的情境的直接反应。引起人们发笑的，不是自己胜利和对手失败的事实本身，而是这一事实在当下意识中的突然出现。同样，人们也不是由于自己比某人更聪明这一感觉本身而得意洋洋发笑，而是某一具体事件的突然发生、某一消息的突然获悉，或者某一现象的突然呈现，验证人们的这一感觉，使他们忍不住笑出声来。

在人们说笑话、相声或演小品，以及喜剧表演中，要把握这种"突然"的特点。同样的故事，有的人讲了就能使人发笑，换一个人讲，就使人笑不起来，这是由喜剧表演的才能决定的。这种表演才能体现在多个方面，是一种综合的能力。在其中，讲述时的声音的音调、节奏的把握、讲述者的神态，都决定了故事的"笑点"是否起到了作用，或者用相声术语说，就是"包袱"能否"抖响"。这种"突然"性，就构成一种形象性的片断，它源自"自我的荣耀"却又超越了这种"荣耀"感。某个喜剧表演让人们一想到就笑，与人一谈到就笑，大笑不已。这决不是由于某种荣耀而得意洋洋，反复品味这种胜利的滋味，而是由于某种形象性的表现所具有的"搞笑"的能力，可给人提供的瞬间的感觉，这已经与有关自身的功利性考虑没有直接关系了。

第二，"不连贯理论"（incongruity theories），过去也译成"乖讹理论"，指对象相悖或错乱。走路有脚疾，不能像正常人那样平稳走路，一高一低使人感到可笑。说话口吃，不能流畅地表达自己的意思，也让人感到可笑。这是说，正常不可笑，不正常就可笑。这与"优越理论"有相通之处。

有时，身体的缺陷也被人嘲笑，如阿Q的癞痢头成为村民们嘲笑的对象。长得太胖或者太瘦，太高或者太矮会使人发笑，一些喜剧演员也以此通过自嘲来搞笑。另外，一些表演时的不谐调，也会引发笑声。在舞台上滑倒，表演的道具脱手，讲话时忘了台词，唱歌时走了调，都会使人发笑。人们会理解这些无伤大雅的失误，对此抱以宽容的笑声。在一些表演中，也会故意制造这种错误，造成种种"错误的喜剧"，或者由误会引人发笑的小品，使台下笑声不断。

西塞罗曾说，预想一个结果没有实现，所产生的失望情绪会转为一笑。类似的话其他一些哲学家也说过。例如康德说，如果有一个紧张的预期突然化为乌有，会引发大笑。一群人聚在一起，以为会有大祸临头，结果发现是虚惊一场，很可能就会不由自主地笑起来。原有的预期逻辑断裂，伴随着庆幸与自嘲的感受，引发出大笑。《等待戈多》则反其意用之，等待，却不知道等待什么，从而具有双重效果，表面上是喜剧性的，而实质上是悲剧性的。

柏格森提出笑源于概念化与经验的不一致。他认为，人的生命特征就体现在具有灵活性，以适应当下生活需要之上。"滑稽之所以产生，是因为活的身体僵化成了机器。"[①]那种机械的，依照概念行事，而不具有弹性的行为和动作就是可笑的。例如，搬了家后，不自觉地走到原来住的地方，推门一看，早已是别人的家。幼儿园老师回到家里对家人，或者对朋友，还用对孩子说话的语调。戏剧演员在日常说话中带上戏剧腔。一位老兵退伍后在餐馆端盘子，当有人恶作剧地喊一声"立正"时，老兵会本能地扔掉装满饭菜的盘子做"立正"的姿势。这些过去的习惯动作在新的情况下重复，老习惯难改，从而犯错，发现后自己感到好笑，别人看到后也会忍不住笑起来。人的活动，既有一种惯性，也会展现出生命的活力对环境有着适应性。如果由于种种原因，这种适应性丧失了，或者没有很好地展示，就会出现"机械化"。一些醉酒的笑话也是如此。醉酒使人失去了对外界情况的适应性，只按照意愿来行动，就会闹出笑话。

这种"生命的机械化"，实际上也是"不连贯理论"的一个分支。"不连贯理论"中有些例子用"优越理论"也可解释，但有些则明显地不同，用"不连贯"能得到更好的解释。

第三，释放理论（release theories）。紧张后寻求放松，郁闷时需要散心。在压抑的语境中，人们常常借助幽默来排遣苦闷的心情。在高度紧张的气氛中，一个笑话常常能使情绪得到调整。赫伯特·斯宾塞（Herbert Spencer）提出了神经系统的压力模式。正像蒸汽机中的蒸气通过管道释放一样，情感的神经刺激淤积而产生压力，得到释放这种压力就会减轻。斯宾塞认为，笑是一种肌肉运动，在这个运动中，神经的刺激得到了释放。

释放理论的最主要的代表，是弗洛伊德。他把人的心理区分为三层，即"伊德"或"本我"（id）、"自我"（ego）以及"超我"（super-go）。"本我"是无意识的本能冲动，"超我"是批评意识，而"自我"在"超我"

---

① ［法］柏格森.笑［M］.徐继曾，译.北京：北京十月文艺出版社，2005：33.

与"本我"间起协调作用。这种协调需要花费心理能量，如果所动员的能量超过所需要的能量时，这种能量就以各种方式释放，其中一种就是笑。

民间的笑话中，有许多与性有关，而这些故事能够产生笑点，也是利用了这种心理能量寻求释放的要求。笑话使内在的能量释放而轻松，产生爽快的感觉。

第四，游戏理论（play theories），指游戏状态是娱乐或笑的条件。语言的游戏，包括声音的游戏和意义的游戏。绕口令使人感到发笑，是发音能力的展示；饮宴时行酒令带来欢乐，就是才华加巧智能力的展示。在日常生活中，许多引人发笑的表述来自对既有成语、谚语和名言警句的有意借用或故意错用。例如，批评一个人做事"十拿九不稳""百发不中"，都是与人们熟悉的成语相对照以形成特定的效果。再如，说一个人"走别人的路，让别人无路可走""坐别人的位置，让别人无位可坐"，都是在套用一句名言"走自己的路，让人们说去吧"。

引发笑的原理有好几种，这几种原理又有着各自的变异的用法，形成丰富多彩的笑的理论。在具体的搞笑的作品中，有这些原理混用的现象，即同一部作品混用了多种笑的原理。例如，"优越理论"可以与"不连贯理论"混用，前面所讲的"生命机械化"，从"优越理论"来讲，也可以讲得通。"释放理论"与"游戏理论"也有相通之处。一些犹太笑话，就既有性的成分，也显出机智性。

1988年的春节联欢晚会上，牛群和李立山合演的反腐相声《巧立名目》，就是混用了几种不同的笑的原理。首先，在相声一开始就说"无理走遍天下，有理寸步难行"，就是有意错用常用的格言引发笑声，这是一种语言的游戏所产生的笑。后面所讲的以纪念外国名人的名义去吃烤鸭，而这些外国名人与他们毫无关系，从而显示其荒谬，是一种典型的"不连贯"的错位所产生的笑。在相声中，多次重复的"领导，冒号"中的"冒号"两个字，用奇特的音调读出，是一种声音的不正常所产生的"不连贯"。声音"不连贯"在重复，会产生一种叠加的效果，经过多次重复，笑声不断增加。相反，巧智所造成的游戏或"不连贯"，则不能重复。笑话第一次听觉得可笑，但重复听就觉得无趣了；而奇特的声音所激发的笑声，却由于多次重复效果越来越强烈。这是一个有趣而值得深入研究的现象。

当然，笑的出现依赖于对度的把握。在幽默与恶俗之间，掌握好度非常重要。恶俗不会引人发笑，而只会令人恶心；可以笑人犯了一次傻，但不能笑真正智障的患者；可以笑人摔了一跤，但不能笑摔伤摔死的人；可以笑人老习惯难改，但不能笑强迫症患者；可以笑人无意中说了一句错话，读错了一个字，但说话阅读水平太差了，就让人笑不起来了。这些都说明，引起笑有各种原因，但这些都是在一定的度的限制之内才起作用。

第四节　历史感

时间维度能够进入审美，特别是对文学艺术作品的审美之中，这是过去的美学范畴研究所没有注意到的。人们研究美、崇高和笑等范畴时，固然考虑到了时间性。但是，对美学范畴的研究，其本身只是对美的种类进行分类，并研究与它们相应的心理机制，以及它们的发生原理。在从事这种研究时，时间性是被悬置的。不同的范畴只是作为美和美感的类而存在，本身的时间性不被关注，更不成为分类的依据。人们所关心的只是美和崇高的永恒性，笑的心理和逻辑特点。然而，历史感这一范畴，却正是把时间性本身当作核心组成部分。

从艺术的开端起，时间性就与审美结下了不解之缘。各原始民族都有史诗，在叙事性的文学中，有许多讲史的故事。产生这些文学作品的原因，就在于人们喜欢故事，将之理解成是对过去事件的陈述。这种陈述本身就能给人们带来愉悦。

孩子缠着大人讲故事，幼儿园孩子爱听老师讲故事，喜欢看故事性强的连环画或电视剧。一些民间的故事，都喜欢用"很久很久以前……"来开头。一些长篇小说常常能够给人提供历史的纵深感。中国的长篇小说，都喜欢作历史溯源。《红楼梦》从女娲补天讲起，说起其中"无材补天"的一块遗石的故事；《水浒传》讲洪太尉放出妖魔，化身人间，大闹天下的故事；《三国演义》谈到分与合的天下大势，引出思古之幽情，引发"浪淘尽千古英雄人物"的感叹。欧洲曾流行长河小说，通过几代人的故事反映历史和社会的变迁。巴尔扎克的《人间喜剧》，左拉的《卢贡－玛卡尔家族》、托尔斯泰的《战争与和平》，都在向读者展现一段历史中众多的人的活动和情感。

在史诗和小说中，故事的叙述方式和技巧，生动形象的人物塑造，以及描写、抒情和叙事的语言，本身都能成为美。但是，这些作品还有一种美，这就是历史感。在这些故事的叙述中，历史的纵深感成为一个不可或缺的组成部分。几十年上百年过去了，在几代人的生活中，有人出生了、成长了，有人衰老了、逝去了，人与人之间发生着种种爱恨情仇，争斗又和解，组织成家庭又分离，种种的交集和纠结，又与社会生活的变迁，时代的变动有着千丝万缕的联系。这一切人的命运和沧桑兴亡的故事，使人心生感慨。这种感觉本身就成为审美欣赏的重要组成部分。

历史感可以增加一物之美，或者使一寻常物成为审美的对象。我们去博物馆欣赏一些古物，赞赏这些古物之美。其实，这种美可以从两个方面理解：一是本身造型之美，这种美没有时间因素，仅由于其形式本身而被人欣赏；一是物的时间积淀，即因其古而美。当然，两者之间也有联系：正是由于时间积淀，使一物从实用的对象变成被注视的对象，而艺术在一定意义上讲，就是被注视物，或要以成为被注视物为前提。

例如，青铜器原本是礼器或日用器皿，但历经几千年，早已成为被欣赏的对象。我们欣赏这些青铜器的造型：如果它们精巧，就称许它们精巧；如果稚拙，就赞美它们稚拙。这时，青铜器成为艺术欣赏对象的原因，就与现代物成为艺术欣赏对象的理由颠倒了过来。今天我们因物的形式美而将它称为艺术品，而对古物，我们由于时间所造成的历史感而形成对它的注视，然后才注意到它的形式。时间本身就使它们成为被欣赏的对象。青铜器自身有一个进化发展的过程，从殷商的早期到中晚期，再到周朝的早期，直到春秋战国时期，青铜器的造型有了很大的发展，工艺的水平不断提高。但是，我们在欣赏这些青铜器的时候，并不是持一种进化的态度，认为工艺水平越高，就越喜欢。恰恰相反，我们常常持一种崇古的态度，认为商代的青铜器已经达到了顶峰，此后的工艺越是精巧，越是被人们认为缺乏内在的精神性，而只注重外在的华美。这就产生了一个悖论，形式越精美，越不被重视。原因还是在于，其中有时间性在起作用。

类似的情况，我们在陶器和瓷器的欣赏中也可以看到。陶器本来也只是实用物品，有些陶器同时也是祭祀用具。最初的陶器，很少是纯粹为了观赏的目的制作出来。陶器的造型，陶器上的纹饰和图样，原本也常具有自己的意味，包括传说的记载和信仰的体现，这些后来都成了欣赏的对象。这种欣赏，并不将原有的传说和信仰排除在外，而只是对它们实现观赏角度的转化。在中国古代，常有"前朝之圣物为后世之赏玩"的现象。信仰的因素会随着时间的推移而淡化，审美的意味就会凸显出来，但这不等于原有信仰因素消失，只是被当作背景而已。人们把玩古物，将前代视若神圣的器物当作艺术品来欣赏，而这种欣赏是多层次的，有神圣的历史感与对器物制作精美的结合和相互作用。这种多层次，恰恰是由于时间所造成的。

瓷器的情况与陶器相似却有所不同。瓷器出现相对较晚，其中积淀的原始信仰较少，而从一开始就是一种实用与赏玩相结合的器物。然而，在对瓷器的欣赏中，时间性仍然很重要。一件真正的元青花瓷器可以价值连城，而更精美得多的清代青花瓷器的价值却要低得多。这里面当然有物以稀为贵的因素，但也不仅如此。时间久远的瓷器，本身在瓷器制造史上有价值。这种史的价值也会被纳入欣赏者的考量之中，时间的意识会转化为无意识，影响对物的直接感受。

其实，在艺术理论中的一个大问题，即为什么艺术品的真迹有价值，而仿制品缺乏价值，也与这里所说的时间性有关。一幅创作于公元10世纪的画有极高的价值，而如果是创作于公元20世纪的仿作，则不管如何精美，也没有多少价值。为了保护敦煌洞窟里的壁画，敦煌研究院做了许多仿真的画作。运用现代技术，可以使这些仿作做得非常逼真。但是，观赏者不远千里想要去看的，还是真迹，尽管这会给文物保护带来极大的困难。意大利佛罗伦萨城，有好几个仿真的《大卫像》立在城市不同的广场上，可以很方便地看到，但人们还是要去花钱买票，排队几个小时，去学院博物馆看真迹。面对视觉上完全相同的两个对象，人们要看的还是原作，原因还在于凝聚在原作上的历史感可增添审美效果。

美学家们很喜欢谈论一个作伪的故事。有一位名叫米格伦（Han van Meegeren）的人伪造了一批画，宣称这是新发现的17世纪荷兰画家维米尔（Jan Vermeer）的画作，在他设法使评论界相信他的谎言，并使这些画赢得极高的赞誉，使许多的博物馆都收藏了他的作品之后，却由于某种原因，申明并证明这是他自己所作。这一故事的结果是，大家都认为米格伦是骗子，法院也要治他的罪。这一故事提出了一个重要的美学问题：同样是这些画，如果它们不是维米尔所作，而是一位叫米格伦的现代人所作，为什么就没有意义了？对这个问题的回答，还是历史感。维米尔的创作产生于17世纪，对他的画作的理解应基于当时的艺术水平，图像制作所采用的手法，色彩和造型的技术手段，等等，来理解和欣赏。维米尔的伟大之处在于他的作品如何继承前人，创造性地发展，又对后人产生影响，成为艺术史发展的重要一环。欣赏者不能抽掉这种历史感，以裸眼面对画作的纯形式。

王国维曾写了一篇著名的论文《古雅之在美学上之位置》，在其中提出了一种古雅之美。他认为，古雅不像美和崇高那样，既存在于自然，也存在于艺术。这种古雅之美，仅存在于艺术之中。同时，他还认为，古雅之美不像康德所论之美那样是无功利的，古雅之美是曾经有功利性，但观赏时不从功利的角度来看待。他认为，照康德所讲，美是纯然在于形式的话，那么，古雅是第二种形式。更进一步，他分析道，古雅之美的创造，不像康德所讨论的艺术那样，是天才的作品，古雅之美的创造是经验性的。他的这些论述，均以康德的美学体系为基础，从而指出一种这种体系之外的美。① 这是王国维的独创之处，他实际上是用生动的语言和例证，说明了这种累积在审美对象之上的历史感。

物因古而雅，因雅而为人们所欣赏。无论是在中国还是在西方，在文学和其他主要艺术门类中，历史上都曾出现过复古运动和仿古的文艺实践。诗要学古人，学古人的文风，在诗中用典故，追寻古人的趣味；画要有古意，学前人的笔法和构图。以历史相号召，通过学古来实现文艺的改变或创新。仔细考察文学艺术的历史，我们会发现种种具体的原因，但通过模仿古人，为艺术开辟新的道路，这成为一个普遍的现象。排除这些具体的原因，一个共同的根源，就在于人们普遍喜爱文艺作品之中的历史感。

历史感是一个很重要的范畴，正如王国维所分析的，它主要体现在文学艺术之上。时间可以使非艺术成为艺术，例如青铜器和陶瓷器皿；可以使艺术品增加其价值，例如古代的书画作品，越古越有价值；可以由此提供艺术真品与仿造品具有不同价值的美学上的依据，肉眼看上去无分别之

---

① 王国维.古雅之在美学上之位置［A］.谢维扬、房鑫亮主编.胡逢祥分卷主编.王国维全集第十四卷［C］.杭州：浙江教育出版社，2009：106—111.

物，时间可赋予它们不同的价值；同样，时间也能使原本的俗变成雅，一首古代民间俗语歌词，时间久了就变得很雅，例如《诗经》中的一些俗艳的词就是如此；古代民间的器物，多年以后也可以变成上流社会的赏玩之物。当然，自然物也可具有历史感，老树的形态美是直观的，但对它的感受则常常来源于老树所见证的故事。大江大河的形态是美的，而江河上发生的历史事件，可加强这种感受。月亮是美的，而想到月亮也曾照耀古人，感受会增强。对自然物有历史感，是一种复杂的感受，是自然中渗透进了人文因素的结果。

第五节　新异感

与历史感相反，对新异的追求，也是文学艺术中的一个普遍现象。新异是指在文学艺术中反映在日常生活中不易见到的人、事、景，它们不是存在于过去的，而是新奇的或假想出来的。如果说，历史感将着眼点放在时间上的话，那么，新异感的着眼点放在空间上。这种空间感，不是指对自身所在空间的感受，而是对另一个空间的想象。

这种新异感，最早可追溯到上古的神话。希腊的神，居住在各地，或在山里，或在海上，普罗米修斯还被吊在东方高加索的山上。但是，神有一个共同的居所，那就是处于遥远的北方的奥林匹斯山。这对当时的希腊人来说是一个异域，他们将人世间许多不可能的现象，全放在这个遥远的地方。中国神话中的神也是这样。最早神人混杂，神常到下界游玩，也有人爬天梯到达上界。后来绝天地通，神就只是住在天上，或者有说法是住在昆仑山上了。北欧的神话，设想神与冰巨人的斗争。冰巨人在遥远的北极，神从温暖的南方来，神与冰巨人的战斗以神的失败告终，从海上又会出现新一代的神。所有的神话，都在讲神奇的故事，给人制造新异和奇幻感，也使人产生敬畏。这里面有美，有崇高，但是，一种并非来自天然，而是制造出来的新异感却占据着主导的地位。

后来东西方的交通被打通后，异域就被设定在更加遥远的地方。《西游记》取材于曾经真实存在过的唐玄奘去印度学习和取经的故事，并将它神魔化。取经人一路向西，离开了大唐的世界后，就到处有妖怪。经过多重磨难，擒妖捉怪之后，才到达佛祖所在的西天。其中所写的西天，并不是真实的印度，而是一个佛教的净土，一个想象中的异域。与此相反，欧洲浪漫主义则以东方作为想象的对象，给作品带来了奇景、奇事、奇人，带来了一个奇幻的世界。这个东方究竟是哪里，已经不再重要，只要带来奇幻感，可以向它倾注浪漫的激情即可。

艺术中的异域风情，成为一个永恒的主题。异域的视觉感受带给艺术的创作丰富的源泉。从保罗·高更的塔希提岛，到毕加索笔下的非洲艺术，都带来新异感。来自异域的音乐舞蹈常常受到特别的欢迎。英国人喜欢来自苏格兰的舞蹈，希腊人欣赏马其顿的音乐，美国流行黑人的音乐，都有追求新异的心理在起作用。中国人也是如此，古代的中原人就喜欢胡乐，周边民族的音乐不断引进，成为中华民族音乐的一部分，为人们所习惯。这时，更远更新异的音乐歌舞借助人们对新异感的追求而持续引入，从而使中华民族的音乐越来越丰富。直到今天，这种现象仍在持续出现。少数民族的歌舞，受到普遍的欢迎。它们借助不断出现的新异感，进入到民族大家庭的艺术主流之中。

在当代文学和艺术中，更为突出地表现出这种新异感的，是童话和科幻文学和艺术。童话创作适应儿童追新的心理，营造另一个空间，讲述在那个空间中发生的神奇的事件。这些空间，可以是阿丽丝所漫游的奇境，是桃乐丝的OZ国，是哈里·波特经9¾站台到达的魔法学校。只要写得奇幻，营造另一个全新的空间，而又发现那个空间中所通行的逻辑，能为他们所理解，这样的作品就能让儿童喜欢。

科幻似乎是指向未来的，但实际上所有科幻的作品，都是基于现实的关于另一个空间的想象。从这个意义上讲，所有的未来时，其实都是现在时，写的是当下的事。但是，这种对当下的事的叙述和表现，是设定在另一个空间中的。科幻文学和艺术，是成人的童话，并不是科学研究结论的展示。儒勒·凡尔纳的《地心游记》很神奇，但人绝不可能像书中所写的那样从地球一边钻进去，从另一边出来。《流浪地球》说要许多台发动机让地球流浪，那很好看，但科学家们不要去较这个真，那实际上是不可能的。《阿凡达》讲另一个星球的故事，实际上是把在地球上发生的殖民侵略的历史换一个想象的空间再讲一遍。但是，这一切都有效，都能吸引人，原因多样，但关键的一点在于人有着对新异感的追求。这种新异感与其他的感受实现完美的混合，就造就了一部部优秀的文学艺术作品。

新异感与历史感一样，主要在艺术中体现出来，但是在日常生活中也有所体现。例如，在服装和时尚界，中国人用两个词来形容服装的特点，一是"典雅"，一是"洋气"。典雅更倾向于中式的、传统的、贵族趣味的审美，女性的旗袍、男性的中式正装，常常能给人典雅的感觉。王国维说"古雅"仅限于艺术，其实在像服装这样一些一般不被认为是艺术的产品中，也能体现。除此以外，家居设计也是如此，有典雅型的，上追汉唐明清，给人以历史感。与此不同，"洋气"则指西式的、新潮的。不仅服装有"洋气"的，房屋、家具，以及各种装饰，都有"洋气"的。"洋气"本来只是一种中性的描绘，说明一些服装和装饰的特点。但是，它被当成漂亮，受到一些人的热爱和追捧时，就成为一种特别的追求，背后仍是新异感在起作用。

本章小结

本章论述了关于美和艺术的五个范畴。前三个，即美、崇高和笑，可被称为美和审美的范畴，当然对艺术也适用。后两个即历史感和新异感，是艺术的范畴，当然也在自然中有所反映和折射。

美与艺术的种类是多种多样的。除了上述列举和分析的范畴外，还有许多。例如，许多教材中，都提到"悲剧性"和"喜剧性"。这两者都是复合的范畴，既是范畴，也是艺术样式。"悲剧性"作为美学范畴，可与崇高联系在一起，"喜剧性"作为美学范畴，可与幽默与滑稽联系在一起。然而，作为艺术样式，它们又自成传统，有着自己的继承性并被赋予其他特点。以时间性来衡量，作为美学范畴，它们具有在时间中而又超越时间性的特点，而作为艺术样式，则是随着时间的发展而发展，每个时代都有属于这个时代的"悲剧"和"喜剧"。除此以外，"丑"作为一个美学范畴，一部分可包括进幽默和滑稽之中，例如戏剧中逗笑的丑角；但作为美学范畴的"丑"，则含义不同，成为"美"的反面，不具逗笑的功能。

艺术的范畴多种多样，我们的列举不能穷尽。这些范畴的逻辑性又与历史性交叉，使我们很难将它们放在同一个逻辑平面上列举。这里所说的

"历史感"与"新异感",主要是从时间和空间的角度,说明两种突出的与艺术有关的范畴。当然,这绝不能包括丰富多彩的艺术审美的特点,而只是努力为艺术审美提供分类的指导原则。

范畴的多样性,实际上还是人的感性丰富性的反映。范畴是将这种丰富的感性进行分类,而感性的感受本身,是很难通过几个范畴而穷尽的。这正像一个连续的光谱具有无限的丰富性,而我们只能列出几种颜色来加以区分。这种区分一方面使这种丰富性得到表述,另一方面使这种丰富性被粗暴地简化。范畴的研究也是如此,列出几个美学范畴,是对无限丰富的人的感受的表述,同时也是简化。然而,如果我们通过这种简化了的表述,能看到其丰富性,使这种范畴研究成为捕获人的丰富感性的有力工具,那也就起到了它所能起到的作用。

第五章 古代与中世纪的美学

西方的美学是从古希腊开始的。许多西方美学史著作，包括鲍桑葵的《美学史》、比厄斯利的《美学史：从古希腊到当代》，都从古希腊写起，中国人所写的各种西方美学史著作，从朱光潜的《西方美学史》到蒋孔阳、汝信等人主编的多卷本西方美学史类的著作，都从古希腊写起，这已经成了一个惯例。对于这种美学史的处理办法，鲍桑葵曾给予了一个解释，他认为，尽管在此之前，例如在一些更古老的文明古国，已经有丰富的艺术，但对美和艺术现象作反思，是从希腊人才开始的。

谈到希腊美学，最重要的当然是柏拉图和亚里士多德。但是，他们也不是从无到有，一下子发展出丰富的美学思想。在他们之前，有很多人提出了重要的观念。例如，毕达哥拉斯提出了"万物归于数"的思想，并将数与美联系起来，从数学和几何学中寻找美的根源；德谟克利特对模仿和模拟的观念作了探讨；普罗塔哥拉提出"人是万物的尺度"；等等，这些都是美学思想的重要萌芽。然而，从现存的资料看，只有到了柏拉图和亚里士多德时，才将此前一些人提出的思想综合起来，形成完整的长篇论述，并留存后世。这也许与他们主持学园、开坛授课有关，也与他们的弟子后学众多，思想不断得到阐释和发挥有关。

第一节 柏拉图的美学思想

希腊文明，严格说来，是由三个时期组成的。第一个时期是前苏格拉底时期，以希腊各地，特别是海上，小亚细亚为中心，在哲学史上被称为"前苏格拉底时期"。第二个时期是以苏格拉底、柏拉图和亚里士多德三代哲学家为代表，以雅典为中心。由于苏格拉底只是指导学生和与人论辩，并不著述，因此今天留存下来的只是柏拉图和亚里士多德的著作。第三个时期是希腊化时期，这一时期我们可与罗马时期联系在一道来讲述。

柏拉图（公元前427—公元前347）在哲学上和美学史上具有重要的地位。他的著作大多以苏格拉底与同时代人对话的形式写成。他笔下的苏格拉底的话，并不一定是苏格拉底的原话的真实记录，因此，美学史写作者一般并不将他笔下的苏格拉底的话属于柏拉图还是属于苏格拉底作出区分。在他的著作中，对有关艺术和美的概念和功能，作出一些影响后世深远的论述。

一、艺术、摹仿和理念论

艺术一词的历史。古人没有今天意义上的"艺术"（art）一词。在当时，有"技"（techne）一词，表示需要特别能力去做某件事的技能或技巧。它分为"获得的"（acquisitive）（例如赚钱）和"生产的"（productive）或创造性的，即创造出一些过去不存在的物。例如，做木工活、吹笛子、作画、纺织、刺绣、建筑等等。柏拉图认为，可以对这些活动进一步分类，并曾在一处说过，它们可以分成两类：1.生产实际的物体（其中包括神生产植物和元素，人生产屋子和刀）；2.生产图像（image or idola）（其中包括神生产映像或梦，人生产图画）。然而，他没有进一步实现现代人特别关心的一种区分：即区分"美的艺术"（the fine arts）与实用的工艺，尽管他有关图像的理论和灵感的理论，有助于这种区分的最终形成。

除此以外，柏拉图曾使用一个词"乐"（mousikē），指音乐、舞蹈和其他艺术，这是指用人的声音和动作形成的艺术。

在柏拉图那里，"技"和"乐"属于两种不同的活动，前者是制作性的，后者是表演性的，使用的媒介完全不一样。除此之外，还有一种在古代社会特别受到人们重视的艺术，即"诗"，包括诗歌和戏剧，用语言和文字作媒介。

"诗""技""乐"三者，代表着三种完全不同的艺术媒介。"诗"常常与"技"或"乐"结合，例如绘画或雕塑出现在戏剧之中，在诗歌的吟唱或戏剧表演时出现音乐，以及它们共同具有某种例如心理调适、道德教诲和政治教化的功能。但是，将这些艺术都组合在一起，形成一种严格意义上的"美的艺术"的组合，并将之统一到共同的原理之下，这是近代社会的产物。西方社会到了18世纪，才有了这种概念，其间又有复杂的发展。

摹仿（mimēsis）是西方美学的最重要的概念之一。柏拉图不是第一个提出摹仿说的人，但他对于摹仿说的基本概念，与在他之前的人有很大的不同。柏拉图在综合前人观点的基础上提出了全新的摹仿观，对后世有着深远的影响。

摹仿是一种普遍的人类活动。人可以摹仿动物的声音和动作，例如学鸟兽的叫声和鸟兽的动作。这种摹仿可以有各种用途。从狩猎目的（学鸟兽叫来引诱或驱赶动物）、原始宗教目的（图腾舞蹈等）、娱乐和健身目的。柏拉图在一个相当广泛的意义上使用摹仿（mimēsis）这个概念。我们在他的文章中看到，人们可以摹仿心中的计划或蓝图来生产物体。不仅仅图画可以摹仿物体，而且事物的本质可以被它的名称所摹仿，现实被思想所摹仿，永恒被时间所摹仿，音乐家摹仿神的和谐，善人摹仿德行，聪明的立法者摹仿至善的形式以组织城邦，神摹仿"形式"（Form，或译"范式"）以实现世界的合适的比例，甚至医生给人治病也是在摹仿神对自然的医治。这些复杂的意思使现代人难以理解。也许，现代英语的representation一词多少有一点接近这个意思。这个词在汉语中有两个译法，一是"再现"，一是"表征"，前者将有形的东西重现出来，后者将不可见的东西显现出来。在柏拉图那里，摹仿就接近于这两个意思的相加。也就是说，它不仅仅有复制可见物的外观的意思，还有展现那些不可见的东西的意思。

然而，在柏拉图那里，有一种思想得到了强调，这就是，使用无生命的媒介来摹仿人与物。在这种摹仿中，一种媒介或材料，不是作为它们自身而存在，而是作为另一人或物的再现而存在。这当然是一种符号的制作。一物成了它物的符号。在这种符号中，能指，即媒介与所指，即所表达的意义，和指称对象，即所指代的物，发生了一种复杂的关系。柏拉图发现了这种关系的复杂性，他追求对本质的呈现，而摹仿却仅仅复制其外观。他也正是在这个意义上，对摹仿持批判的态度。摹仿是在制造幻觉或错觉，当他将绘画说成是"为醒着的人制造的梦"时，说的就是这个意思。

柏拉图运用摹仿说建构一种形而上学的体系，这就是"理念论"。在《理想国》一书中，柏拉图说，有三张床："第一种是在自然中本有的，我想无妨说是神制造的，因为没有旁人能制造它；第二种是木匠制造的；第三种是画家制造的。"① 木匠造的床，本来是实在的。画家笔下的床是它的摹仿。但是，柏拉图在它之上，又加了一个理念（或朱光潜的"理式"）的床。这种理念的床，相当于我们所理解的床的原型。世间实际存在的床，或者说木匠所打造的床，是这种理念的床的摹仿。这种理念的床，照柏拉图所说，就是"自然中本有的"，或者说是"神制造的"。我们凡人在一般情况下看不见，但它却是世间所有的床的本源。我们所见到的床，只是具体的这一张，或那一张的床。木匠不可能凭空将它打造出来，木匠只是摹仿而已，他必有所本。这些木匠所打造的具体的床，不具有永久性，就像世间的种种事物一样，出现了又会消失。

柏拉图的这种观点，提出了一个哲学上的重要而根本的问题，即共相问题。他认为，既然床这个词表示一切的床，那么，就一定有一张最完善的床存在，我们所见到的一切的床，都是它的摹仿。同样的道理，适用于刀、房子，以及一切事物。世间一切事物都有三重存在，第一是形而上学的共相的存在，第二是具体的个体的存在，第三是这种个体存在的艺术再现，即影像的存在。这种三重存在的思想成为柏拉图的形而上学体系的核心。

柏拉图的这种思想，具有一种逆向的形成过程。从具体的床或具体的世界万物的不完善性，推断一种完善的床或完善的世间万物的存在。在这种形而上学形成以后，柏拉图就反过来说明一种真理的层次理论。作为原型的床，是存在于天上的，最完美的床。世间的一切的床，都是它的影子。木匠的床是它的摹仿，这样就已经与真理隔了一层。而画家笔下的床，则又是木匠所作的床的摹仿，于是就与真理又隔了一层。

这种理念论，给柏拉图提供了一个否定艺术家具有真正的知识的依据。柏拉图不仅认为画家没有真的知识，而且认为，诗人们也没有真的知识，他们像手持镜子一样将世间万物反射在镜子之中。由于摹仿而远离事物的理念，从而只能提供关于世界的虚假幻像。

二、美、形式与灵感

柏拉图的对话录《大希庇阿斯篇》，通过对各种美的观点的责难，得

---

① ［古希腊］柏拉图.柏拉图文艺对话集［M］.朱光潜，译.合肥：安徽教育出版社，2007：79.

出了"美是难的"的结论。在对话录中提出,人们说某物是"美的"(beautiful),不能将之与"美"(beauty)混淆起来。这篇对话提出了一个"美本身"的概念,要区分"美本身"和"美的",最终发现这种"美本身"很难找到。

然而,这并不等于说柏拉图认为不存在"美"(beauty)。他还是相信,会有一种超验的"美的形式"(Form of Beauty)存在,这是由他的理论体系决定的,这就是前面所提到的"理念"或"理式"的思想。他认为有着各种各样的"形式"(Forms),它本身是抽象的、不变的。我们称此物为床,彼物也为床,那么它们就有共同点。我们称此物美,彼物也美,它也有共同点。在有些事物中,我们可以找到这些共同点,例如,咸的食物有一个共同点,其中有过量的盐,甜的食物有一个共同点,其中有大量的糖。同样,美的事物,必定其中有一个"美本身"存在。在另一篇对话录《斐里布篇》中,他似乎要对这个问题给予一个肯定的回答。他从度、比例、对称这些复杂的东西和一些简单的几何图形、秩序、纯粹的音调和色彩等形式方面来寻找美。美在形式,这是毕达哥拉斯留下的传统,在柏拉图那里得到了发挥,对后世产生了深远的影响,成为美学史上的一个"大传统"。

对于柏拉图来说,这种"美本身"是"真正的美"。这种"真美"是存在的,只是并不存在于我们所生活于其中的空间,而存在于另一个空间而已。我们每个人都曾生活在那个地方,那是我们的真正的家园,只是在日常生活中将它遗忘了。我们可以通过"回想"来获得对我们所遗忘了的家园中"真美"的记忆。由此,他提出关于"灵感"的概念。诗人可以在一种迷狂的状态下受到启示,产生"灵感",从而看见"真美"。在文艺神缪斯的引导下,诗人和艺术家可以在不知道自己在做什么而处于无意识状态下,创造出美的诗和艺术来。

三、道德主义

柏拉图一方面反对摹仿,要驱逐诗人,另一方面又称赞"真美"。这似乎矛盾,但在他那里并不是矛盾的。柏拉图认为,有三种诗,第一种是摹仿的诗,例如悲剧和喜剧;第二种是纯粹的叙述,像在许多酒神颂歌中的篇章;第三种是前两种的混合,例如史诗。柏拉图的这种区分,并非仅仅是实际的描述，其中带有价值评价的意味。这也就是说，归根结底有两种诗，一种是神示的，是受灵感启示形成的，展示了"真美"的诗；一种是摹仿的，只是理念的影子的影子的诗。前者是好的，后者是不好的。

不仅如此，他还认为，这种摹仿的诗，不仅远离真理，而且专门煽动非理性的情绪。在戏剧中，对冷静的、聪明的、有自我控制力的人的摹仿不能构成激动人心的戏剧，而只有摹仿像美狄亚这样仇恨和恐惧、嫉妒的愤怒、哀怜的悲伤的性格的戏，才受到欢迎。原因在于，这种戏剧专门取悦于灵魂的低下部分而不是灵魂的高尚部分。

对于柏拉图的美学思想，我们如果从今天的观点看，可能会认为存在许多问题：他想寻找"美本身"，但却无处可寻。他坚持一些度、比例和对称，以及一些几何图形的美，但这些形式成为美的原因，是需要进一步解释的。他的"灵感说"，有导向神秘主义之嫌。他要驱逐诗人，对文艺实行检查的态度，也失之于过于严苛。但是，对柏拉图这样的古代思想家，我们所要持的是历史的态度，说明这些思想在历史上产生了什么影响，美学的历史脉络是如何形成的。

第二节　亚里士多德的美学思想

亚里士多德（公元前384—公元前322年）是柏拉图的学生，曾在柏拉图的学园里学习和研究多年，后来创立了自己的学园。他的思想有很多继承柏拉图之处，但也有很大的不同。从某种意义上讲，他的美学是对柏拉图美学所提出的问题的回答。

一、亚里士多德的"四因说"

亚里士多德在哲学上提出著名的"四因说"，即形式因、质料因、动力因、目的因。四因的循环进化。以造雕像为例：理念或形式（存在于艺术家头脑里的雕像的样式）是形式因，物质（雕像所由造成的材料）是质料因，运动的原因（造成雕像的艺术家之手）是动力因，目标（造雕像的理由）是目的因。雕塑家造成雕像，与神造成世界，依据的是同一个道理。这种"四因说"是一种形而上学理论，这种理论与柏拉图理论的最大区别就在于，亚里士多德不再认为，存在离开现实事物的"理念"，而认为，这种"理念"作为形式而存在于事物之中。人不能离开当下的世界而看到一个"真正的"世界，这个关于世界的"理念"或"范式"，就存在于当下的世界之中，就是它的"形式因"。

二、悲剧快感的根源

亚里士多德的主要美学著作是《诗学》。该书写于大约公元前347年—公元前342年。值得注意的是，《诗学》曾长期失传，直到文艺复兴时期才被人们重新发现并引起注意的。与柏拉图相比，亚里士多德为诗划定了边界，研究它的特性，而不是它与道德和政治的联系。他提出这样的问题：悲剧是否能给人提供快感？

悲剧的快感有两个根源，一是摹仿，二是旋律和节奏。这两者都出于人的天性。

摹仿的快感不再仅仅是来自所摹仿的对象，而是由于摹仿本身。按照亚里士多德的说法，摹仿有两个原因，都与人的天性有关。首先，从孩提时候起人就有摹仿的本能。人和动物的一个区别就在于人最善摹仿，并通过摹仿获得了最初的知识。其次，每个人都能从摹仿的成果中得到快感。有些事物，如最讨人嫌的动物或死尸的外形，本身是我们所不喜欢看的，在精心绘成图画以后，却能使看到的人产生快感，这是获得知识产生的快感。我们看到酷似原物的肖像时感到快乐，原因在于认知过程中有了一个"这就是他"或"这就是那个"的领悟和推断过程，智力得到了运用。

这是一个具有重大的意义的解释，具有长久的影响。由于这种解释，艺术就有了一种自由，不再仅仅是摹仿自然中的美的对象，而且可以摹仿一切对象。其理由在于，不仅摹仿的对象，而且摹仿活动本身就能提供快感。

亚里士多德除了以上对悲剧快感的解释外，还提出一种通过"疏泄"（katharsis）以达到心灵的净化的作用。这种净化，是指淤积在心中的情感得到发泄，从而恢复心理平衡之意。这是一种对悲剧接受的心理学理论。

关于旋律和节奏，亚里士多德没有作出什么解释，可能他认为这是一种柏拉图曾论述过的形式美，而形式美天然地能给人以快感。

三、有机整体

亚氏给悲剧下了一个定义：悲剧是对一个严肃、完整、有一定长度的行动的摹仿，它的媒介是经过"装饰"的语言。这个定义决定了，悲剧必须整齐划一，有头、有中间、有尾。这是一种生物学的比喻。一件艺术品中的任何一个因素，不仅其作为因素不可缺少，而且所处的位置也不可互换。不仅如此，还要大小适当，长度合适。各部分的安排见出大小比例和秩序，形成一种和谐的整体。在作品（例如戏剧）中见出单一而完整的结构。

四、诗的普遍性

在《诗学》中，亚里士多德写道："诗人的职责不在于描述已经发生的事，而在于描述可能发生的事，即根据可然或必然的原则可能发生的事。……所以，诗是一种比历史更富哲学性、更严肃的艺术，因为诗倾向于表现带普遍性的事，而历史却倾向于记载具体事件。"[①] 这种观点也是对柏拉图的回答。诗有可能获得普遍性，接近真理，而不像柏拉图所说的那样，是影子的影子。

亚里士多德针对柏拉图所提出的问题作了回答，为诗和艺术作出了自己的辩护。从整体上看，柏拉图对诗和艺术所作出的是一些具有开创性的提问和质难，与他相比，亚里士多德所作出的是一些更具有常识性的回答。这两位思想家留给了后世丰富的思想财富，在此后两千年中，具有深远的影响。

第三节　希腊化与罗马时期的美学

这是一个相当长的历史时期，从亚里士多德的死（公元前322）到普罗提诺之死（270）是590年。如果再算到公元529年查士丁尼皇帝下令封闭雅典学园，则有850年。在这漫长的时间里，没有出现多少思想方面的大师，但这是思想的一个重要的过渡时期。在这个时期，艺术实际上非

---

① ［古希腊］亚里士多德.诗学［M］.陈中梅，译注.北京：商务印书馆，1996：81.

常繁盛。我们今天见到的许多艺术品，都是那个时期留下来的。

一、希腊化时期

当我们说古代希腊和罗马时期时，其实，其中还夹着一个相当长的时期，即希腊化时期。希腊化时期从亚历山大的征服（公元前336）开始，到被罗马人征服（公元前31）为止，共有305年。亚历山大是马其顿人，他的军队也是由马其顿人组成。对于希腊人来说，他们实际上是一群侵略者，但这是一群自认为是希腊文化使者的侵略者。正是他们，把希腊文化带到了亚洲和非洲。他们每到一个地方，就建立希腊式的城邦。

在亚历山大死（公元前323）后，他所征服的巨大的地盘就很快被分成了三块，分属于今天的亚洲、非洲和欧洲。这些继承者们在相互征战和内部的种族矛盾中逐渐削弱，最终导致罗马人的兴起。经过这一漫长的时期，希腊文化在这些地方扎下了根。

希腊化时代的哲学的特征是，从对世界和对生活有一个更好的理解转到发现一种更好而更幸福地生活在这个世界上的途径上来。因此，哲学家们不再仅仅是问什么是美和艺术，而且关心它们是否通向幸福。

在亚里士多德死后不久，亚氏的逍遥学派即已解体，出现了三个学派，即享乐主义、道德主义和怀疑主义，分别通过愉快、德行和避开生活的困难和疑问来达到生活的幸福。其中享乐主义即伊壁鸠鲁派，和道德主义即斯多噶派关于美学问题有一些对后来更有价值的论述。

伊壁鸠鲁派对艺术取一种享乐主义的态度。但这种享乐主义不等于我们今天的艺术的享乐主义，即按照所提供的快乐的程度来对艺术作评价。这种观点不是直接用快乐来评价美和艺术，而是让实用介乎其中。只有实用的才是快乐的，美和艺术如果不实用的话，就不能提供快乐。精神快乐大于肉体快乐，精神痛苦比肉体痛苦更坏。因此，选择明智生活的快乐，是聪明智慧的职责。要免除烦恼和恐惧，必须了解事物的原因，知道应该追求和避免什么快乐，换言之，就是要谨慎。一个人如果不在生活中谨慎、诚实和正直，就不能快乐。

斯多噶派的美学主要体现在两点上，即伦理学和本体论。一方面，他们认为，审美价值必须从属于道德价值，美即善；另一方面，他们把这个理论建立在逻各斯理论之上，认为世界充满着理性。他们把"对称"

（symmetria）运用于精神的美，放弃了希腊人关于美的数学基础，将之运用到更广泛的领域。除此以外，他们还提出"合适"（decorum），"合适"所涉及的是部分适合于整体，而"对称"则是各部分相互适应。斯多噶派引入美学的，还有一个重要的概念，这就是想象（imagination），认为"想象是比摹仿聪明得多的艺术家"。

二、罗马时期

罗马人在公元前31年取代马其顿人统一了地中海沿岸，先是建立了一个共和国，后又成为巨大的帝国。在文化上，他们保存了对希腊文明的崇拜。但是，由于整个社会精神气氛发生了变化，思想上也自然有很大的不同。一个巨大的帝国中的艺术生产，与在一个自由城邦中的艺术生产，当然会完全不同，同样，作为一个帝国的贵族提出的美学思想，与作为独立的学园的主人或学派领袖所提出的美学思想，也必然会有许多不同之处。

美学史谈到这一段的美学，一般会提到贺拉斯和朗吉弩斯这两个人。贺拉斯留下的主要就是一本被称为《诗艺》的书。这本书，原来是一封书信，谈了一些文艺创作体会。在他死后被人称为《诗艺》（Ars Poetica），后来就以此名通行于世。在这封信中，提出了一些古典主义者们所尊崇的思想，如情节的合理性，语言使用的规则，等等。其中的两个思想，即"诗画一律"和"寓教于乐"，引起了特别注意。

关于朗吉弩斯，主要指一篇托名《论崇高》的文章。这篇被假托为朗吉弩斯写的论文，提到了"崇高"这个概念，对诗歌进行分析，强调重大的主题、强烈的情感。"崇高"这个概念后来到了18世纪，发展成为一个重要的美学范畴。

三、普罗提诺的美学思想

在罗马帝国时代的末期，出现了一位重要的思想家普罗提诺（Plotinus，204/5—270）。普罗提诺的思想体现在54篇专论之中，这些专论被编成6个《九章集》。他的思想体系被人们称为"新柏拉图主义"。在他所生活的时代，基督教已经盛行。但从思想体系上看，普罗提诺还是应被看成是古代世界的最后一位思想家，只是其中渗透了一些东方思想的因素。

从哲学体系上看，他有关于世界的"三体"说。第一个"体"是"大一"或"太一"，即最后的本质和最初的根源；第二个"体"是理智与心灵，由此构成柏拉图意义上的"范式"或"理念"，这是可见世界的"原型"；第三个"体"是"至上的神灵"，这是创造性和生命力。三个"体"共同构成一个超越的"在"，其他的世界都由它而放射出来。由于这种放射，世间万物的真实性具有等级，最真实的物最接近于这个"大一"，最不真实的物是我们所见到的现实的世界。这种思想吸纳了柏拉图思想的因素，但建构了一个比柏拉图更加全面的理论模式，与此后的教会哲学有呼应之处。

普罗提诺关于形式美提出一个重要的观点。在此之前，平衡和对称，并由此构成的和谐关系，被看成是形式美的基本条件。普罗提诺则认为，单纯的事物也可以是美的。例如，色彩、单纯的乐音、阳光、金子，以至于夜间的闪电，也可以是美的。他还认为，精神的性质，如"高贵的行为，或卓越的法律"也是美的。

他不同于柏拉图的三张床理论，不认为艺术仅是现实的摹仿，因而与真理隔着两层。相反，他认为艺术可以直接反映精神。他认为，菲狄亚斯雕刻宙斯的像不是按照他所见到的样子来雕刻的，而是按照"宙斯会取什么样的形式向人们作视觉展示的领悟来铸造宙斯的"。这是一个重要的发展，与罗马晚期的艺术的变化是一致的。摹仿说被淡化，艺术品要有精神特征。

第四节 中世纪美学

中世纪美学的源头在于基督教，它发源于西亚，在罗马帝国这个世界共同体中的发展经历早期的教父哲学，受希腊哲学的影响，逐渐形成神学体系。

一、《圣经·旧约》中美学思想

基督教从一开始很少关注艺术与美的问题。相反，早期基督教将美和艺术与希腊罗马所信奉的异教的神和奢华的罗马贵族生活联系起来，并加以反对。

然而,《圣经》的一些只言片语对后来的基督教的美学思想产生过巨大的影响。例如,在"创世纪"中,神是通过言词,从无创造世界万物的,这与希腊思想有明显的不同。在希腊神话和哲学中,都反映出一个观念,神或人是建筑师,根据形式使物质改变形状。在包括中国在内的许多文明中,都有这种思想。《圣经·旧约》暗示的观念,对后来关于神与世界的关系,关于语词化身为世界并在世界中得以显现,对词与图的关系,以及对阐释学形成,都具有重要影响。

再如在《圣经·创世纪》中,神创造了世间万物后,曾评价说,这是好的。这里的"好"与"美"的意义在有些文本翻译中相通,由此被理解为:第一,相信世界是美的;第二,世界的美是由于它像一件艺术作品一样,是思维着的存在物的有意识的创造。

再如,《圣经》中说神是按照自己的形象来创造人的。既然如此,人的形象就成了神的形象的摹仿,由此,欣赏人体美就有了根据。当然,同时又有一种解释,人体美的诱惑是来源于撒旦。这种关于人体美的争论要从《圣经》找依据的做法,也是那一时代人们的思维和论证方式的特点。

二、圣·奥古斯丁的美学思想

圣·奥古斯丁(St. Augustine,354—430)是早期基督教神学的一位重要代表。与同时代其他一些人相比,他在美学上有着更多的论述,也更重要。

与此前的一些美学家一样,他认为美在于由和谐、秩序和统一形成的各部分间的适当的关系。关于和谐的论述,有着悠久的传统。毕达哥拉斯将之看成是数,因而是一种纯粹的量的关系(不同的弦长)并导致一种数学的美学。后来的斯多噶学派、西塞罗则提供了一种质的解释,即各部分间的适当的关系。奥古斯丁的思想是兼顾这两者,既讲"量"也讲"质",特别注意"对照之美"。

奥古斯丁对美学还有一个重要的贡献,是区分了"美"和"合适"。美在于秩序、和谐和韵律,而当一物是"合适"之时,是指它作为一部分适合于整体,作为一个器官适合于有机体,作为一物适合于它的使用目的。同一物可以适合于某个目的而不适合于另一个目的,而美则不受这种情境的影响。这一思想斯多噶学派曾提出过，但在奥古斯丁这里，得到了更为清晰的表述。

他还认为，精神的美高于感性的美。在物理的世界，生活和生活的显示是最美丽的事物。鸟的歌声和动物的声音和运动是作为生命的表现而美，所有的活着的东西使我们愉快，因为它们拥有节奏、尺度与和谐。但在物理的美之外，还有着一种精神的美。这种美也是由节奏、尺度与和谐组成，但这种和谐是一种更完善的和谐。人的歌声比夜莺的歌声更美，是因为其中有歌词，而歌词有精神的内容。由此推断，美的理想不能仅仅只有物理的美，希腊裸体的英雄不是最理想的美。但是，感性的美即使失去了大部分直接的价值，仍然有间接的宗教价值。它是手段而不是目的。我们只能接触到感性的美，但这可以成为我们欣赏精神美和普遍美的媒介。

关于美和艺术，他认为艺术以美的知识为基础。美在尺度与和谐，而艺术要掌握这方面的知识以创造美，因此美和艺术走到了一起。他提到摹仿说，但将之与艺术对美的追求结合起来，认为艺术不是摹仿一事物的所有方面，而是发现和增强美的痕迹，这与后来的现实主义和典型化的理论有一致之处。

三、中世纪后期的发展和托马斯·阿奎那

中世纪后期出现三种文明并存的状况：封建领主所代表的贵族文明、修道院的教士们所代表的宗教文明、城市中的工商业者所代表的城市文明。城市文明最初很弱小，最后成为冲破中世纪文明的非常重要的力量。中世纪美学的两大特征，即宗教性和普遍性。一切都统一在一个基督的王国之中，在其中，各地的艺术有差异，但在美学或艺术理论上，由于都是用拉丁文写作，没有明显的差别。

托马斯·阿奎那（Thomas Aquinas，1225—1274）是中世纪最重要的经院哲学家。他是一位亚里士多德的信徒，用亚氏的思想论证基督教神学。神成了世界的形式因或第一因，而不是像此前用新柏拉图主义来论证神学的做法，将神看成是照耀万物的太阳。

他的美学中保存了许多传统的命题，但作为一位集大成的经院哲学家，他对这些命题进行了综合。他认为美有三种特征：即完整性或完善性，合适的比例与和谐，明亮与清晰。这三种特征，是对此前的美学的一

个总结。他的完整性和完善性来源于亚里士多德的"有机整体",合适的比例与和谐来源于毕达哥拉斯和柏拉图对形式美的理解,而从他的明亮与清晰的观点中,我们可以看到普罗提诺对"光"与"色"的论述的影响。这些具有不同来源的美学思想在他那里成为一个完整的整体。

阿奎那美学的另一个重要特征是处理美和善的关系。他认为美与善在本质上是同一的,但只是逻辑上不同。美与认识有关,而善与满足愿望有关。

本章小结

从希腊的古典时期到希腊化,经古罗马直到中世纪,欧洲历史上产生了丰富的美学思想。这些思想产生的原因是多方面的。首先是哲学的发展,促使人们开始了对美和艺术现象总结和反思;其次是各门类艺术的发展和丰富,激发了人们对艺术进行哲学思考的需要;除此以外,还有一个重要的原因,是从学派和学园的建立,到中世纪修道院的形成,有了专门的学术研究和教学的组织机构,这对美学思想的出现,具有重要意义。

然而,在这一漫长的时间里,一方面美学思想丰富,另一方面美学作为一个学科并没有取得独立;一方面出现了有体系的美学思想,另一方面美学体系还没有建立起来。美学学科和体系的形成,只有等到近代社会的进步,学术分科的要求变得强烈,现代大学的形成及其分科教学的制度的确立,才得以可能。

第六章　现代美学的兴起

无论是将美学看作"美的哲学""感性学"还是看作"艺术哲学",都否认不了美学思想自古就存在的事实。不过,即使是自古就存在的美学思想,也是在现代美学产生之后,按照现代美学的标准,回溯后才重新发现的。而后现代美学则直接是现代美学逻辑下的发展物。因此,美学史的重心就是现代美学,以现代美学为支点,可以述往知来。不过,现代美学本身也是西方近现代社会的产物,和时代思潮同步共振。因此,要了解现代美学的源起,还得深入到那个时代之中。

第一节　文艺复兴:对世俗生活、感性与文学艺术的重新重视

文艺复兴是西方近代社会的开端。从字面上看,文艺复兴是指古希腊—罗马文艺的再次复兴,但实际上,这场运动远比它的名字所能概括的要全面、复杂得多。它涵盖了物质生产、宗教、科学、哲学、文学、艺术等等各个领域的革新运动,全面而彻底,因此,它被后世学者看作进入近现代社会的标志。从人文学科来看,它最大的特点就是人文主义的兴起。这也无怪乎它要跨过中世纪,而直指古希腊—罗马,因为中世纪的文化是以"神"为中心的文化,而"异教"的古希腊—罗马才是以"人"为中心的文化。因此,这种看似复古的文化运动,实质上是一种文化上的革新。它要为人追求一种自由、理性、非禁欲的新的生活。这种新生活首先就要求基本欲望以及感觉、感性上的解放。因此,文艺复兴的倡导者们肯定世俗生活,重视人们的感官享受,赞同基本欲望特别是男女之欲的满足,鼓励对于世俗艺术的喜爱……所有这些,都改变着中世纪以来形成的关于文学艺术的消极观念,也为美学的产生奠定了基础。

一、文学观念的改变：从薄伽丘到锡德尼

在基督教教父的眼中，世俗的文学艺术都是非法的，圣·奥古斯丁就曾在其《忏悔录》中，多次就其喜爱和参与文学艺术活动进行忏悔。可以说，奥古斯丁对于文学艺术的观念，就是中世纪时的主流观念，那时人们普遍会将文学艺术和罪及堕落联系在一起。这种消极的文学艺术观念，在文艺复兴时期得到了根本的改变。因此，文艺复兴是一个为诗（文学）辩护的时代，并透过为诗（文学）辩护，而为世俗生活和人的感性生活辩护。

为诗辩护开始于薄伽丘（Giovanni Boccaccio，1313—1375）。薄伽丘是意大利文艺复兴时期的重要诗人、作家，著有《十日谈》《但丁传》《异教诸神体系》等。在《十日谈》中，他辛辣地讽刺了教会及僧侣阶层的腐败、伪善和奸诈，肯定了世俗的欲望、爱情及人性与自然世界中的美好。但是薄伽丘并不否认上帝的存在，反而以上帝存在作为基础为诗和文学进行辩护，这也是过渡时代的特点。薄伽丘认为，与作为上帝之诗的《圣经》、神学一样，人的诗中也隐藏着真理。在这一点上，他认为诗和神学是相通的，"不仅诗是神学，而神学也就是诗"①。诗中隐藏着真理，读者正是在对真理的领悟中，才从诗中获得了愉悦。因为诗中隐藏着真理，所以诗除了给人以愉悦外，还能实现教化的目的，可以"唤起懒人，激发蠢徒，约束莽汉，说服罪犯"②。实际上，薄伽丘的辩护是古典型的，并没有超越亚里士多德"哲学意味"和贺拉斯"寓教于乐"的范畴。

文艺复兴时期，在为诗进行辩护的人当中，卡斯特尔维屈罗（Lodovico Castelvetro，1505—1571）是较富现代意味的一个理论家。在其《亚里士多德〈诗学〉诠释》中，他绕过真理与教化而为诗辩护，认为"诗的发明原是专为娱乐和消遣的"③。这种看法在当时还是比较激进的。不仅如此，他还重新解释了亚里士多德"疏泄"（也有学者译为净化或宣泄）说，认为在观看悲剧时，观众不仅不会被负面的情感所污染，而且可以将恐惧等负面情感从内心清除出去，"能使观众从下流变为高尚，从恐惧变

---

① 伍蠡甫.西方文论选·上卷[C].上海：上海译文出版社，1979：176.
② 伍蠡甫.西方文论选·上卷[C].上海：上海译文出版社，1979：177.
③ 伍蠡甫.西方文论选·上卷[C].上海：上海译文出版社，1979：193.

为坚定，从过分怜悯变为严正"①。可见，他是将娱乐（快感）和实用（心理学）结合起来为诗辩护的，这在当时并不常见，极具现代意味。

文艺复兴后期的英国诗人、文学理论家锡德尼（Philip Sidney，1554—1586）的辩护是非常系统的，他的代表性论著就是《为诗辩护》。他主要从认识价值、教育意义、创造性三个方面为诗做了辩护。从认识价值上看，他认为诗"曾经是'无知'的最初的光明给予者"②，因此诗人乃是学术之父，这种观点是维柯诗性智慧说的先驱。从教育意义上看，锡德尼认为人性本恶，所以需要诗歌来教化人类；而诗之所以具有上述两个意义，关键在于诗人是创造者，可以创造出自然中所没有的更为完善的事物，他曾说："世界是铜的，而只有诗人才给予我们金的。"③正是在这个意义上，他肯定了诗中的虚构。

总的来看，文艺复兴时代对于文学的辩护主要从三个方面来进行：文学与认知、文学与伦理、文学与娱乐。而这三个议题也正是现代美学所关心的核心议题。

二、艺术观念的改变：阿尔贝蒂与达·芬奇

在古希腊和中世纪有"自由艺术"的概念，但绘画、雕塑等视觉艺术却不在其中，因为这些艺术在当时的人看来是需要体力来完成的，因此，这些艺术被称为机械或粗俗的艺术，从事这些工作的人地位也比较低下。在文艺复兴时期，随着工商业的繁荣和对艺术需求的增加，在艺术工匠经济收入得到提高的同时，在理论上出现了提高艺术地位，并将"艺术工匠"提升为"艺术家"的理论倾向。因此，在文艺复兴时期，在文学观念发生变化的同时，艺术观念也发生了一些明显的积极的变化，这些变化首先出现在从事具体艺术实践的"艺术工匠"身上。

阿尔贝蒂（Leon Battista Alberti，1404—1472）是意大利文艺复兴时期著名建筑家，除了建筑方面的成就外，还著有三本艺术理论著作：《论绘画》《论雕塑》《论建筑》。阿尔贝蒂主张根据眼睛实际看到的样子来画画，

---

① 中国社会科学院文学研究所.古典文艺理论译丛·第6辑[C].北京：知识产权出版社，2006：24.

② 马奇.西方美学史资料选编·上卷[C].上海：上海人民出版社，1987：299.

③ 伍蠡甫.西方文论选·上卷[C].上海：上海译文出版社，1979：304.

认为"画家与那些看不见的东西是没有什么关系的。画家仅仅注意去再现可被看见的东西"①。再现（模仿）是一种自古希腊以来就有的古老观念，但强调视觉的逼真，不再坚持中世纪艺术所重视的象征目的，则是文艺复兴时期的新观念，这种观念有利于对艺术独立地位的推崇。而且，阿尔贝蒂还主张将绘画、雕塑与其他技术性的工艺区分开来，因为在他看来，画家和雕塑家必须具有特殊的才能，必须具有关于人和事物的高等的知识，必须懂得自然规律（数学等）。这些主张有将绘画和雕塑提升到古希腊和中世纪所谓的"自由艺术"行列的企图。此外，阿尔贝蒂特别重视美，他曾说美是建筑的最高目的，这也是当时艺术观念的新变。

达·芬奇（Leonardo da Vinci，1452—1519）的许多主张与阿尔贝蒂相似。比如，达·芬奇也认为画家要拥有关于人的知识，"使你的人物的运动要适合这些人物的精神状态"②；要懂得数学，而且更进一步坚持认为绘画是一门科学。不仅如此，达·芬奇还将绘画和诗、自然进行比较，认为在某些方面，绘画要优于它们：和诗相比，绘画"比诗人的作品更为真实地再现了自然作品的形式"③；和自然相比，绘画"留心于无数的自然从未创造过的事物"④。正是基于以上看法，达·芬奇欲意提高绘画地位，并将之列入"自由艺术"行列的愿望更为强烈。他说："绘画抱怨说她被赶出了自由艺术之列，尽管她是自然的真正的女儿，并且诉诸最高贵的感官，这种哀叹是有道理的。"⑤从达·芬奇的话中，我们可以发现他对当时艺术地

---

① Leon Battista Alberti, *On Painting*, trans. John R. Spencer (Yale U., 1956): 43. 译文转引自：[美]门罗·C.比厄斯利.美学史：从古希腊到当代[M].高建平，译.北京：高等教育出版社，2018：193.

② Leonardo da Vinci, *Treatise on Painting*, trans. A. Philip McMahon, 2vols.（Princeton U., 1956）: 151. 译文转引自：[美]门罗·C.比厄斯利.美学史：从古希腊到当代[M].高建平，译.北京：高等教育出版社，2018：203.

③ Leonardo da Vinci, *Treatise on Painting*, trans. A. Philip McMahon, 2vols.（Princeton U., 1956）: 20. 译文转引自：[美]门罗·C.比厄斯利.美学史：从古希腊到当代[M].高建平，译.北京：高等教育出版社，2018：205.

④ Leonardo da Vinci, *Treatise on Painting*, trans. A. Philip McMahon, 2vols.（Princeton U., 1956）: 17. 译文转引自：[美]门罗·C.比厄斯利.美学史：从古希腊到当代[M].高建平，译.北京：高等教育出版社，2018：205.

⑤ Leonardo da Vinci, *Treatise on Painting*, trans. A. Philip McMahon, 2vols.（Princeton U., 1956）: 17. 译文转引自：[美]门罗·C.比厄斯利.美学史：从古希腊到当代[M].高建平，译.北京：高等教育出版社，2018：205.

位的不满，而且这也是文艺复兴时期艺术家普遍的看法，正是在这样的期许之下，艺术的地位才在后来被一步一步提高至其他工艺之上。这些现代美学的核心议题在文艺复兴时期就初见端倪。

第二节　启蒙运动：理性看待感性、审美、艺术与美学的诞生

"启蒙"一词的本义是"照亮"。启蒙运动的参与者希望能够用人的"理性"，将一切迷信的、蒙昧的、未经反思之物照亮，并将之呈现在人类理性面前。政治、经济、文化、宗教、哲学、习俗、审美……几乎过往的一切都需要被理性重新考量。以往并没有经过太多理性反思的感性、审美、艺术，也需要在理性的光亮中呈现自身。因此，从美学上看，如果说文艺复兴是一场重新发现人、发现自我、发现感性、发现审美、发现文学艺术的运动，那么，紧接着的启蒙运动便是将这些发现深化、理论化、哲学化，并使之普及的一个过程。正是在这种思潮的影响下，作为艺术哲学、感性学及审美科学的美学便呼之欲出了。

一、趣味问题：从夏夫茨伯里到休谟

趣味问题是现代美学的核心议题之一。拉丁谚语说"趣味无争辩"，意思是，像审美和艺术鉴赏这样的感性的活动，是没有对错高低之分的。但启蒙运动时期的理论家们却不这样想，他们认为一切都有其理性的根基，因此，他们试图想为趣味找出某种根据或标准。

新柏拉图主义者夏夫茨伯里第三伯爵（The Third Earl of Shaftesbury，1671—1713）就试图找出趣味背后的，不变的根据。夏夫茨伯里认为大自然的和谐是由神所创造的，人及其"内在的眼睛（道德感官）"也是由神所创造的，因此，当人的内在的眼睛（道德感官）一碰到大自然的和谐，"就立刻辨别和看清是漂亮和匀称、可爱和可敬，因而与畸形、污秽、可憎或可鄙区分开来"①。在夏夫茨伯里看来，美和善是一致的，并且都可以

---

① Shaftesbury, *Characteristics of Men, Manners, Opinions, Times, etc.*, ed. M. Robertson, 2 vols. (London, 1900): 137. 译文转引自：[美]门罗·C.比厄斯利.美学史：从古希腊到当代[M].高建平，译.北京：高等教育出版社，2018：293.

由内在的眼睛（道德感官）以同样的方式所把握，不过，在判断人的行为和性情时，称之为善恶，在判断自然和艺术时则称之为美丑。这样，他就为趣味（也包括道德判断）找到了一个理性的和不变的根据。其本质特征虽然是直接把握对象，但这种把握却是先验的。因而虽然是直觉的，仍然有其理性根基，具有普遍的判断标准。而且这种判断具有超越的性质和"无利害"的特征。因此，他说："尽管那些来自于对曾感知的快感的注意而反映出来的快乐与快感，可被解释为一种源自自我的激情和有利害的关注，但原初的满足只能来自对外在事物中的真理、比例、秩序和对称的爱。"①

哈奇生（Francis Hutcheson）继承了夏夫茨伯里的"道德感官"说和"审美无功利"思想。他认为美不仅是无功利的，而且还是直接的。而且，在"审美无功利"思想上，哈奇生又前进了一步，即他认为美与认识和利益无关。他说："所得到的快感并不起于对有关对象的原则，原因或效用的知识，而是立刻就在我们心中唤起美的观念。……而且美的快感和在见到时由自私心所产生的那种快乐是迥不相同的。"②夏夫茨伯里和哈奇生的道德感官说和审美无功利思想对以后的美学也产生了较大影响。

休谟（David Hume）承认审美趣味的多样性，但同时认为"在各式各样、变幻无常的趣味当中，似乎都存在着某些关于褒贬臧否的一般原则"③。不过和夏夫茨伯里与哈奇生不同，休谟认为这个原理并不是先天的，而应该是从经验中得来的。它是一个"有资格的观察者"在长期的鉴赏实践中摸索出来的判断标准，"与敏锐的情感相结合的强烈感觉，因实践而得到改进，因比较而臻于完善，且清除了一切偏见，唯有具备了这种有价值的品性才堪称批评家。而无论在什么情况下，它只要得到了公认，这种品性就是趣味与美的真正标准"④。这种看法类似于中国古代文学理论家刘勰的"操千曲而后晓声，观千剑而后识器"。根据这个"有资格的观察者"，很多趣味性的问题就可以达成一致的意见。虽然这些趣味的标准是从经验中得来的，因此是相对的，但在休谟看来，这些标准仍然有着共同

---

① Shaftesbury, *Characteristics of Men, Manners, Opinions, Times, etc.*, ed. M. Robertson, 2 vols. (London, 1900): 296. 译文引自：[美]门罗·C. 比厄斯利. 美学史：从古希腊到当代[M]. 高建平，译. 北京：高等教育出版社，2018：297.
② 北京大学哲学系美学教研室. 西方美学家论美和美感[C]. 北京：商务印书馆，1982：99.
③ [英]大卫·休谟. 休谟散文集[M]. 肖聿译. 北京：中国社会科学出版社，2006：219—220.
④ [英]大卫·休谟. 休谟散文集[M]. 肖聿译. 北京：中国社会科学出版社，2006：226.

的人性做基础。

二、维柯的"诗性智慧"说与现代美学

杨巴蒂斯塔·维柯（Giambattista Vico，1668—1744），是意大利哲学家、语言学家、法学家、历史学家和美学家，其主要著作是《新科学》。《新科学》的全名是《关于各民族共同性的新科学的原则》，其要解决的基本问题是：人类是如何从原始的野蛮时代逐步发展到维柯所处的文明时代的。这就涉及人类思维的发展问题，为此他提出了著名的"诗性智慧"的概念。维柯认为原始的野蛮人所具有的思维是一种"诗性智慧"，而后来的抽象思维则是在"诗性智慧"的基础上发展起来的。维柯认为，"人类本性，就其和动物本性相似来说，具有这样一种特性：各种感官是他认识事物的唯一渠道。因此，诗性的智慧，这种异教世界的最初的智慧……是一种感觉到的想象出的玄学……这些原始人没有推理的能力，却浑身是强旺的感觉力和生动的想象力"[①]。正是通过这种想象出来的诗性智慧，"诗人们……在异教民族中创建出各种宗教"[②]。不仅如此，后来更为高级的抽象思维方式和各门科学，在维柯看来都是在"诗性智慧"的基础上发展起来的。

这种将感官作为人认识事物的必经渠道的看法，以及将诗和艺术中的"想象"作为认识的初级阶段的看法深深影响了黑格尔、克罗齐、科林伍德等人的美学思想，成为黑格尔及新黑格尔主义美学的理论源头。

三、夏尔·巴托与美的艺术体系的形成

根据波兰美学家塔塔凯尔维奇（W. Tatarkiewicz）在《西方六大美学观念史》中的详实考证，在古希腊，界定艺术最早的原则是"有规则的技艺"。诸如需要某种技艺的建筑术、雕刻术、陶艺、裁缝、几何学、修辞学、文法、逻辑等，都可以被称为艺术，而被认为出自灵感而非技艺的诗歌反倒不被划到艺术的行列。古希腊人从未将艺术区分为美的艺术和工艺。当然，古希腊人也在这些艺术当中做出区分，区分的原则是使用体力

---

① [意]维柯.新科学.上册[M].朱光潜，译.北京：商务印书馆，1989：181—182.
② [英]大卫·休谟.休谟散文集[M].肖聿，译.北京：中国社会科学出版社，2006：187.

还是脑力，他们将使用体力的艺术称为机械的艺术，将使用脑力的艺术称为自由的艺术。这个原则和分法一直延续到中世纪，以至于在中世纪艺术被划分为七种自由艺术和七种机械艺术，不过在中世纪如果不做强调，艺术特指"自由的艺术"。而我们今天所谓的"美的艺术"中的绘画、音乐、雕刻等，则由于需要体力而被放在机械的艺术（粗俗的艺术）之列，而诗则由于其"非技艺"性而没有进入到艺术的行列。

以技艺为艺术原则的概念体系一直延续到近代，文艺复兴时期开始出现转变。在这个时期，科学与工艺被排挤出艺术的行列，诗则取而代之，"美的艺术"体系渐渐形成。在16世纪，佛朗西斯科·达·赫兰达在谈到视觉艺术时就曾偶然用到了"美的艺术"这个表达。17世纪后半期，佛朗索瓦·布隆德尔在1675年出版的一部关于建筑的专著之中，将建筑、诗、论辩术、喜剧、绘画与雕塑等列在一起，认为将这些艺术联系在一起的是其给予人的愉悦和美，但他还没有用到"美的艺术"这个表述。直到18世纪中期，法国神父夏尔·巴托（bé Charles Batteux, 1713—1780）才在《归结为同一原理的美的艺术》当中，将以前已经形成一个模糊类别的诗歌、绘画、音乐、雕塑和舞蹈统称为"美的艺术"。夏尔·巴托在将诗歌、绘画、音乐、雕塑和舞蹈总称为"美的艺术"时，认为这些艺术的共同特征便是"模仿"现实。不过，由于时代思潮的原因，他继承的模仿原则并没有被后来学者所承继，而他的"美的艺术"观念及其体系，却对现代美学的形成产生了莫大的影响。因为这种将"美的艺术"与其他工艺产品相区隔，并将之当作一种特殊才能创造出的特殊产品的观念有利于艺术及艺术家地位的提高，这也是现代美学的潮流。

四、美的性质与伯克的崇高说

在18世纪的英国，美学上有两个方面的研究贡献较大，一个是关于趣味的研究，另一个就是关于"美"和"崇高"的美的性质的研究。前者我们已经谈过，后者中，最著名的、对后世影响最大的人就是埃德蒙·伯克（Edmund Burke, 1729—1797）。在西方美学史上，伯克是第一个将美与崇高相区分的人。伯克用生理学和现象学结合的方法来区别美的两种性质——美和崇高。伯克认为崇高起源于人"自我保全"的情欲，美起源于人的"社会交往"情欲，前者是消极的快感，后者是积极的快感。

人的自我保全的情欲主要是由痛苦和危险引起的，这使人产生恐怖和惊惧，而这恐怖和惊惧就是崇高感的主要心理内容。但是崇高感的发生却不能实际处于危险或恐怖之中，那只能产生痛感，而"当我们有痛苦与危险的观念，而又不是实际上处在这种环境之中时，就有了欣喜"①，他将这种欣喜的对象称为"崇高"。人的社会交往在伯克看来，包括两性交往和一般交往。这类情欲主要和爱相关，而爱正是美感的主要心理内容。他说："我把这美叫做一种社会的性质，因为每逢见到男人和女人乃至其它动物而感到愉快和欢喜的时候，……他们都在我们心中引起对他们人身的温柔友爱的情绪。"②

伯克不仅讨论了崇高和美的来源及生理基础，而且分析了崇高的美的性质。崇高在伯克看来，具有一个共同性质，即"可恐怖性"。具体来说，崇高的性质表现为体积的巨大、颜色的晦暗、力量的强大、空无、无限、壮丽、突然性等。伯克将美看作某种程度上和崇高相反的一种性质，他认为"我们所谓美，是指物体中能引起爱或类似情感的某一性质或某些性质，我们把这个定义只限于事物的单凭感官去接受的一些性质"③。伯克认为美的性质包括小、柔滑、娇弱、明亮等。伯克的对于美和崇高的讨论对于康德及以后的美学的发展产生了很大的影响。

五、鲍姆加登与美学的诞生

正是在这种想将一切理性化的冲动中，鲍姆加登（Alexander Gottlieb Baumgarten，1714—1762）想给感性的活动找出理性的根据，因此他想专门做这样一门学问——美学（字面意思是感性学）。美学这个词最初是在其著作《对诗的哲学沉思》中提出来的，后来他还专门写作了《美学》一书，但很遗憾没有写完。他的意图是采用笛卡尔式的理性主义的演绎法，用定义、推理，建立一门与诗相关，同时也可以扩展到其他艺术之中的学问。在他看来，逻辑学是关于思维知识的科学，美学则应该是关于知觉

---

① Edmund Burke, *A Philosophical Enquiry into the Origin of Our Ideas of the Subline and Beautiful*, ed. J. T. Boulton (London and New York, 1958): 52. 译文引自：[美] 门罗·C.比厄斯利. 美学史：从古希腊到当代 [M]. 高建平，译. 北京：高等教育出版社，2018：321.
② 北京大学哲学系美学教研室. 西方美学家论美和美感 [C]. 北京：商务印书馆，1982：119.
③ 北京大学哲学系美学教研室. 西方美学家论美和美感 [C]. 北京：商务印书馆，1982：118.

（感性）完善的一门科学，虽然知觉（感性）是低层次的认识，但却拥有自身的规律，他的目标就是研究这些规律。因此，他认为，美学是"感性认识"的科学。

因此，美学是被鲍姆加登当作一种认识论提出的，是认识的科学，同时也是研究艺术和美的科学。在鲍姆加登看来，完善属于客观事物，它能够被理性认识也可以被感官认识。被理性认识到的完善，是真，被感官认识到的完善就是美。而美学就是研究感官认识之完善的一门科学。

由于鲍姆加登的倡导和命名，这门自古就以各种形式存在着的学问，获得了自己的名字——美学。当然，此后美学的发展也还有很长的路要走，但命名本身却有着很大的意义，它标志着美学将会有自己的研究领域，将会运用自己独特的研究方法，一个统一的美学呼之欲出。

第三节 美学上的总结与成熟：从康德到黑格尔

18世纪末和19世纪初的德国思想界空前活跃、繁盛，这对美学的发展产生了深远的影响。从哲学上看，形而上学、认识论、伦理学都不断得到拓展和深化；从文学艺术上看，批评的理论与实践也越来越丰富、多样。所有这些进步，都对美学的发展产生了较大推动作用。再加上之前欧洲哲学界、思想界的积淀，这使得美学这个学科在此时的德国，在康德、席勒、黑格尔等人的手里逐渐走向成熟。

一、康德美学要点

康德（Immanuel Kant，1724—1804）是西方现代哲学的集大成者，形而上学、认识论、伦理学、美学都在他那里得到了新的发展。仅就美学来看，其著作的原创性、系统性和精彩程度，都非前人可比，而且，他的美学理论还是他的哲学体系的重要组成部分，不可或缺。正是在康德这里，美学走向了成熟，成为之后哲学体系中稳定的、重要的组成部分。

遵从西方传统，康德将人的心理功能划分为三个方面——知、情、意，也就是认知、感受和意志。在康德著名的三大批判中，《纯粹理性批判》是研究认识论的，探究人类认知在何种条件下才是可能的；《实践理性批判》是研究人的意志（伦理学）的，探究什么才应该是人类行为的最高伦理准则；《判断力批判》研究人的情感与感受。这三大批判结合在一起，构成了一个完整，且可以自洽的整体。限于篇幅，本文主要谈康德的美学，即《判断力批判》的第一部分。康德的美学主要包含两个理论，一个是关于美的，另一个是关于崇高的，我们分而述之。

美的分析论

审美判断又叫趣味判断，国内学者也有翻译为鉴赏或鉴赏判断的，为方便起见，本文统一为审美判断。康德从质、量、关系和方式四个方面分析了审美判断。从质的方面来看，审美判断"是通过不带任何利害的愉悦或不悦而对一个对象或一个表象方式作评判的能力。一个这样的愉悦的对象就叫作美"[1]；从量的方面看，"凡是那没有概念而普遍令人喜欢的东西就是美的"[2]；从目的关系来看，"美是一个对象的合目的性形式，如果这形式是没有一个目的的表象而在对象身上被知觉到的话"[3]；从方式上看，"凡是那没有概念而被认作一个必然愉悦的对象的东西就是美的"[4]。

康德的话很抽象，用我们的话来说，康德的意思是：第一，审美判断不是认知，与知识、概念无关；第二，审美判断不是欲望，与利害无关；第三，审美无目的但又合乎目的；第四，审美判断是主观的，但具有普遍有效性，要求普遍认同。举例而言，说这朵玫瑰花很美，与我掌握了多少关于玫瑰花的知识、概念无关；与我是否能由此获利或者获得欲望的满足无关；而且，这朵玫瑰花在欣赏者看来，不体现任何目的，但它的和谐和整体性，使它看上去好像又合乎某种说不出的目的；最后，这朵玫瑰花很美，这是一种主观感受，不绝对，但多数人会，而且被要求认可这一判断，这是普遍有效性和必然性要求。总之，说它美，对欣赏者而言，只是一种无利害的自由的满足。

那么，审美到底是如何在人们的心中产生的呢？康德在《判断力批

---

[1] ［德］康德.判断力批判[M].邓晓芒，译.杨祖陶，校.北京：人民出版社，2002：45.
[2] ［德］康德.判断力批判[M].邓晓芒，译.杨祖陶，校.北京：人民出版社，2002：54.
[3] ［德］康德.判断力批判[M].邓晓芒，译.杨祖陶，校.北京：人民出版社，2002：72.
[4] ［德］康德.判断力批判[M].邓晓芒，译.杨祖陶，校.北京：人民出版社，2002：77.

判》第一章的总注释中做了进一步说明。在他看来，审美就是理解力（通过概念进行整合思考的能力）和想象力（将多种感觉和直觉联合在一起的能力）的自由游戏。这个说法很抽象，美国美学家比厄斯利曾在其《美学史：从古希腊到当代》中对这个抽象的说明做过通俗一点的解释："当人们正如人所说的那样空闲下来，不再严肃地指向着对知识的追求，这些官能可以在某种意义上玩弄知识，欣赏着它们间的和谐，而不被束缚在具体的感觉-直觉，或者概念上。……在这种状态中，心灵在两种认识官能的和谐中取得强烈的快感或满足感。这种快感正是美的经验。"①

崇高的分析论

朗吉弩斯的《论崇高》在17世纪时重新流行，英国学者伯克在18世纪也专门论述了崇高。崇高的被重视说明了人们审美趣味的转变，即"人们开始对精致完善和小巧玲珑的东西感到腻味，比较爱好奇特甚至有些丑陋的'高傥'风格，以及粗犷荒野的自然"②。这种审美趣味的转变迫切需要解释和理论说明，伯克的努力是一次成功的尝试，康德则在伯克之后做了更为系统的研究。

康德在其"崇高的分析论"中首先对崇高做了一个"先验说明"。他认为，崇高与美有两点是相同的：第一，它们都是令人喜欢的；第二，它们都是主观的判断，但却具有普遍有效性。还有两点是不同的：第一，美与对象的形式相关，是有限制性的，而崇高的对象一般是"无形式"，因此往往是"无限制性"的；第二，美依赖于对象的合目的性，往往适应我们的判断，因此是单纯快感，崇高则往往对我们的"想象力"构成强暴，是痛感转化成的快感。

康德把崇高分为两种：一种是数学的崇高；另一种是力学的崇高。

数学的崇高主要涉及的是对象的体积，"我们把那绝对大的东西称之为崇高"③。但这个绝对大，不是概念性的和认识性的，而是主观性的。当

---

① ［美］门罗·C.比厄斯利.美学史：从古希腊到当代［M］.高建平，译.北京：高等教育出版社，2018：357.
② 朱光潜.西方美学史·下卷［M］.北京：商务印书馆，2011：405—406.
③ ［德］康德.判断力批判［M］.邓晓芒，译.杨祖陶，校.北京：人民出版社，2002：86.

一个对象大到超出我们想象力能把握的程度时，就是绝对大，因此它是和我们习见之物比较的结果。当这样的事物呈现给人时，想象力尽最大努力去满足理性全面把握此对象的要求，但是想象力达到了它的极限，但这使它感到理性本身的辉煌，这种感受在康德看来，就是崇高。举例而言，当我们面对无涯无际的星空时，我们想象不到星空有多大，我们内心有一种宇宙无穷的慨叹，在康德看来，这个慨叹不是针对宇宙的，而是人对其自身理性的赞美，因此感受到了崇高。由于对象超越了人的想象力，因此崇高当中包含着痛感，但通过理性的反思而转变成了快感。因此，康德认为崇高感与对道德律的敬重相类似，我们在崇高感中赞美和欣赏的恰恰是人类作为理性存在物的伟大。

在康德看来，"自然界当它在审美判断中被看作强力，而又对我们没有强制力时，就是力学的崇高"[1]。照伯克的理解来说，大自然以它巨大的力量让人恐怖，但人实际上并不处于危险之中时，对人而言，这就是力学上的崇高。康德同样把这样一种崇高归结到人类的理性和道德上。他认为，在安全的前提下，我们在面对自然的巨力时的无力感，恰恰使我们意识到了我们道德上的无限优越性和精神上的不可侵犯性，而这才是崇高的真正来源。因此，在康德看来，与美感相比，崇高感对人的要求更高，要求人具有更高的道德修养。

无论是数学的崇高还是力学的崇高，都可以在伯克那里见到端倪，康德的贡献在于，将其理性化、道德化，这也是康德将美学作为沟通认识论和伦理学的关键所在。

除了对美和崇高进行分析之外，康德还在《判断力批判》中讨论了艺术、天才等重要美学问题，影响深远，这里仅陈要点。康德在其对艺术的界定中，运用了审美无功利的思想，认为艺术是自由的，本身就是愉快的，不是取酬的，也不是一种劳作，因此，康德将艺术称作"美的艺术"，以此和工艺相区别。虽然夏尔·巴托早就提出了"美的艺术"的观念，但直到康德，美的艺术的观念才深入人心，成为现代美学的核心理念。当然，康德并不认为艺术中的美是全无功利的，因此他将美分为"依存美"（包含概念的）和"纯粹美"（不含概念的），而且认为理想的美是依存美，

---

[1] ［德］康德．判断力批判［M］．邓晓芒，译．杨祖陶，校．北京：人民出版社，2002：99．

艺术中的美也大多是依存美。不过，后人对此并未详加区分，反而更加强调他的审美无功利思想，并将之无分别地运用在"美的艺术"理论之中。关于天才，康德认为天才具有无可比拟的独创性，而且通过他，自然才给艺术提供规则。他将天才的特征总结为四点，即创造性、典范性、自然性和限制性（只限于艺术领域）。通过对"天才"的论述，康德大大提高了艺术家的地位，赋予了艺术家以特立独行的权利，这对后世的影响极其深远。

二、席勒美学要点

席勒（Friedrich Schiller，1759—1805）是康德的追随者，也是一位敏感的美学家、诗人，他较早发现了当时的社会和文化问题，并且他试图用他的美学来解决他发现的问题。在其《审美教育书简》《论质朴的和多情的文学》等著作中，既能看到康德的影响，也能发现他独特的敏锐和哲思。

近代社会工业化的进程开始以来，西方社会出现了种种新的问题和现象，如工业化造成的人与大自然的分离，分工制造成的人的本性的割裂，等级和职业造成的人与人之间的隔阂，等等。此外，这些问题还引发了诸多文化问题，也造成了人性的分裂。用席勒的话来说就是："国家与教会、法律与道德习俗都分裂开来了；享受与劳动、手段与目的、努力与报酬都彼此脱节了。人永远被束缚在一个孤零零的小碎片上，人自己也只好把自己造就成一个碎片。"①席勒幻想用美和艺术解决这些问题，这是他美学的出发点。

在席勒看来人身上有两种冲动，一个是"感性冲动"，另一个是"形式冲动"，又叫"理性冲动"。所谓感性冲动，是指人的自然状态及其需要，如物质需要等；所谓形式冲动，指人更高的精神追求和理想，如道德追求等。在某些情况下，这两者相互对立，但彼此不能否定，人的感性存在不应该否定更高的理性追求，人的更高的道德上的、理性上的追求也不应该否定他的感性和自然的存在。然而，近代社会中的经济、政治及文化问题却造成了它们之间的分裂。使两者得以和谐发展，在席勒看来，正是

---

① ［德］席勒.席勒经典美学文论［M］.范大灿等，译.范大灿，注.北京：生活·读书·新知 三联书店，2015：231.

文明的任务，"文明给这两者同样的合理性，它不仅面对感性冲动维护理性冲动，而且也面对理性冲动维护感性冲动。因此，它的职责是双重的：第一，防备感性受自由的干涉；第二，面对感觉的支配确保人格"。[①] 而当两者在人身上达到和谐统一时，就会出现最高的独立自由，出现"游戏冲动"。这种游戏冲动的对象就是"活的形象"，就是"美"，亦即感性和理性的和谐统一。在这里，既能看到康德"知解力和想象力自由游戏"论的影响，也可以看到席勒对黑格尔"美是理念感性显现"的启发。也正是在这个意义上，席勒高度肯定游戏和美对于人的意义，他说："只有当人是完全意义上的人，他才游戏；只有当人游戏时，他才完全是人。"[②] 而且，席勒认为正是通过美和艺术，人们从感性进入理性，进入自由，因此，美和艺术可以解放人，让人实现更高自我。

席勒还把他的理论用在了文学的研究上。在《论质朴的和多情的文学》一文中，席勒用同样的方法来分析浪漫主义诗歌的出现。席勒所谓"素朴的诗"就是古典主义的诗、现实主义的诗，"感伤的诗"就是带有浪漫主义色彩的诗。席勒认为在人类童年时代，亦即希腊时代，人与大自然融为一体，因此，对自然不惊奇、不留恋，以一种朴实的心态面对自然，故而是朴实的诗；近代以来，人与自然已经分裂，面对自然，十分留恋、哀伤，因此所写的诗是感伤的诗。在席勒看来，诗人"要么是自然，要么将寻找已经失去的自然。……要么属于质朴作家的行列，要么属于多情作家的行列"[③]。虽然如此，但是人不可能也没必要回到过去，他应该在一种更高的程度上实现感性和理性的统一，并恢复人的完整性。靠什么做到如此呢？席勒的答案依然是通过美和艺术，通过审美教育。

三、黑格尔美学要点

黑格尔（Georg Wilhelm Friedrich Hegel，1770—1831）是德国古典哲学的又一个高峰，其美学著作《美学演讲录》是他在大学里讲课的讲稿，中

---

① ［德］席勒. 席勒经典美学文论［M］. 范大灿等, 译. 范大灿, 注. 北京：生活·读书·新知 三联书店，2015：273.

② ［德］席勒. 席勒经典美学文论［M］. 范大灿等, 译. 范大灿, 注. 北京：生活·读书·新知 三联书店，2015：288.

③ ［德］席勒. 席勒经典美学文论［M］. 范大灿等, 译. 范大灿, 注. 北京：生活·读书·新知 三联书店，2015：440.

文译为《美学》。

美学是黑格尔哲学的重要组成部分,在其中,艺术被赋予了重要的地位。黑格尔认为,现实世界是绝对精神自我展开的产物,整个宇宙的历史就是绝对精神自我展开的历史。在绝对精神自我展开的过程中,绝对精神有一个自我疏离和异化的阶段,这便产生了自然及其物质世界;但在一个更高的阶段,绝对精神又要回归其自身,回归自身的过程要经过三个阶段,即主观精神(个体自我)、客观精神(国家)和绝对精神。而绝对精神则分别先后显现于艺术、宗教和哲学三个阶段,到达哲学阶段时就是绝对精神对自身的复归,就是最终真理。在艺术阶段显现时,绝对精神是以感性的方式显现的,这时绝对精神表现为艺术,表现为美。因此他在《美学》中将"美"定义为"理念的感性显现"。

上面的话很抽象,实际上是黑格尔将宇宙和人类的历史精神化了,如果还原成真实的历史过程,则不难理解:宇宙从虚无中产生,先有的是自然世界或者说是物质世界,然后慢慢有了人,有了国家,产生了艺术、宗教、哲学。黑格尔认为这样一个过程就是绝对精神按照逻辑自我展开和复归的过程,自我精神像一颗种子,发芽、开花、结果,最后又变成一颗种子。在这个过程中,艺术是绝对精神自我展开的一个重要阶段,也是绝对精神的一种显现形式——感性显现。也就是说,当绝对精神以感性的形式呈现其自身的时候,就是艺术,就是美。在这里,隐含的意思就是,艺术的基本功能,就在于揭示其感性的或者说物质性的外形之下的绝对精神(真理)。而当艺术努力去获得真理时,在黑格尔看来,他就会变成别的东西,即宗教和哲学。从中也可以看出黑格尔美学的认识论本质。

像绝对精神会进化一样,绝对精神的一个显现阶段的艺术也会发展。黑格尔认为艺术的发展会经历象征型艺术、古典型艺术和浪漫型艺术三个阶段。这三种艺术类型是黑格尔根据艺术的形式(材料)和内容(精神)的关系划分出来的。内容(精神或理念)被形式(材料或媒介)所压倒的艺术,亦即形式尽力表达内容而不能成功的艺术是象征型艺术,这种艺术出现在艺术发展的早期阶段,出现在早期东方文化中。内容与形式完美平衡、契合一致的艺术,亦即形式刚好能呈现内容,没有遗漏,内容也不超出形式的艺术就是古典型艺术。这是最完美的艺术,古希腊雕塑是其典范。但是绝对精神是无限的、自由的,是要继续展开自身的,而当精神发现有限的物质和形式不能表现自己时，就溢出物质和形式，于是古典艺术解体，浪漫型艺术出现了。在黑格尔看来，典型的浪漫型艺术就是近代欧洲的基督教艺术。而当绝对精神还要继续展开自己时，艺术便终止了发展，被宗教和哲学代替。

由于黑格尔将一切事物都看作是在绝对精神展开自身的过程中出现的，而这个过程也是一个进化的过程，因此，根据出现的先后，事物就有了高低之分。根据黑格尔的看法，绝对精神展开自己时，先出现的是自然，到绝对精神阶段时，才出现艺术。因此，在黑格尔看来，艺术高于自然，艺术美高于自然美。也正因为如此，黑格尔声称美学就是"艺术哲学"。在自然美里边，由于动物出现于无机物之后，更能体现绝对精神，故而动物生命的美高于无机物的美，是自然美的顶峰。

黑格尔美学从维柯、康德、席勒等美学家、艺术家那里吸取了很多营养，并将之吸收进了他那巨大的形而上学体系当中。从体系的博大、内容的精深来看，黑格尔的美学是现代美学史上继康德之后的又一个高峰。和康德相比，黑格尔更具历史和发展眼光，更能从艺术史的角度来研究美学问题，具有一定程度的实践的观念，因此对以后的美学特别是马克思主义美学产生了巨大影响。但和康德一样，黑格尔也没有能够更加具体地将其美学根植于社会和艺术发展的现实之中，还是有着很深的观念论的痕迹，但这样的任务得交给之后的美学家来完成了。

本章小结

文艺复兴重视人的感性生活，重视世俗的艺术活动；启蒙运动则提倡对一切人类活动进行思考和反思。随着这两个思潮的展开，对感性及艺术活动的理论思考也逐渐变多、加深，并最终在18世纪导致了美学的产生。美学的产生有两个标志：一个标志是美学的被命名；另一个标志则是"美的艺术"概念的出现及现代艺术体系的诞生。[①]前者是鲍姆加登的功劳，后者则是夏尔·巴托最先提出。但在这两个人之外，还有一些很重要的思

[①] 高建平.西方美学的现代历程[M].合肥：安徽教育出版社，2014：18—37.

想家、学者对现代美学思想体系的形成产生了重要的影响。如夏夫茨伯里和哈奇生的"道德感官"及"审美无功利"说，休谟的"趣味"及"共通感"说，伯克的"崇高"论等，所有这些都对康德等人的美学体系产生了很大影响。

正是因为对前人的思想观念进行了广泛的吸收、整合，美学才在康德手里走向成熟，成为一门专门研究审美及艺术体系的学问。也是在康德这里，美学成为与认识论、伦理学并列的三个哲学分支之一，而且康德还尝试着将三者在自己的体系中打通。自此之后，美学便成为一种哲学体系中不可缺少的一部分。康德最富原创性的贡献则是他关于"知解力"与"想象力"这两种官能的"自由的游戏"的论述。正是在康德这一思想的启发下，席勒提出了"形式冲动"和"感性冲动"和谐相处、全面发展的思想，并据此建构了其"审美救赎"的理论体系。

黑格尔的美学明显从康德和席勒那里受到了很多启发，如其著名的"美是理念的感性显现"的著名论断，便与康德的"知解力"和"想象力"的"自由游戏"有着明显的逻辑渊源。但黑格尔的美学比康德的美学更重视艺术本身，他将艺术看作其"理念"发展的一个高级阶段，而且主张美学就是"艺术哲学"。不过，黑格尔虽然重视艺术，但在其"理念"的整个体系中，艺术最终还是要消亡，并最终被宗教和哲学代替。可以说，与前人相比，黑格尔的美学最具形而上特质，也最能和其哲学体系融而为一。但这是否是美学以后的发展的趋势呢？这只能由后来美学的实际发展来回答了。

第七章　20世纪前期西方美学

在20世纪的审美文化中,"生命"与"形式"这两个概念构成了对立的两极,这个世纪大多有关情感、趣味和艺术的事件,都在它们之间发生。"生命"与"形式"代表了两种相对立的倾向,在两者的张力之间产生了众多的美学理论。在"形式"这一概念中,总是暗含着对于事物客观性与稳定性特征的指涉,时间之流永不停息,那么美学家与艺术家们对于形式的热衷,代表的就是他们面对人生短暂、韶华易逝、生活无常的真相,尝试对之加以征服的渴望。另一方面,"生命"这一概念,指向着对于单纯的生物事实的超越,因其包含着对人生某种目的的期冀,正是这一希望,使得美学与艺术成为了沟通个体与普遍的桥梁。生命无法被形式化,但美学家与艺术家们毕生孜孜以求,又在于发现与创造某种生命的形式。这一深刻的矛盾,也是20世纪美学理论丰富多彩的根源所在。

第一节　古典到现代的转型

20世纪美学话语对于"生命"的思考,构成了这一时期美学从古典到现代的转型标志,美学家如尼采、叔本华以及海德格尔等人,他们通过阐述"生命"与"美"以及"艺术"的联系,使"生命"超越了单纯的生物学意义,而暗含了对于某种目的的断言与宣称。生命的目的到底与审美经验的联系何在?这一20世纪美学的核心问题构成了对于现代美学的重大启发与挑战。

一、叔本华:生命意志与观审说

在美学长河中,著名德国哲学家叔本华(Authur Schopenhauer,

1788—1860）的思想对20世纪的美学有着深远的影响。他对于生命意志的剖析最为独树一帜，他也是唯意志论的创始人和主要代表之一，在他的理论中，生命意志是主宰世界运作的唯一力量。

《作为意志和表象的世界》开头一句话就是"世界就是我的表象"，简单地说，叔本华从主体出发，主体以两种方式存在，一是作为表象之一的身体，二是身体活动背后的内在本质，这就是意志。意志的任何活动都表现为身体的活动，身体活动是表象，是客体化了的意志。这样根据世界是我的表象的观点，就可以推出意志也是世界的本质的结论。

意志自身在本质上是没有目的和止境的，它是一个无尽的追求，人是如此，大自然也是如此。这种盲目的、永无止息的欲求与冲动的目标，是生命或生存，包括维持自己的生存和繁衍后代，意志就是生命意志。然而，意志的永远追求、盲目欲望并不带来生命的满足感，更谈不上浮士德式的得救，而是永恒痛苦的根源，因为一切欲求作为欲求来说，本身就是从缺陷，也即从痛苦中产生的；而欲壑难填，一个追求满足了又重新追求，一个满足了的欲望不过是下一个更大的欲望的刺激，生命就是从愿望到满足，从满足又到愿望的迅速过渡，欲望是无止境的，痛苦也就无休无止。一有满足之感，沉闷和无聊又随之而来，所以人生就在痛苦和无聊之间像钟摆似的来回摆动。

要摆脱痛苦，就要舍弃欲望，摆脱束缚，否定生命意志。在这样一个摆脱痛苦的过程中，叔本华请出了"审美静观"，这是从意志和欲望的束缚中获得暂时解脱的一种方式。审美静观是主体采取的一种观照世界的特殊精神-心理状态。读者们可以回忆一下自己欣赏日落或者星空时的感受，在这样的状态下，就是叔本华所说的主体"自失于"对象之中的"观审"，主体摆脱了个体性、感性欲望与功利的束缚，成为了"纯粹的主体"，客体同样不再受限于根据律而成为纯粹的客体，两者达成了浑然的和谐。叔本华的美学理论体现了西方古典美学"静观"的传统，但其中也孕育着新的时代精神。

二、尼采与悲剧精神

对20世纪影响深远但也引起最多争议的哲学家还有尼采（Friedrich Wilhelm Nietzsche，1844—1900），他的理论深邃而丰富，尤其是充满了一种梦幻般的激情,与美学及艺术有着天生的契合。他的美学著作《悲剧的诞生》的全部思想是从希腊两位名神——日神和酒神引申出来的,他把它们比喻为梦境和醉境两种完全不同的状态。在梦境中,人们暂时忘却现实世界的苦难,可以随心所欲地去编织美丽的幻景,为自己创造出一个远离现世苦难的美妙世界。希腊人用日神来表达梦境,与痛苦的现实相反,日神是光明之神,它表现了更高、更美、更完善的世界。严格的界定,对无节制的激情的遏止,充满智慧的宁静,都是它的特征。日神就是"个体化原则"的壮丽神像,正是靠着这种"个体化原则",艺术家创造出丰富多彩、绚丽无比的世界,雕塑、史诗以及一切叙述文体的艺术就是日神艺术。

日神艺术是梦境世界,它创造个体,是对人生痛苦的解脱;酒神艺术是迷醉现实,它消灭个体,是对大自然神秘统一性的感知。两种力量都从大自然中生发出来,是艺术发展的深层动力。受它们支配,艺术家不是日神式的梦想艺术家,就是酒神式的沉醉艺术家,希腊悲剧就是从两种艺术的结合中诞生的。

日神精神教人留在外观,不去追究世界和人生的真相。尼采否定苏格拉底以降的"理念"观,确认只有一个世界,它就是我们生存于其中的永恒的生成变化,这个世界对个体的人来说是残酷而无意义的,悲观主义确实是真理,然而真理并非最高价值,艺术比真理更有价值。面对世界,我们应当自觉持一种审美的人生观,用艺术的"谎言"来掩盖某些可怕的真理,把人生艺术化,赋予生活以价值,创造出新的欢乐。真理是丑的,我们有了艺术,我们依靠它才不致毁于冷酷的真理,艺术是生命的最高使命和生命本来的形而上学活动。

审美就是对生命的肯定,日神的美感是把生命力的充盈投射到事物上的结果;酒神的快感是更强大的生命力敢于和痛苦及灾难相抗衡的胜利感。总之,个人应该注定成为某种超个体的东西,他必须忘却死亡和时间给个体造成的极度恐惧。个体是有限的,终不免一死,但隐藏在万物背后的生命力却是无限的,它不受时间和空间的限制,使人类的总体永恒地生育发展,这也是尼采"超人"和"强力意志"的本意。因此,尼采意义上的美与传统美学完全不同,没有自在的、外在的美,美是人的自我肯定,只有人是美的。尼采的美学既是西方古典艺术精神的回光返照,也预示着现代艺术的勃兴。

三、克罗齐：表现主义美学

与前面所论述的两位生活于 19 世纪，但对 20 世纪的哲学有着重要影响的哲学家相比，意大利的克罗齐（Benedetto Croce，1866—1952）作为一位站在世界门槛上的美学家，提出了一些对美学向 20 世纪的过渡更具有代表性意义的观点。

克罗齐的美学是其精神哲学的一部分，他把心灵活动分为两度四阶段：直觉－认识活动；概念－认识活动；经济－实践活动；道德－实践活动。四个阶段都有其价值与反价值：直觉产生个别意象，正反价值为美与丑；概念活动产生普遍概念，正反价值为真与伪；经济活动产生个别利益，正反价值为利与害；道德活动产生普遍利益，正反价值为善与恶。四种活动分别由美学、逻辑学、经济学、伦理学专门研究。直觉是心灵最低一层的活动，它可不依赖于其他任何一种心灵活动，其他任何一种心灵活动却离不开它。克罗齐有力地论证了艺术创作是一个独立的结构，是一种只受自己规律支配的创造，而不是受外在规律支配的摹仿。艺术既非知识活动，也非社会实践，更非道德评判，而是一种独立的精神活动。

克罗齐给艺术下的定义是：美即直觉，直觉即表现，表现即艺术。这个定义的关键是直觉和表现两个概念。直觉就是表现。"直觉"与"表现"是不可分离的同一种东西，凡是不能在表现中把自己对象化的东西，也都不是直觉或表现，精神只能通过制作、构成和表现而获得直觉，舍此别无它法。这就是克罗齐强调的心灵只有借造形、赋形、表现才能直觉，直觉的知识就是表现的知识。表现有多种形式，不限于通常的文字表现，还有非文字的如线条、色彩、声音的表现，表现就是借助这些东西把感觉和印象从心灵的晦暗模糊提升到凝神观照的明朗。假如你有一种直觉，必须极力把它们表现出来，把它们转化成一种美丽的、有声有色的语言，使它们得到表现，证明你有没有一种真正的直觉的东西是看你能不能把它表现出来，"这里有笔，写出来！"

克罗齐拓宽了"艺术活动"的含意，只要有认识活动就有艺术活动，艺术活动的实质就是把各种感觉印象（感触或情感）形式化。艺术的内容就是感觉，就是实用活动引起的各种情感上的激动，它们必须化为具体的意象，成为心灵观照的对象。艺术创造就是化情感为意象，使感触表现于意象，使内容得到可以观照的形式，成为抒情的表现。如果感觉能恰如其分地被意象表现出来，这种表现就是成功的，成功的表现就是美。克罗齐的学说浓缩了现代主义艺术的精髓，艺术不仅是"合目的的形式"，还是创造。他既维护了美学经验与社会的关联，也坚持了艺术的自主性。

第二节　形式的意义

20世纪西方现代艺术在形式上的创新有目共睹，美学家们对于"形式"的阐释也呈现出丰富的面貌，他们的尝试彰显出"形式"这一概念复杂的意味。在西方，"形式"的含义在历史中发展出了某种矛盾的张力，兼具可感知和可理解两义，既有对于外在美的推崇，也包含对于内在精神的张扬，这些含义存在着某种对立性。当代的形式美学理论就是对于这一问题的不同解答。

一、弗莱和贝尔与"有意味的形式"

20世纪形式主义美学的代表人物当数罗杰·弗莱（Roger Fry，1866—1934）和克莱夫·贝尔（Clive Bell，1881—1964）。他们共同提出了"有意味的形式"（significant form）的观点，这种观点由于贝尔的《艺术》一书而获得广泛的影响。

贝尔认为，所有美学体系的起点一定是个人对某种独特情感的体验。我们将唤起这种情感的对象称为艺术作品。这种情感被克莱夫·贝尔称之为审美情感。贝尔认为，必定有这样一种性质，没有它，艺术作品就无法存在，有了它，艺术作品从最低的程度上说就不会是毫无价值的。那么贯穿在索菲亚大教堂、墨西哥雕刻、波斯陶碗、中国壁毯、普桑和塞尚的画等极不相同的艺术作品中的普遍性质到底是什么？贝尔发现，上述每一件艺术作品中，线条和色彩都以一种特殊的方式结合在一起，那些形式和形式之间的联系，都激发起我们的审美情感。他把这些线与色的联系与结合，这些在审美意义上美妙动人的形式，称之为"有意味的形式"。

贝尔这里所说的意味，不是特定的语言意义或是社会意义，"有意味的形式"是一条联系线条和色彩的特殊纽带，它激起了我们的审美情感。

一位批评家能帮助其他人看到艺术中的形式，感觉到由这种形式触发的情感。这些情感是特殊和崇高的：贝尔认为艺术是在"寒冷雪白的山峰"上与形式的一次高贵邂逅，他坚持认为艺术应当与生活以及政治无关。这有点像是当年苏格拉底寻求"美"的某种普遍性特征。

贝尔对当时的艺术教育进行了批评，他所在时代的艺术教育流于知识性，中产阶级在美术馆中寻找标签，记忆人名、年代、风格，学习艺术的标准分类和诠释方法，使得有教养的人期望在作品中发现他熟悉的杰作的痕迹。美术馆里的馆员也热衷于灌输给观众人名、地名和恰当的评论文字。这一切都是庸人自扰，他们都忽略了艺术激发的是人们一种普遍而具有超越性的情感。艺术对于社会的功用，最终和宗教是类似的，艺术和宗教其实是同一种精神的不同体现。

二、卡西尔、朗格与符号论美学

20世纪重建文化的一种重要思路，就是试图建构艺术、语言、神话与宗教之间的合理联系，将这些文化现象纳入到全景中进行整体的研究。德国哲学家卡西尔（Ernst Cassirer，1874—1945）在他的《人论》中提出了著名的"人是符号的动物"，他的学生、美国哲学家朗格（Susanne Langer，1895—1982）则把符号论思想全面运用于美学，他们的理论建立了一个符号论美学体系，在20世纪具有重要的影响。

卡西尔在《人论》一书中力图论证的一个基本思想实际上就是：人只有在创造文化的活动中才成为真正意义上的人，也只有在文化活动中，人才能获得真正的"自由"。因为在卡西尔看来，人并没有什么与生俱来的抽象本质，也没有什么一成不变的永恒人性；人的本质是永远处在制作之中的，它只存在于人不断创造文化的辛勤劳作之中。因此，符号并不是一种实体性的东西，而是人自我塑造的一种过程：真正的人性无非就是人的无限的创造性活动。人的劳作怎样，人的本质也就怎样；人的创造性活动如何，人性的面貌也就如何。科学、艺术、语言、神话等都是人类文化的一个方面、一个部分，因此，它们内在地相互联系而构成了"一个有机的整体"——人类文化。

在卡西尔眼里，人就是符号，就是文化——作为活动的主体他就是"符号活动""符号功能"，作为这种活动的实现就是"文化""文化世界"；

同样，文化无非是人的外化、对象化，无非是符号活动的现实化和具体化；而这一过程的关键则是符号。因为正是"符号功能"建立起了人之为人的"主体性"：文化作为人的符号活动的"产品"成为人的所有物，而人本身作为他自身符号活动的"结果"则成为文化的主人。

对于卡西尔来说，符号世界真正神奇的地方在于其本身的理念，它的目标在于服务于人类精神，这个目标的前提是，世界对于像我们这样的有生命之物来说，并不是理所当然就可以理解的。人类不仅是几乎不受保护地来到这个世界，而且首先是无知无识。于是人类就产生了这样的核心需求：要在思考和行为中，在自己和世界的总体关系中首先找到方向；由此这一核心需求就产生了人们称之为符号的创造。

朗格则在卡西尔的基础上详细论述了艺术作为符号的问题，她指出，既然语言不能完成情感的表达，人类的符号能力，就必然创造出服务于情感表现的另一种符号，艺术应运而生，它必然是一种非推理的形式，遵循着一套完全不同于语言的逻辑。因而艺术就是将人类情感呈现出来，把人类情感转变为可见或可听的形式的一种符号手段。从另一个角度来说，艺术家创造艺术品的同时创造了一个新的审美空间，它独立自存，与人们生活的空间互不联系。在艺术中，人们就是凭借这个与生活空间截然二分的空间幻象进行艺术抽象，抽象出情感概念来，从而对自身的情感进行欣赏与塑造。

第三节　存在主义与现象学

20世纪初在西方社会兴起的存在主义思潮，其观念和态度已经深深地融入现代文化之中，我们甚至已经不将这些习以为常的观念视为某种哲学。随着经济和科技的飞速发展，在极大丰富的消费选择面前，人们开始谈论恐惧、焦虑和空虚，他们感到目眩神迷，应接不暇，但同时也感到自己能够掌控的事情越来越少了。何为自由、何为本真，这些正是存在主义哲学留下的宝贵追问。

一、萨特："可怕"的存在主义

存在主义是20世纪影响最大的哲学流派之一，对于美学与艺术都有着强烈的冲击。让-保罗·萨特（Jean-Paul Sartre，1905—1980），正是法国存在主义的主要代表人物。萨特把现象学应用到人们的生活之中，创建了一种影响深远的新哲学：现代存在主义。

萨特的存在主义是期望、倦怠、忧虑、兴奋的哲学，是山间的漫步，是对深爱之人的激情，是来自不喜欢之人的厌恶，是春天的花园，是深秋时的大海，是拳击比赛、电影、爵士乐或者瞥见两个陌生人在路灯下见面时的那种刺激。他的主题是关于世界的身体感受和人类生活的结构与情绪，一言以蔽之：获得自由意味着什么。

自由，在萨特看来，位于人类所有经验的中心，正是这一点，才把人类与其他事物区分开来。其他事物只能在某处待着，听凭摆布。萨特相信，就连人之外的动物，大多数时候也只是在听从塑造了它们那个物种的本能和习性行事。但作为一个人，我根本没有预先被决定的本性。我的本性，要通过我选择去做什么来创造。当然，我可能会被我的生物性影响，或者被我所处的文化和个人背景等方面影响，但这些并不能合成一张用来制造我的完整蓝图。我总是先我自己一步，边前行，边构筑自身。

萨特把这个原则变成了一句口号——"存在先于本质"（Existence precedes essence）。在他看来，这个信条便足以概括存在主义。不过，它虽有简明扼要之优，可也有不易理解之劣。大概来讲，它的意思就是，发现自己被抛入世界中后，我会持续创造我自己的定义（或本性，或本质），但其他客体或生命形式却不会这样。你可能认为你可以用一些标签定义我，但你错了，因为我始终会是一件正在加工的作品。我不断地通过行动创造自身，这一点根深蒂固地存在于我的人类境遇之中，以至于在萨特看来，它本身就是人类境遇，从有第一缕意识那一刻开始，直到死亡将其抹去为止。我是我自己的自由：不多，也不少。

萨特的存在主义暗示的是，只要你一直努力，那就有可能获得真实与自由。这有多令人激动，也就有多令人惧怕和焦虑，而且二者的原因还都一样。这也是存在主义美学刻画出的现代人们最为真实的感受。

二、梅洛-庞蒂：回到事物本身

20世纪美学的一个核心论题就是对于主观主义的批判：艺术经验引领我们进入一个陌生化的世界，它组织任何人类情感的无度宣泄，促使我们成为自己的陌生人。梅洛-庞蒂（Maurice Merleau-Ponty，1908—1961），法国著名哲学家，存在主义的代表人物，知觉现象学的创始人。梅洛-庞蒂巧妙地在两个通常被认为对立的学科——心理学和哲学——之间达到了平衡。梅洛-庞蒂致力于把它们融合在一起，是为了使二者都能受益。在《知觉现象学》中，梅洛-庞蒂先提到了胡塞尔的概念——我们必须从自己对现象的体验来开始哲学思考——但接着又补充了显而易见的一点，那就是这种经验是通过我们敏感、移动、可感知的身体来让我们意识到的。

在梅洛-庞蒂看来，如果我们不在一定程度上把自己看作孩子，就无法理解我们的经验。我们最初感受到的知觉，是随着我们最初开始主动地去观察、探索世界而发生的，并且现在也仍然与这些经验有关联。我们在学会认出一袋糖果的同时，也知道了把里面的东西吃下去的感觉有多美好。经过几年的生活后，看到糖果，突然想伸手去抓，期待地分泌出唾液，激动和被告知不能再吃后的沮丧，噼里啪啦剥开糖纸时的快乐，糖果鲜亮的颜色，所有这一切都是构成整体经验的部分。在所有感官的通力合作下，知觉会继续这种联觉。我们"看见"一块玻璃是易碎和光滑的，或者一条毛毯是柔软的。正如梅洛-庞蒂写的那样："一只鸟儿刚从树枝上飞走后，我们从树枝的颤动中，看见了它的柔韧与弹性。"[1]

在梅洛-庞蒂看来，哲学家的任务，既不是将神秘化约至一套齐整的概念，也不是肃然起敬地凝视它，而是遵循现象学的第一命令：回到事物本身，去描述它们，努力"精确地去描述那些通常不会被描述的事物，以及有时候被认为是无法描述的事物"[2]。这样的哲学，可被视为一种艺术形式——借此能做到梅洛-庞蒂认为塞尚通过描绘日常物品和场景而完成的事，即拿起世界，把它变成新的后，再放回去，而它除了已经被仔细观察过之外，几乎毫无变化。在一篇优美的散文中，他这样谈论塞尚："对于这位画家而言，情绪只可能有一种，那就是陌生感，抒情也只可能有一种，那就是对存在不断重生的抒情。"[3]

---

[1] ［法］梅洛-庞蒂.眼与心［M］.刘韵涵，译.北京：中国社会科学出版社，1992：49.
[2] ［法］梅洛-庞蒂.眼与心［M］.刘韵涵，译.北京：中国社会科学出版社，1992：68.
[3] ［法］梅洛-庞蒂.眼与心［M］.刘韵涵，译.北京：中国社会科学出版社，1992：87.

三、海德格尔：艺术与真理

在 20 世纪西方美学的发展中，主体性的消逝是一条若隐若现的暗流。海德格尔（Martin Heidegger，1889—1976），著名德国哲学家，他的美学理论突破了以黑格尔为代表的西方传统艺术观，具有很大价值。海德格尔指出艺术是人的作品，是人制作的。这有两个意思，一方面人的作品是为人所用，符合人的目的的；另一方面，人的作品从其物质材料来看，又是自然的过程，它来自物质世界，归于物质世界，永远附着于这世界。前者是我们生活的"世界"（Welt），后者是我们生活的"大地"（Erde），艺术作品就是这两方面斗争、综合的成果。按海德格尔的意思，在艺术作品中，被遮蔽着的"石头"的种种特性显现了出来，成为真正的石头，"大地"发出了自己的光辉。是人的"工作"（艺术的制作），使石头本来的面貌显现出来，"美"是"真"的闪光，"美"与"真"在现象学存在论的层次上获得了统一。

海德格尔所说的希腊神殿所敞开的"世界"，就是以石之"自我隐蔽"性为背后的根源和背景而显现出来的，也就是说，"世界"是隐蔽的东西的显现。海德格尔的艺术观和真理观告诉了我们，事物只有放在它所隐蔽于其中的背后根源和背景里，才能显其真实性。不同于科学技术按主客式把事物当作主体以外的客体、对象而加以认识，艺术则是把人看成寓于世界、融于世界的整体，因此艺术品能敞开一种活生生的、富有意义的真实世界，科学技术所得到的则只能是些抽象的东西，而不是事物的具体性和真实性的显现。

由此可见，在艺术品中，所谓把隐蔽的东西显现出来，这里所说的显现，不是指把隐蔽的东西简单地变成知觉中出场的东西。如果对显现作此种理解，那就不是显现了隐蔽性而是取消和破坏了隐蔽性。例如在梵·高的画中，农妇的艰辛的步履和单调的田垄等等并未出场，它们保留了其在背后的隐蔽性，却又通过出场的农鞋而在想象中显现出来。想象不同于知觉：知觉可以使隐蔽的东西失去（取消、破坏）其隐蔽性而简单地出场；想象则是使隐蔽的东西保留其在背后的隐蔽地位或隐蔽性而通过在场的东西显现自身。这也就是为什么只有艺术的想象才使人玩味无穷的道理。

四、杜夫海纳：审美经验现象学

杜夫海纳（Mikel Dufrenne，1910—1995），法国美学家，现象学美学的主要代表之一。杜夫海纳的理论出发点是要论述审美对象与审美体验之间的相互关系：审美对象与审美经验是不可分的，审美经验如果离开审美对象也没有意义。审美知觉就是能把艺术作品变成审美对象的知觉，艺术作品的使命就是在欣赏者审美知觉的积极参与下，能够超越自己而成为审美对象，从而能独立地获得它的丰富性。审美对象的知觉特征可以通过考察艺术作品的物质特性而显示出来。每个艺术作品都需要物质材料作为基础，如颜料、声音、石头之于绘画、音乐、雕刻，物质材料的组合使艺术作品成了一件物质性的东西，只是在此基础上，艺术作品才存在下来。但欣赏者在感觉作品时，注意的并不是这些物质材料，而只是由这些材料转变成的色彩、音符、造型等所构成的特殊形式。

审美对象不只是自在-自为的对象，它是一种为我们而存在的自在-自为的对象，它的存在就是为了被欣赏者所知觉。审美对象的存在方式既不是观念性的意义，也不是纯意向对象，而是一种感觉的对象，它是一种只能实现在知觉中的感性事物的存在。所以审美对象之为我们存在不是因为它被预定要取悦我们，而是因为它需要我们去观照它，我们作为它的欣赏者就是它的本质的见证。更重要的是，审美对象需要我们去完成它，它只有在欣赏者的意识中才能完成。为此，我们不能处于消极被动的状态，而应积极参与，甚至达到忘乎所以的程度，像叔本华说的那样"自失于"对象之中。需要说明的是，在此相互关系中，起决定作用的仍然是审美对象，仅仅是为了使人的情感中的理性能够得到发泄，并通过人去进行表达，客观对象才需要人，以便使情感可以去使它自己现实化，并发现它的意义，而人是实现这一过程的工具。

杜夫海纳的现象学是经过存在论洗礼后的现象学，在哲学上他自觉吸收这个学派中从胡塞尔到雅斯贝斯、梅洛-庞蒂、萨特等人的诸多思想，表现出综合贯通的特点，使一些被海德格尔忽视的问题重新显得重要；在艺术上，他扩大了传统艺术哲学的范围，提高了音乐、舞蹈、戏剧等表演艺术在美学理论中的地位，使欣赏者的意义得到强化。

第四节 社会批判理论

20世纪是一个社会政治风云动荡的世纪，美学家们不仅将美与艺术视为社会政治具体而微的写照，更将其当成批判社会的有力工具，甚至是混乱现实中唯一的幸福承诺。在这个时期，法兰克福学派的社会批判理论尤为深刻，它拒绝把文化现象还原成阶级利益的意识形态反映，正如阿多诺所说，批判的任务并非去寻找承受文化现象的利益集团，而是去辨认总体的社会趋向，文化批判应该成为社会的观相术。

一、本雅明：机械复制时代的艺术品

瓦尔特·本雅明（Walter Benjamin，1892—1940），犹太学者。出版有《发达资本主义时代的抒情诗人》和《单向街》等作品。有人称之为"欧洲最后一位文人"。本雅明的一生是一部颠沛流离的戏剧，他的卡夫卡式的细腻、敏感、脆弱不是让他安静地躲在一个固定的夜晚，而是驱使他流落整个欧洲去体验震惊。

瓦尔特·本雅明在《机械复制时代的艺术作品》（1935）中探讨了现代艺术的各种问题。这篇著名的随笔将古典与现代绘画体验并置在一起。发生在宗教背景之下的与绘画的前现代相遇，沐浴在一种"光晕"（Aura）之中：旁观者认为作品是独一无二的，是真实的，是超越创造它的技术的鲜活象征，并且植根于一种显而易见的传统。复制这一作品的技术能力——想象一下毕加索的画作变成一个普通人装饰墙壁的招贴画——剥离了它的光晕、独特性、真实性及其在固有传统中的底色。现代艺术是一把双刃剑，光晕的丧失一方面会强化资本主义社会的异化感和文化工业的吸引力，这些会给人们提供一种虚幻的归属感。但光晕的丧失同样也可以使艺术品产生一种批判性反思或本雅明所说的"高度的冷静"。随后出现两种可能性：观众或者屈从于情感操纵，用一种扭曲现实的虚假艺术尝试来麻醉自己，或者利用批判性思考培养自己独立的存在意识与政治意识。

在电影刚刚兴盛的时期，本雅明就敏锐地意识到它对传统艺术的强大破坏力，和它与生俱来的独特魅力。电影扩展了对客观世界的表现空间。通过慢镜头扩展了时间，特写镜头使人们有意识穿越的空间被无意识穿越的空间所取代。电影的体验形式是与现代人的心理机制密切相关的。它是

本雅明"震惊体验"的表现方式之一。人们在电影院一起观看一部电影，在这种同时性接受过程中，个人的态度受到集体态度的制约。因为艺术对大众是有要求的，由于接受者的水平不同，观察者的态度也不同，对艺术品的共时性接受促成了大众意识的兴起。

二、马尔库塞：单向度的人

现代工业文明的勃兴，建立了一个全新的社会秩序。赫伯特·马尔库塞（Herbert Marcuse，1898—1979），德裔哲学家和社会理论家，法兰克福学派的代表人物。马尔库塞承接了欧洲百年以来的人文主义传统，致力于思考新兴工业文明威胁和扭曲人性的各种后果，这个关怀是他一生思考的主题。

马尔库塞的这个主题很生动地反映在《单向度的人》这一书名中，何为"单向度的人"？单向度的人即是眼中只有现存世界的人。由于弗洛伊德的启发，马尔库塞对个体的心理学有了深入的研究。他的批判理论有一个独特之处，即现代社会以新的控制形式（福利制度、大众文化）成功地改造了人类的需求结构和无意识心理。现代人是单向度的存在：他失去了否定、批判和拒绝的维度，只有服从、认同和肯定的单向度。因此，心理结构和日常意识的转变是任何革命的前提。只有那些支撑现有秩序的心理基础被动摇，压制性、欺骗性的思想体系被打破，社会改革的可能性才能成为现实。马尔库塞恢复了美学作为一门感性科学的意义，并将艺术的革命性理解为创造新感性的实践功能：今天的抵抗与解放是以一种新的方式看待、倾听和感受事物。

艺术的批判性功能包含在审美形式中。所谓形式，就是把一个给定的内容（即真实的或历史的、个体的或社会的事实）转化为一个自成一体的整体（如诗歌、戏剧、小说等）。现代艺术通过想象和改造来对抗和突破现实。它"改造经验对象"和"改造经验"，即改造主体的感性结构，释放主体经验的有限审美力量。例如，现代"反艺术"运用句法的改变、词的碎片化、无调式的音乐，使人感受到解放和创造的力量。艺术语言决不是工具式的语言。只有在对现实的疏离与超越中，才能彰显其诗意。因此，只要艺术有着技巧和形式上的自发创新，它就是革命性的。

马尔库塞拒斥的是一种庸俗的"幸福意识"，他试图借助艺术的力量来建立一种与此形成对比的"忧烦"意识，这一术语出于黑格尔的《精神现象学》，指一种对现状不满和对超越渴求的灵魂，只有这种意识才能让我们感到"超越"的可望而不可即，发现世界的割裂和冷酷，因而马尔库塞的美学思想与强烈的政治诉求实际上有着内在的联系。在这个商业化的世界和压抑的社会中，马尔库塞的理论揭示了拥有另外一种生命形式的可能。

三、阿多诺：美与幻象

西奥多·阿多诺（Theodor Adorno，1903—1969），德国哲学家、社会学家、音乐理论家，法兰克福学派第一代的主要代表人物，社会批判理论的理论奠基者。

阿多诺和霍克海默在两人合著的《启蒙辩证法》一书中，主张用"文化工业"来代替"大众文化"来表示现代大众传媒及其传播的流行文化。阿多诺认为，文化工业的产品不是艺术品，而是商品，它从一开始就是作为市场上销售可以替代的项目被生产出来，其目的是为了交换和实现商业价值，而不是为了满足人的真正精神需要。概括而言，文化工业这个批判性的概念包括两个层面：其一，文化工业以艺术为名，兜售的其实是可以获取商业利润的文化商品，使大众的闲暇时间变为另一种可以被剥削的劳动；其二，文化工业具有浓厚的而隐蔽的资本主义意识形态控制力量，在人们忘乎所以地享受文化快感时，隐蔽地操纵了人们的身心乃至潜意识活动。大众文化或者说文化工业，是一种控制变得更加密不透风，使社会统治秩序变得更加坚固的"社会水泥"。这个概念暗示了大众文化的本质属性，表明其只不过是商品生产和消费体系的产物。

在阿多诺看来，美学与艺术分离的时代已经过去。现代美学必然是有关现代艺术的哲学话语，正是在艺术中，展示了被现代社会所摧残的人类的真实理性，哲学要否定既存现实拯救这个被摧残的人的真实的理性，必须借助于艺术来进行，艺术作品那逐渐展开的真理性恰恰就是哲学概念的真理性。从而哲学也承担了艺术的功能。

当哲学成为对现代艺术的理论反思时，它就是美学。阿多诺认为美学不是一门实用哲学，而是其本身就是哲学性的。不像传统美学那样依存于概念演绎，也不像现代实验美学那样注重对审美反应的归纳和分析，现代美学从现代经验出发，通过反思而用领悟性的概念去把握现代艺术的内涵，它不屈从于对现代艺术经验的定量分析，而专注于对现代艺术经验的定性反思，用理论或概念形态去解说作品所传达的真实。美学就是对艺术作品的哲学领悟。形式与内容、反思与经验、技术与灵感、乌托邦幻想与现实历史的否定之间的冲突都融入艺术作品之中。艺术作品因此是冲突张力的"力场"。

本章小结

美学在当今社会遇到的困难在于，它所研究的情感、体验、趣味、风尚、无功利性和共通感等问题，现在已经无法在公共观念中获得真正热烈而诚恳的反响了。美学对于善的追求，在现代往往会转向某种享乐与宣传的工具，这与康德倡导的自由与自律的美学观念恰好背道而驰。很多美学家在20世纪前期就预见到的西方审美文化自我解构的苗头，到了现今发展得更为惊人了，在人类取得的科技与经济的飞速进步之下，的确隐藏着人类心灵的巨大危机，美学与艺术的衰落正是这一危机的体现。如何阻止这场危机的步步加剧，这需要当代的艺术家、批评家、观众读者以及更广大社会共同的努力。

第八章 语言学转向：西方美学的新发展

二战对于英美哲学与欧陆哲学造成了截然不同的影响，人们意识到，按照绝对的逻辑确定是非真假，可能助长思想上的独断僵化，真理并不在于玄而又玄的独断玄思，而在于日常语言的运用和交流阐发，普通人的意见才是意义的标准所在。在这样的文化氛围影响之下，西方美学也开始出现"语言学转向"，不再热衷于对艺术及其精神的激进探索，而是联系审美现象、审美态度以及审美行为在特定环境中的功能和效用，对之进行描述、解释与分析，由此开启了西方美学的新阶段。

第一节 维特根斯坦

奥地利哲学家维特根斯坦的思想可以说是一战前欧洲古典文化的最后余晖：在这种文化氛围中，思想家一方面致力于逻辑分析的精确性，另一方面又关注语言的诗化象征，这两方面特色各有不同，但又交相辉映，烘托出一个发人深思的观点——每个人的语言、情感、表达，乃至每个人自身的存在状况，这一切都与自己身处其中的文化存在着一种内在联系。

一、家族相似

路德维希·维特根斯坦（Ludwig Wittgenstein，1889—1951），犹太人，哲学家，出生于奥地利维也纳省，逝世于英国剑桥郡，享年62岁。维特根斯坦是20世纪最有影响力的哲学家之一，其研究领域主要在数学哲学和语言哲学等方面。

维特根斯坦在《哲学研究》中探讨"思维"和"理解"这些关键概念，他主张理解有许多种类，其间的联系不是由于共同具有一组本质上的或界定性的特点，而是由于有一种被他称为"家族相似"的一般性类似关系：

"看一看……我们叫做游戏的那些活动。我是指下棋、玩牌、球赛、奥林匹克竞技等等。它们共有的东西是什么？——不要说：一定有某种它们共有的东西，否则它们就不会都叫做'游戏'，而是要观察并确认一下是否有某种它们都共有的东西——因为如果你观察它们，你不会看到某种它们共有的东西，而只看到一些相似、一些关系以及整个一系列相似和关系。……这种考察的结果是：我们看到一个由部分重合和交叉的相似性组成的复杂网络……我想不到有比'家族类似'更能刻画这类相似性的表达式了；对于一个家族成员之间的各种不同的类似性来说：体格、面貌、眼睛颜色、步态、脾气等等都以同样方式部分重合和交叉着。——我要说，'游戏'构成了一个家族。"①

维特根斯坦的家族相似理论想点出的要害恰恰就是语言并没有可用一种整体理论来发现和阐明的单一本质。为了理解语言的运作，我们必须首先认识语言的不同和多样性——"我不去寻找某种为我们所说的语言所共有的东西，我讲的是这些现象并没有一种共同的东西可以让我们用相同的词去称呼它们全体，——但是它们却以各种不同的方式互相关联着"。②

维特根斯坦说："理解一个句子意味着理解一种语言。理解一种语言意味着掌握一种技能。"③这就是说，"理解"乃是知道怎样做某件事情；就语言来讲，理解语言意味着知道怎样使用语言。这样看来，理解、意义和使用之间有着紧密的关联。维特根斯坦的这一理论对于当代美学的影响非常深远，由此直接导出两个推论：第一，反对艺术和美感的个人化——这意味着我们无法表达；第二，艺术欣赏、评论和创作被视为一种技能，其意义是某种外界标准——人们从事的活动，人们的行为方式——来确认和衡量的东西，因而是某种公开存在于公共领域的东西，远远不是在个人精神生活内部或者属于私人的东西。

---

① [德]维特根斯坦.哲学研究[M].汤潮等,译.北京：生活·读书·新知三联书店，1992：45.
② [德]维特根斯坦.哲学研究[M].汤潮等,译.北京：生活·读书·新知三联书店，1992：46.
③ [德]维特根斯坦.哲学研究[M].汤潮等,译.北京：生活·读书·新知三联书店，1992：25.

二、语言游戏

维特根斯坦关于语言的论述借助于遵守规则这一观念,即认为理解语言的意义就是遵守表达式在不同"语言游戏"中的用法。在维特根斯坦前期的《逻辑哲学论》中,在全部语言之下有一种单一的、严格一致的演算法;而在他后期的《哲学研究》中则有许多不同的语言游戏,其"语法"可以直接从具体语境中加以考察。

维特根斯坦"语言游戏"的理论产生了两个值得思索的论点。一个论点是人们在遵守规则时感觉受到规则的指导和强制;规则似乎在告诉人们去做什么,似乎在支配人们的活动。

一个则正好相反,认为遵守规则并非一种内心活动,某种隐蔽的东西,而是一种公开的事实;当某人看见一个路标并照其指示方向行走时,他并不是在内心遵守一条规则,然后——作为按照因果关系紧随"内心"的指引,遵守这第一步之后的第二步——再按照规则行事;他选择路标所指示的方向只是由于他遵守相关的规则。因此遵守规则根本不是一种神秘的活动;遵守规则在我们的实践中显示自身,它是明摆着的。为了理解规则和遵守规则,我们只需提醒自己注意在所有我们的合乎规范的行为(下象棋、照食谱烹饪、做算术等等以及在所有各种不同类别的语言游戏中使用语言)中所熟悉的东西。遵守规则本质上是一种社会实践,即某种存在于社会群体之中的事物,并认为建立我们所遵守的规则的正是存在于社会群体当中的共识。

维特根斯坦的理论有一种独特的张力,一方面他诉诸数学逻辑语言及其完全抽象的符号,这种语言建立在绝对的明确性和毫无歧义的基础上;另一方面,维特根斯坦的语言生动,充满诗意,借助种种的隐喻来进行暗示。维特根斯坦作为作者在逻辑计算结构和抽象的符号关联方面受过深度训练——他曾经在柏林和曼彻斯特学习工程学,以及尤其在剑桥跟随罗素学习数理逻辑。但同样,他的作品充满了形而上的玄思,尝试通过隐喻、图像和托寓的诗意方法来与他人进行精神上的沟通。

第二节　沃尔海姆

理查德·沃尔海姆（Richard Wollheim，1923—2003）是20世纪英国著名美学家，曾任"英国美学协会"主席，他的思想对英美分析美学的发展有着重要的影响。沃尔海姆早年在牛津接受了充分的分析哲学教育，并深受维特根斯坦语言哲学的影响，因而能够将分析哲学的基本方法应用于艺术哲学和美学领域，同时结合了心灵哲学与精神分析的方法与思路，由此构建出完整而新颖的理论体系。

一、生活形式

维特根斯坦在前期《逻辑哲学论》中的立场是：语言可以发现世界独一无二的本质，一种单一的深层逻辑，我们可以通过对语言和世界两者之间的"图像映示"关系做出描述而了解世界的深层结构，而他在后期作品《哲学研究》的论点则通过"生活形式"这一理论对自己早年的观点进行了明确否定。维特根斯坦说，这个世纪不是只有一种"语言逻辑"，而是有许多种"语言逻辑"；语言不具有单一的本质，而是由各有其自身逻辑的实践组成的广大集合。

意义并不存在于字词与事物之间的指示关系，或者命题与事实之间的对应关系；语言的意义不如说就是多种多样的语言实践中的用法。进一步说，语言并不是某种完备而独立的东西，语言就交织在人类全部活动和行为之中，由此语言的许多不同用法乃是通过我们的实际事务、我们的工作以及我们彼此之间的交往才获得内容和意义的——一句话，语言是一种各种"生活形式"结构中的一个组成部分。

生活形式的概念是同维特根斯坦所强调的语言在本质上的公共性质紧密相关的；维特根斯坦反对将意义和理解都视为心灵"内在的""隐蔽的"状态或过程。他就此提出一个著名的观点——"私人语言并不存在"，其要点是说不可能有一种由单独一个人发明且只能为其所理解的语言。从笛卡尔开始的西方哲学传统中，人们总是认为一切知识和解释的起点都在于对我们自身的经验和心理状态的直接感知。所以笛卡尔的出发点是"我思"，认识到这一点保证了"我在"；而经验论者则认为正是我们的感官经验和对经验的反思提供了我们相信外界事物和其他心灵存在的基础。但对于维特根斯坦来说，讲一种语言就是参与一种生活形式；而共同参与一种生活形式就在于接受共同参与这种生活形式的训练；这种训练显然必定在公共的场合发生，否则它就不是一种共同参与赋予语言以意义的生活形式的训练了。由此可知，"私人的"经验与我们用来讲述它的语言实际上都不是私人的；即便使用有关疼痛、心情以及其他等等的表达式有而且必须有公共的标准。

沃尔海姆在《艺术及其对象》中明确提出："艺术就是维特根斯坦意义上的一种生活形式。"① 受维特根斯坦影响，沃尔海姆认为语言与经验是相互联通的，所谓"生活形式"，即是语言与习惯、经验与技术的复合体。在这一意义上，艺术与语言有着很大的相似性。

沃尔海姆从"生活形式"与艺术的内在联通关系来规定艺术本身，因而最终走向了历史主义的艺术观，他试图从语言和历史的双重角度来阐释艺术问题：一方面，艺术品的产生有其历史背景，另一方面，艺术在某种程度上又具有自发性、原创性和表现性。沃尔海姆从这一角度弥补了早期分析美学对于历史视角的忽视。

二、"看进"理论

在《艺术及其对象》中，沃尔海姆提出了著名的"看进"理论，他首先指出，我们在欣赏绘画时具备了某种双重意识，一方面注意到绘画的表面色彩、线条和构图，即其再现的方式，另一方面又将绘画视作再现的某物。沃尔海姆认为，这一审美体验实际上展现了个人经验中自然与文化的区分与融合。这种"双重意识"解释了人们对于绘画艺术的欣赏和鉴别方式的问题，既包含了创作的时代背景和画家本人的脉络，同时又联接了欣赏者的时代和文化背景。这一视觉理论在西方美学中很具有创新色彩。

沃尔海姆受到了维特根斯坦的启发，如此解说"看进"这种审美行为："'看进'并非仅是在视觉上对眼前对象感到好奇的行为，它是一种特殊的视觉经验的修养。"② 沃尔海姆举了达·芬奇的例子，在《画论》中达·芬奇劝告画家们从受潮的墙壁、奇形怪状的石头上发现奇妙的景致、

---

① [英]沃尔海姆.艺术及其对象[M].刘悦笛，译.北京：北京大学出版社，2012：23.
② [英]沃尔海姆.艺术及其对象[M].刘悦笛，译.北京：北京大学出版社，2012：56.

战斗的场景和人体形象。这一举动并非是单纯的视觉行为,同时蕴含着观看者对这一行为的理解和信念,以及他们各自的文化熏陶,等等。沃尔海姆通过这一事例指出了视觉经验包含着更加灵活、更具包容性的交流能力。

"看进"意味着我们不能限定自己观看的方式,我们欣赏画作、提炼形象,这些审美经验是复杂而丰富的,不能片面地强调某个方面而牺牲另一方面。沃尔海姆在《绘画作为一种艺术》中写道:"在一面有污迹的墙上看到一个男孩,我可以全神贯注在这些污迹上,观察它们是如何构成的,并观察它们所包含的材质与色彩,以及它们如何装饰或遮蔽了墙的纹理……我也可以朦胧地只意识到那男孩。经验的一方面涌现而出,而另一方面则消退。……但'看进'的经验会一再重申他自身,这就是它的引力。"[1]沃尔海姆一方面强调视觉经验的文化语境,另一方面又肯定视知觉具有一种更加基础的直接感知能力。这两者结合在一起,共同构成了我们的审美体验,由此沃尔海姆构建出了一种颇具新意的视觉再现理论。

第三节　丹托与迪基

20世纪现代艺术的种种激进实践,很大程度上已经完全改变甚至破坏了传统审美文化,反过来艺术本身亦受到这种破坏的影响。美国哲学家丹托与迪基可以说是最早意识到波普艺术的出现改变了艺术作品地位这一事实的两位先驱。他们指出,仅仅将事物定义为艺术品,这一角度是不充分的,还必须要沉浸于某一种艺术理论所出现的氛围之中,深入到"艺术世界"的社会历史语境之中。这样方能够确定这一事物的艺术价值与地位。

一、艺术界

阿瑟·丹托(Arthur Danto,1924—2013),哥伦比亚大学哲学教授,当代著名美学家。丹托尝试在现代社会的文化语境中回答一个古老的问题"艺术是什么",丹托指出不管特定文化将什么东西从理论上定义为艺术,

---

[1] [英]沃尔海姆.艺术及其对象[M].刘悦笛,译.北京:北京大学出版社,2012:112.

什么东西能够成为艺术取决于一个特定时代的文化背景。丹托设想出，所有文化中都有一种"艺术世界"，人们在这一领域中对艺术进行了"理论概括"。丹托最基本的观点就是，人们能够赋予某种产生美感的物品以意义，并且用系统的理论将之进行阐释，这些行为与理论就构成了所谓的"艺术界"（artworld）。

现代艺术家安迪·沃霍尔的著名作品《布里洛盒子》对丹托产生了重要影响。1964年，波普艺术的倡导者安迪·沃霍尔在其首次个展上展出《布里洛盒子》（*Brillo Box*），它们或单独或堆积放置，看上去和商店里印有"Brillo"商标的肥皂包装盒并无不同。丹托由此问道：为什么沃霍尔的盒子被视为艺术品，而商店里那些同样的肥皂盒却只是普通的实用物件？

受到《布里洛盒子》的启示，丹托在当年的《哲学杂志》发表了著名论文《艺术世界》。在他看来，确定一件物品是否是艺术品，"需要眼睛无法辨别的某种东西——一种艺术理论氛围，一种艺术史的知识：一个艺术世界"①。丹托指出：艺术家展出某种作为艺术的东西，艺术世界应该为他提供一种背景性的理论。这种"理论"不是艺术家头脑中的一种思想，而是社会和文化背景中某些可以让艺术家和观众都能把握的东西。沃霍尔的创作形态在古希腊、中世纪或19世纪的德国是不可能成为艺术的，但现今的商业社会使之成为可能。沃霍尔通过《布里洛盒子》证明：如果给予适当的环境和理论支持，任何东西都能成为一件艺术作品。因此，丹托指出，一件艺术品的实质是体现一定意义的物品，"如果没有一种阐释将它如此这般组织起来，任何东西都不能成为艺术品"。②

丹托强调，在人类历史上，艺术家依靠千差万别的艺术理论创造了各种艺术品，并赋予这些作品文化与历史上的背景及意义。艺术家正是在丹托所说的"艺术世界"背景下发挥作用，在这个"艺术世界"中，一系列的机构将艺术家与社会、历史和经济环境下的公众联结起来。他们通过各种公共的渠道创造和传播艺术知识：展览、表演、出版。艺术家将各种观念、思想与情感传递给观众，反过来观众也需要能对艺术作品做出阐释。

"阐释"就是给一件艺术作品提供合理的解释。优秀的阐释理由充分、

---

① ［美］丹托.寻常物的嬗变［M］.陈岸瑛，译.南京：江苏人民出版社，2012：5.
② ［美］丹托.寻常物的嬗变［M］.陈岸瑛，译.南京：江苏人民出版社，2012：21.

关注细节、让人信服，因为它们反映了社会文化的共同标准。专家的阐释对于艺术交流的成功与否起到了关键作用，它同时也在艺术家的教育和训练方面发挥着重要作用。阐释和批评性的分析有助于解释艺术，但这样做并不是要告诉观众去思考什么，而是为了使我们自己更全面和深入地观看艺术作品。

二、艺术惯例论

丹托的《艺术世界》问世之后，一石激起千层浪，引发了文化界的激烈争论，美学家乔治·迪基（George Dickie，1926—2020）由此提出了"艺术惯例论"。根据这一理论，艺术是"任何人造物品……它已经被授予一种身份，可以被某个人或者代表某一社会机构（艺术世界）的人所欣赏"。[1] 这意味着像"布里洛盒子"这样的物品如果被博物馆或者画廊的负责人接受或者被收藏家购买，那么它就已经被命名为"艺术"了。

迪基认为一件艺术品需具备两个基本条件：其一，一件人工制品；其二，某个人或某些人代表了社会文化（艺术界）授予它作为艺术的被欣赏地位。迪基援引丹托，将艺术品置于"艺术界"的惯例下，获得对艺术品的价值判断和鉴赏。

迪基的艺术惯例论对于一些让人难以理解的现代艺术有着强大的解释力。例如杜尚著名的《泉》，在迪基看来，洁具店老板摆出一个小便池，和杜尚预谋在展览中摆出一个小便池，二者之间的差异是一种惯例上的差异。洁具店老板摆出小便池，是为了提供给潜在的消费者，同类型的行为在整个商业世界中随处可见，已经成为生产者、经销者和消费者之间的某种共识和默契——正常人不会去洁具店"观看展览""欣赏艺术品"，而只会去挑选商品。在类似的意义上，杜尚预谋在独立艺术家协会的展览上摆出小便池，是为了让来看展览的观众和同行们看到。只不过，杜尚搞了一个恶作剧，在观众原本打算来欣赏一件艺术品的地方，有意摆放了一个小便池。

这里我们可以看出，迪基"艺术惯例"与丹托"艺术世界"的差别所在，迪基强调艺术是由不同角色的人群及其实践活动和传统组成的（按照

---

[1] ［美］丹托.寻常物的嬗变［M］.陈岸瑛，译.南京：江苏人民出版社，2012：36.

迪基的描述，其核心角色分为制作者、展示者和接受者三类）；而丹托的"艺术世界"，是由一系列的解释系统、范例以及作品之间的互文关系构成的（按照丹托的理解，最核心的部分是创作的理据和艺术史的脉络）。

虽然丹托与迪基互不认同，有过数次争论，但实际上"惯例论"与"艺术世界"其实都是一种文化语境论，它们强调艺术是一种文化现象而并非审美现象。艺术品之所以被公众所接受，因为它服从了一定的惯例，符合公众对艺术品的一般期待，能够从文化上进行某种理论阐释。正如迪基所说，当艺术品是稀奇古怪的时候，我们就不得不把自己的注意力从它们的表面性质转移到作品本身及其社会环境上来。从迪基和丹托的争论中，我们仍然能看到维特根斯坦的哲学对于20世纪思想的深远影响。

第四节　古德曼

20世纪美学思潮的一大特质就是美学具有了更多认识论意味，艺术的认知价值恰恰在于我们并不是在处理真实情感，而是在处理对于真实情感的象征性再现这一事实。科学与艺术都是一种无功利的追求，两者拥有相近的象征体系，更为重要的是它们都展示了一种根本性的认识论特质。

一、艺术语言

纳尔逊·古德曼（Nelson Goodman，1906—1998），美国语言哲学家、美学家。古德曼的《艺术语言》是分析美学中非常重要的作品，被誉为"分析美学第一书"。古德曼一方面受到了维特根斯坦语言哲学的影响，但又没有拘泥于维特根斯坦的体系中，他试图用一种符号理论来研究美学，将艺术作为符号进行解释。古德曼澄清了"再现""例示""表现"等艺术符号表达形式的不同，并通过"密集""充盈""例示"等概念来界定"审美征候"，这种思路是十分新颖和有创造性的。他坚持"情感-认识"二分传统的失效，认为审美本质上是一种认识活动，情感可以帮助人达到认识，这一点突破了传统美学的主流观点，非常值得我们思考。

古德曼的美学是一种哲学美学，他吸收了卡尔纳普逻辑实证主义的影响，立意于构筑一个艺术的理论体系。古德曼尽力拒斥不必要的、虚幻的语词内容，致力于分析语词在系统中最基本的意义。古德曼的努力与卡尔纳普比较相似，他把自己对于艺术语言的构造称为"编制地图"，借助一张地图，某一地区的大致地形也就能够为人所掌握了，不过这张地图只能展示地形和地区接壤的关系，地区中具体的一草一木就没法准确获知了。因此古德曼做的实际上是一种减法，将附加在艺术种种概念上的繁杂内容剥离掉，最后得到的是一种明晰的"简单性"。

古德曼认为，艺术的首要目的是自在而自为的认识。艺术之目的是为了理解，为了发现，为了表达。因此古德曼建议，符号表达的价值应该根据它是否能服务于认识的目的来判定。因而我们在鉴赏和评论艺术时，要着眼于艺术在把握、探究和显示世界上的工作方式，研究艺术如何进行分析、归类、安排和组织；理解艺术如何参与知识的制作、处理、保持和改造。

但如果这样界定，艺术到底还有没有优劣之分，趣味还有没有高下之别？古德曼认为，任何符号活动通过其属性的特殊汇聚，使这种特殊的现象具有审美的价值。

古德曼认为对优劣和趣味问题的过分关注，是造成美学扭曲的主要原因。我们说一件艺术作品是好的，并没有提供什么准确的信息，只是表达一种含混的情感。艺术作品也不是赛马，其首要目的并不是选出优胜者。审美判断只是发现某种特性的求知手段。审美经验则是我们理解世界的一种独特方式。

二、再现体系

由独特的语言哲学入手，古德曼考察了所谓"艺术再现现实"的含义："没有任何东西在本质上就是再现；作为再现的身份是与符号系统相关联的。只要一个系统是密集的，那么这个系统就是再现的；只要一个符号属于一个彻底密集的系统或者属于一个部分密集的系统的密集部分，那么这个符号就是一种再现。对再现概型所要求的东西只是它为字符规定一个密集的次序，也就是说其字符规定是密集地安排的。"[①] 这段让人费解的话实际上表明了古德曼的美学和艺术观，他认为所谓的艺术都是相对的，其

---

① ［美］古德曼.艺术语言［M］.褚朔维，译.北京：光明日报出版社，1990：3.

再现的功能是基于其身处在某一特定文化或个人的系统，因而艺术的基准不在于它包含了什么意义和信息，而在于它如何密集地发出信息。这就是艺术再现现实的模式。

《艺术语言》的最后部分，古德曼回答了"何为艺术"的问题。他指出，只有某一对象在担负符号功能时才成为艺术作品，所以一个对象在某些情况下可能是一件艺术作品，而在另一些情况则不是。比如杜尚的自行车轮，当它在五金店的时候，一般不是艺术作品；当它在一个艺术博物馆里陈列出来的时候，它便可能是艺术作品。只有在物品担负着象征性功能，具有某种特征性的时候，它才担负起艺术作品的功能。古德曼提出了几种"征候"作为具有象征功能的确定和表示，它们也是艺术符号的特征：

第一，句法密集，就像多幅苏格拉底的画像都在描绘苏格拉底一样。

第二，语义密集，当符号被提供给在某些方面具有最细微区别的事物时，就是语义密集性。

第三，句法充实，与之相对立的是句法的稀松性。当一个符号在许多方面都是有意义的时候，这样的符号就是充实的。一幅画是充实的，因为它的所有特征都是重要的，而一张交易所行情图表却是稀松的，因为它只有一根标志行情起落的曲线才是重要的。

第四，例证。例证就是用具有特征的实例说明普遍观念。比如，对法国人来说，画好的嘴唇就是对红的例证；对柏拉图来说，苏格拉底就是对理智性的例证；对中国人来说，诸葛亮就是智慧的例证。

古德曼提出的这些审美征候实际上也只是一些暗示，是联系在一起时倾向于表现在审美经验之中的征候，并非无可怀疑的"艺术真谛"，相反只表示艺术的一些可能性。通过这些极其细致的语言分析，古德曼也简要地阐述了一些基本的美学问题：1. 在审美经验中，感情并非是绝对必要的，感情也许担负某种功能，但此种功能也并非决定性的；2. 艺术作品的杰出与否，实际上对于美学是一个毫无意义的问题。古德曼冷静而深刻的观点就此也可以提炼出来了：审美与艺术的独到之处只在其特定符号体系中体现出的某些特殊属性，而任何玄而又玄的修辞与狂热情感只能将审美与艺术引入歧途。

第五节　韦尔施与舒斯特曼

与前文所述的认识论美学相对,当代美学的另一思潮则是致力于研究日常生活语言的特殊性问题,考察它们被用于审美语境时的情形。在他们看来,语言在审美过程中的使用,并非取决于规律与程式,而是依赖于评价者的趣味与感觉。在这一氛围下,催生出诸如"日常生活审美化""身体美学"等一反传统的美学观念。

一、日常生活审美化

沃尔夫冈·韦尔施(Wolfgang Welsch,1946—　),当代最知名的德国哲学家之一。作为"日常生活审美化"理论的倡导者之一,沃尔夫冈·韦尔施认为审美化已经成为西方社会的一大特征和趋势,这股潮流正以汹涌的姿态占据人们社会生活的方方面面。

他认为这种审美化最明显地见于都市空间中,所有的场所——大凡人们目之所及、手之所触,"差不多每一块铺路石、所有的门把手和所有的公共场所,都没有逃过这场审美化的大勃兴"[①]。原本的原生态的现实世界如今早已被审美的因素装点了起来。它所应对的正是我们的形式感觉和形式因素,于是乎世界就成了一个经验的领域,它呈现出某种肤浅的和滑稽的品质。

韦尔施指出这种审美化的动因是人们不计目的的快感、娱乐和享受,而内在的动机则是服务于经济目的的。它营造出受快感和享乐心态支配的消费者所热衷的审美氛围;大众传媒(尤其是广告)一旦将产品同消费者的审美趣味联系起来,那么产品便有了销路——美学已成为一种自足的社会指导价值,从而"美学事实上就不再仅仅是载体,而成了本质所在"。[②]

事实上,在韦尔施看来,现实的美学本质还不仅体现在上述的"浅表审美化",当今的现实还有着更深层次的审美化:随着微电子技术的崛起,生产过程发生了显著的变化,"材料愈益变成审美的产品"。因为借助于电脑,生产的"模拟"本质使得材料现实"竟然如此驯服","审美过程不仅

---

① [德]韦尔施.重构美学[M].张岩冰、陆扬,译.上海:上海译文出版社,2006:5.
② [德]韦尔施.重构美学[M].张岩冰、陆扬,译.上海:上海译文出版社,2006:6.

包裹了业已完成的、给定的物质，而且甚至决定了它们的结构，不光影响它们的外表，而且甚至影响其内核"①。这是一种"物质的审美化"。在此基础上韦尔施更进一步敏锐地指出还有"非物质的审美化"，那就是传媒对现实的构建。在这个电视传媒的时代，人们通过传媒获得对现实世界的认识，人们在频道转换间实践着真实世界的非现实化。而通过传媒所呈现的现实是经过选择的、可操纵的、可作审美塑造的。在这个过程中，虚拟性和可塑性几乎成为美学的全部内涵。

二、身体美学

理查德·舒斯特曼（Richard Shusterman，1948— ），世界著名美学家，身体美学的开拓者。舒斯特曼认为身体化是人类生活的普遍特征，身体意识也是如此。身体意识不仅是心灵对于作为对象的身体的意识，而且也包括"身体化的意识"：活生生的身体直接与世界接触、在世界之内体验它。通过这种意识，身体能够将它自身同时体验为主体和客体。身体美学的目标是探索锤炼或提高身体意识与身体素质，更好地促进哲学完成其传统任务，诸如获得知识，认识自我，追求德性、幸福和正义。

在《身体意识与身体美学》一书中，舒斯特曼表现出他对于现代科技与大众文化削弱了人们感受性的焦虑："大众媒介所传播的各种娱乐制造了煽情的感觉主义和更极端的震撼手段，我们的文化越来越依赖于它不断增长的刺激。如果身体敏感性的缺乏有助于解释这种依赖性的话，那么，人造兴奋的种种方式就能够从相反的方向解释，我们的感知习惯（甚至我们的感觉运动的神经系统）是如何被改造的。这些改造方式在激发感知和满足刺激的同时，逐渐削弱了我们保持安静、平稳和持续注意的能力。"②他认为身体美学的关键就在于重新唤醒我们身体的敏感性，并且将这种体验作为我们感知世界的基础。

"我们不妨把这些明确地意识到的身体感觉区分为两类：一类是更多地受控于我们外在的或距离感官的感觉（如视觉、听觉等），另一类则更多地依赖于身体内在的感觉，如生理本体感受或肌肉运动知觉。比如，通

---

① ［德］韦尔施.重构美学［M］.张岩冰、陆扬，译.上海：上海译文出版社，2006：32.
② ［美］舒斯特曼.身体意识与身体美学［M］.程相占，译.北京：商务印书馆，2011：18—19.

过眼睛注视我的手或关注它的方位，我能明确地感觉到它所放的位置；但我也可以闭上眼睛，通过生理本体感受去尝试着感觉它的位置、它与我身体其他部分的关系、它与重力的关系、它与我体验世界中其他物体的关系。这些明确的、由身体生理本体感受带来的感知完全可以被视为身体审美知觉，因为它们的获得并不仅是通过援用凝神的感觉或有辨别能力的、主题化的感知，而且，它们在本质上也依赖于身体审美感知系统（即生理上的本体感受或肌肉运动知觉）而并非我们的感官感受。"①

知行合一是舒斯特曼身体美学的最为独特之处，在某种程度上，这一理论更接近于神经科学与生理学，其实质是身体感受之学，探索的是"身体本身的内在感知与意识能力"，而非审美之学，在人们深陷精神焦虑的现代社会之中，舒斯特曼提出的这种强调切身性、追求愉悦、冷暖自知的身体美学，也许正是对症之方。

本章小结

当代美学家们在语言、身体乃至社会机制上的探索，其基本目的都在于拓展理解美的维度，在他们的阐释中呈现出从多个角度理解美与艺术的途径，美不再是某种目的的实现，也不是某种精神的现实化，更不是情感的自我展示，而是在对话和交往中呈现出的公共世界。通过语言和身体的交流，人们可以将自己从那些封闭狭隘的观念和境遇中解放出来，这也正是美与艺术追寻的目标。美学的探索必须与具体的社会、具体的语境、具体的观众、具体艺术的讨论相联系，其本质则是建立一种以平等和相互尊重为出发点的人类关系。

---

① ［美］舒斯特曼.身体意识与身体美学［M］.程相占，译.北京：商务印书馆，2011：82.

第九章　先秦两汉的美

中国美学肇始于先秦。先秦时期是中国文化的发轫期，产生了大量的文化巨人和文化经典，凝聚成一个丰富多彩的思想宝库。墨子、老子、孔子、管子、庄子、孟子、荀子等诸子百家争鸣，都形成了自己的思想体系；墨家、道家、儒家、法家、农家、兵家等相互融合又相互冲突，共同组成一个思想的大合唱。那是真正的百家争鸣！哲学思想与美学思想只是这个思想宝库中的一支。美学虽然涉及社会现实生活的方方面面，但是，与文学艺术的关联最为直接。文学艺术催生了美的思想，催生了美的观念。先秦时期，诗、乐、舞等艺术已十分成熟，是人们喜闻乐见的艺术形式，同时，也被用作政治伦理道德的教化工具，并在此基础上生成了中国古代的礼乐制度。围绕对诗、乐、舞等艺术的认识，产生了大量的美学观念，这些观念深刻地影响了后世美学，奠定了中国古典美学的理论基础。《周易》的"生生"思想，墨家的"非乐"观念，儒家的"和"的思想，道家的"自然"观念，等等，都代表了先秦美学的伟大贡献。汉代美学是中国美学的生长期，先秦产生的很多美学观念得到了进一步阐发和弘扬。随着黄老思想的发展和经学体系的建立，汉代也形成了独特的美学，如天人合一、元气自然论、形神、真实、情志统一等等，为美学走向魏晋南北朝美学，实现美和艺术观念的自觉筑造起一座不朽的桥梁。

第一节　《周易》的生命美学思想

《周易》分为《易经》和《易传》两个部分，经先成而传晚出，长期以来，被奉为经典，在中国传统文化中具有崇高的地位。《易经》产生于远古时期，《文心雕龙·原道》有"庖牺画其始，仲尼翼其终""文王患忧,繇辞炳曜"的记述,意谓《易经》的产生是很早的。在先秦,《易》(《易经》)原本与《诗》《书》《礼》《乐》《春秋》并称为"六经",后来,《乐》失传,这才有"五经"的称谓。《易传》的产生年代一般认为是战国时期,刘勰认为是孔子所作,显然在重复前人之说,可信度并不高。《易》(《易经》)经过周公、孔子等人整理、编订,到西汉武帝时期被尊奉为儒家经典,成为政治、伦理、道德的说教依据。《周易》也是一部美学经典,其关于自然、社会、现实与生命的美学言说,对中国古典美学的影响深远,作为美学经典,当之无愧!

一、自强不息:一种奋发昂扬的生命精神

《周易》的论说对象是天、地、人,即便谈天说地,也都关乎人,是一部名副其实的生命哲学著作,处处彰显着对生命的关爱与尊重。《乾》卦九三爻云:"君子终日乾乾,夕惕若。"这正是基于"乾道变化,各正性命"(《象传》)的卫生立场,尽管一个人朝气蓬勃,充满斗志,仍要时刻保持高度的警惕,杜防一切危害生命的事情发生。这是因为这世间最为宝贵的是生命,生命是一切存在之本。

然而,人生在世,应该保持怎样的生命姿态?这是《周易》思考的核心问题。人的生命姿态不仅仅是形式的,更是精神的。在《坤》卦中,《周易》就从精神层面提出"君子以厚德载物"的思想。所谓"厚德载物"就是用自己长期涵养而成的深厚的德泽去待人接物。这里虽然说的是待人接物,但是,对个体自身的要求很高,必须要"厚德"。德是一个人必备的品质,是一个人生命价值的体现,只有"厚德"才能更好地"载物"。因此,"厚德载物"既是对个体自身生命质量提升的要求,也是对他人、他物的生命态度,蕴含着对他人、他物生命的尊重与爱护。而对于个体自身,"厚德"只是一个方面,要使自身的生命得到完善,还应该有更高的精神追求。《周易》明确地提出了这种要求,规定了一个品德完善、积极生存、有理想、有抱负的人必须具备的生命姿态:那就是自强不息。《乾》卦《象》传曰:"天行健,君子以自强不息。"为什么"天行健","君子"才能"自强不息"?这是因为,中国古人向来是崇信天人合一的,主张阴阳调和。天道是刚健的,人以天为法,以自然为法,人的最高的生命姿态就是自强不息。由天而推演人,要求人要向天看齐。随之,自强不息成为一种生命的精神，最终演化为行动的力量，促使人奋发昂扬，不屈不挠，勇往直前。这是《周易》"神道设教"思想的具体体现，更是对人的存在价值、生命价值的最高规定。

首先，自强不息内蕴着强烈的生命意识。人生在世，第一要务是生存。人要生存，必须要适应天地、自然和社会现实，学会顺应天地、自然和社会现实的知识、技艺。因此，《易经》六十四卦讨论的都是生命问题，每一卦都与生命、生存、生活联系在一起。《序卦》传说得非常明确："有天地，然后万物生焉。盈天地之间者唯万物，故受之以《屯》。《屯》者，盈也。屯者，物之始生也。物生必蒙，故受之以《蒙》。《蒙》者，蒙也，物之稚也。物稚不可不养也，故受之以《需》。《需》者，饮食之道也……"生命，生存，启蒙，饮食……每一个环节都是为了延续生命。《周易》对生命的思考是如此细密、完整，其生命意识如此明晰，原本就出于对生命的景仰与尊重，企望人类能够生生不息。

其次，自强不息彰显的是顽强的生命意志。意志是靠艰苦的磨难成就的。人生在世，世事艰难。人生活于天地之间，凡事不可能一帆风顺，必须面对自然和社会现实生活带来的种种磨难。面对这些逆境、磨难，要想生存就必须磨炼顽强的生命意志，学习逆境生存的本领。这就要求人要有高尚的道德操守，要有强大的心理承受能力，心胸开阔，不屈不挠。《周易》对人生在世的灾祸保持非常清醒的态度，六十四卦就有不少卦讲述的是灾祸以及人对灾祸的应对。《序卦》这样描述："家道穷必乖，故受之以《睽》。《睽》者，乖也。乖必有难，故受之以《蹇》。《蹇》者，难也。物不可以终难，故受之以《解》。""物不可以终难"，这是《周易》告诫人们面对灾祸的信念。正是在这种信念的支撑之下，人才能保持顽强的生命意志和斗志，自强不息。

其三，自强不息高扬的是奋发昂扬的生命理想。不管人的生存状况如何艰难，一个有理想、有抱负的人都不会放弃，都会为理想、抱负的实现努力生存，绝不会苟且偷生，一定会不屈不挠，始终保持着奋发昂扬的精神风貌。《周易》对这种精神状态的描述除了"天行健，君子以自强不息"之外，还有"地势坤，君子以厚德载物"。自强不息作为一种生命意志、生命精神，是人的理想、抱负实现之途。它建立在对生命意义深思的基础之上，以顺应自然作为最基本的前提，以"厚德"作为生命的涵养，以奋发昂扬作为进取的精神状态，最终的目标是实现生命理想。

《周易》自强不息的生命宣示早已成为中华民族的生命精神，成为生命美学的重要内容。生命精神涵盖了生命哲学、生命美学的所有要素，生命态度、生命意识、生命意志、生命理想等等，都包含在生命精神之中，这是一种独特的个性气质、精神品质、审美观念。对于一个人来说，它是一个人之所以成为人的本质；而对于一个国家、民族来说，它同样是一个国家、民族之所以能成为国家、民族的本质。《周易》"天行健，君子以自强不息"的思想意义，不仅是为了彰显个体的生命意识、生命意志、生命理想，而且是为了张扬国家、民族的生命精神。它是对中华民族个性气质、道德品节的美学凝练。作为一种生命精神、美学精神，自强不息始终在激励中华民族，保持奋发昂扬的斗志，朝着民族兴旺发达的理想目标进发。

二、生生：让生命鲜活、美

《周易》对生命的认识贯穿全书，无论经还是传都讲的是生命的道理。六十四卦卦卦都是在演绎生命存在、生命的艰辛、生命的护卫、生命的抗争。《系辞上》有言："乾知大始，坤作成物。乾以易知，坤以简能。易则易知，简则易从。易知则有亲，易从则有功。有亲则可久，有功则可大。可久则贤人之德，可大则贤人之业。"乾坤化育了生命，"大始"即生命创造的开始。"生生之谓易，成象之谓乾，效法之谓坤，极数知来之谓占，通变之谓事，阴阳不测之谓神。"人们在理解"生生之谓易"时往往把它解读为阴阳的相互转变。孔颖达解释道："生生，不绝之辞。阴阳变转，后生次于前生，是万物恒生谓之'易'也。"[①] 清人李道平疏曰："阳极生阴，阴极生阳，一消一息，转易相生，故谓之易。"[②] 按照《周易》关于生命的认识，说"生生"是阴阳转换没问题，在阴阳转换的过程中，生命产生、成长、茁壮，循环往复。如此一来，"生生"就可以理解为让生命健康茁壮地成长，让生命富有朝气。孔颖达所说的"后生次于前生，是万物恒生谓之'易'"即是此意。这是《周易》的终极目标。它就是要阐发生命的

---

① 韩康伯 注，孔颖达 疏.周易注疏 [M].唐宋注疏十三经（一）.北京：中华书局影印，1998：102.

② 李道平.周易集解纂疏 [M].北京：中华书局，1994：560.

本质，咏叹生命，赞美生命，歌颂生命之美。

"生生"尊重生命，积极生存。《周易》经传处处充满生命之喻，生命生存是一个重要议题。乾坤两卦象征、隐含极为丰富，既可指天地、阳阴，也可指父母、男女，它们都是化育生命之根。为了让生命更好地生存，《周易》列举自然和社会现实生活中的种种磨难，并一一给出破解之法。《屯》卦就是一部难卦，列举的都是自然和现实生活中的磨难，是阴阳交接产生的困难。首先，自然灾难。雷电交加，人的行动非常困难，对人的生命本身构成最大的威胁。其次，婚姻困难。婚姻的仪式近似疯狂，要像土匪一样去抢劫新娘。喻示婚姻不易。其三，生育困难。女子不孕，十年乃孕（"十年乃字"）。对一个女人来说，这是多么痛苦的折磨，在一个以传宗接代为目的的宗法制度社会，女人的幸福、快乐都建立在生儿育女上。其四，谋生困难。在古代，获得衣食的途径除了农耕之外就是狩猎，"即鹿无虞"说的就是狩猎艰难。面对这众多困难，人如何生存？《周易》充满忧虑。人为了更好地生存，必须要接受文化启蒙。《蒙》卦阐释的就是这方面的义理。"蒙以养正"就是培养童蒙的正确的品行，以利于他们更好地成长。这正是对生命的尊重，对生存的尊重，是"生生"的一个重要内容。

"生生"是让生命鲜活。生存是生命第一步，但是，仅仅生存并不够，还要生存得好，使生命更加鲜活，更有意义。而人要生存得好，生存得更有意义，除了顺应自然、充分利用上天的恩赐之外，还应利用并发扬光大圣人的智慧，勤劳敬业。圣人"仰则观象于天，俯则观法于地"，创造了"通神明之德""类万物之情"（《系辞下》）的八卦，具有开辟鸿蒙的作用，这一点我们姑且不论，而人的"作结绳而为网罟，以佃以渔""斩木为耜，揉木为耒""刳木为舟，剡木为楫"（《系辞下》）的劳动智慧必须大书特书。这才是人之所以能更好生存的根本。《易经》很多卦渲染这种劳动创造，《系辞下》对《离》《益》《涣》等卦的生命意义从工具创造角度所产生的认识，意味深长。由此看来，《离》《益》《涣》等卦教给人的生存方法至关重要，不仅推动人的发展，而且推动了社会的发展，使人类逐渐向着文明进化。工具的制造，劳动效率的提高，使人的生命更为鲜活。可见，《周易》的"生生"思想所包容的生命内涵非常超前，能够与现代观念相连接，具有很强的现实意义。

"生生"是为了生命美。《周易》是通过形象的类比进行生命的言说的，自觉或不自觉间触及到生命之美。《说卦》说八卦卦象之类比："乾，健也。坤，顺也。震，动也。巽，入也。坎，陷也。离，丽也。艮，止也。兑，说也。""乾为马。坤为牛。震为龙。巽为鸡。坎为豕。离为雉。艮为狗。兑为羊。""乾为首。坤为腹。震为足。巽为股。坎为耳。离为目。艮为手。兑为口。""这与其说是哲学的归类，毋宁说是审美的推演，在诗意的态度中创造出诗意的世界。"[①] 无论类比的是动物、植物还是人，抑或是抽象的东西，都充盈着生命的光辉，因而，《周易》本身的推演和言说也具有诗性和美的色彩。"象"是《周易》反复使用的一个概念。孔颖达曾经指出，"象"有实象、假象之别。"实象者，若地上有水比也，地中生木升也，皆非虚，故言实也。假象者，若天在山中，风自火出，如此之类，实无此象，假而为义，故谓之假也。虽有实象、假象，皆以义示人，总谓之象也。"[②] 钱钟书认为，这个象"盖与诗歌之托物寓旨，理有相通"[③]。用形象类比就是为了展示生命之美。《周易》的这种做法对中国古典文学艺术创作和美学的启发意义深远。

第二节　中和：礼乐的美学本质

中国古代的礼乐制度形成于西周时期，是社会文明高度发展的产物。随着分封制统治秩序的确立，需要一系列规范的制度进行保障，于是，以周公旦为首，制定了《礼》《乐》等各种典章，这些典章在经过孔子、孟子、荀子等儒家先贤的阐发、完善之后形成一整套严谨的礼乐制度。制礼作乐是周公的一大贡献，同时，也是儒家奉献给中国乃至世界文明的丰厚遗产。礼乐不仅是各个阶层的礼节、仪式及其规则，同时还包含着各种文化教养和艺术教养的内容，涉及政治、伦理、道德、美学等诸多方面，经过儒家的发扬光大，成为影响深远的思想体系。礼乐之中的美学思想都是为了配合政治、伦理、道德教化的，带有很强的功利主义企图。正像《礼

---

① 朱良志.中国艺术的生命精神[M].合肥：安徽教育出版社，1995：24.
② 王弼 注，孔颖达 疏.周易注疏[M].北京：中华书局影印，1998：13.
③ 钱钟书.管锥编（一）[M].北京：中华书局，1986：11.

记·乐记》所言:"先王之制礼乐也,非以极口腹耳目之欲也,将以教民平好恶而反人道之正也。"尽管如此,也不能忽视礼乐本身所具有的美学意义,很多观念在构筑中国古典美学的话语体系中发挥着中坚作用。"中和"就是礼乐奉献给中国古典美学的重要观念。

一、中和:无过而不及

如前所言,礼乐的制定是有一定的现实需求的。随着社会的发展,人的情欲膨胀,必须有相应的限制和规约。礼乐的产生都是为了遏制人情欲的膨胀。《礼记·礼运》云:"讲信修睦,谓之人利;争夺相杀,谓之人患。故圣人所以治人七情,修十义,讲信修睦,尚辞让,去争夺,舍礼何以治之?""饮食男女,人之大欲存焉。死亡贫苦,人之大恶存焉。故欲恶者,心之大端也。人藏其心,不可测度也。美恶皆在其心,不见其色也。欲一以穷之,舍礼何以哉!"荀子《乐论》云:"先王恶其乱也,故制雅、颂之声以道之,使其声足以乐而不流,使其文足以辨而不諰,使其曲直、繁省、廉肉、节奏足以感动人之善心,使夫邪污之气无由得接焉。是先王立乐之方也。"显然,礼的产生是针对人的欲望,乐的产生是为了遏制人的情感,欲望和情感是恶泛滥的根源。"中和"观念的提出,正是为了适应情欲蔓延的情势,试图使礼乐成为化解情欲之恶的重要手段。

何谓"中和"?《礼记·中庸》中说得比较清楚:"喜怒哀乐之未发,谓之中;发而皆中节,谓之和。中也者,天下之大本也;和也者,天下之达道也。致中和,天地位焉,万物育焉。""中"是天下的根本,"和"是天下的大道,"中和"的实现是保证天地秩序、实现万物生长的必要条件。从《中庸》的表述中可以看出,"中"与"和"是两个概念。这两个概念相辅相成,构成了一个完整的意义链。"中"是隐藏在胸中的情感,"和"是发出的情感必须符合儒家限定的伦理道德,即所谓"中节"。朱熹理解得更为深刻。他在解释"中"与"和"时,表面上看法似乎与《中庸》不匹配,其实是一致的,或者说,是对《中庸》的延伸。他说:"喜、怒、哀、乐,情也。其未发,则性也,无所偏倚,故谓之中。发皆中节,情之正也,无所乖戾,故谓之和。"①喜、怒、哀、乐是情感的自然存在,它们

---

① 朱熹.四书章句集注[M].北京:中华书局,1983:18.

在人心和表达出来显示的是哲学和美学的不同存在，对认识人的心性是有积极意义的。情感在人的内心是理性的，是能够被性控制的，同时，人性是天命赋予的，是符合理的，是保持着"无所偏倚"的。在儒家看来，这种情感在人心未表达的状态恰恰是情感的理想状态。显然，"中"是被作为一种情感存在的理想状态进行描述的，一方面符合性理，另一方面不偏不倚。然而，情感毕竟是要表达的，这是在完成人的天性的释放，但是，这种天性的释放并非没有限制，人之所以成为人的本质就是人是理性的动物，懂得有利于自身和他人的节制，因此，情感的表达要像音乐的演奏一样"中节"，要保持一种不偏不倚的"正"的姿势，要做到"无所乖戾"。联系朱熹的思想和儒家的思想体系，"中节""正""无所乖戾"都是指儒家的伦理道德，是仁、义、礼、智、信涵盖的内容，可以视为儒家对人格美的规范。朱熹对经典的释义在一定程度上完善了"中和"的理论内涵，并且赋予其限定性的节制美学意义，可谓意味深长。

"中和"是儒家对人格美的规范，要求人们在处理欲望、情感等问题的时候应学会节制，理性地对待人和事物。这对培养、训练人成为一个中正平和、温柔敦厚、符合儒家伦理道德要求之人具有方法论的意义。然而，这种对人的品性的规训和约束最终演变成一种具有普遍价值的美学的要求，意义被不断地放大，这恐怕是"中和"观念的提出者也始料不及的。无疑，这强化了"中和"的美学功用，推动"中和"进入广泛的文学艺术创作领域。

首先，"中和"追求的是和谐。这种理念直接对应于朱熹关于"和"的理解，"和"就是"中节"，合乎节奏。其实，这是先秦时期言说乐的主要观念。和谐是评价音乐之美的尺度之一，这种"和"不仅是节奏上的要求，也有情感上的要求，如《左传·昭公二十年》就曾经说过"济五味，和五声""心平德和"，意谓音乐调和五声以使声音美妙，通过音乐的欣赏，能使人"心平德和"。

其次，"中和"滋生出含蓄蕴藉的美学品格。既然《礼记·中庸》限定了"中"的意义是情感未发，其实，这未发的情感只是隐藏在人的心里，被人为地压制着。任何情感都有鲜明的取向，而隐藏在人心里的情感却是"不偏不倚"的，这就注定经过理性化的沉淀之后，情感的呈现是委婉的、不直接的。情感以音乐的形式呈现，外在显现的是音节、音符、节奏，情感的表达极为抽象。这就自然而然生成了含蓄蕴藉的美学品格。

其三，"中和"重视的是"无过而不及"。"无过而不及"也是朱熹对"中"的解释。在《中庸》解题时，朱熹说："中者，不偏不倚、无过不及之名。"①意谓"中和"的一个重要义项就是适中，即人在伦理道德的修养上不可超越，也不能达不到，无论超越抑或达不到都不符合伦理道德的要求，实质上都是违背伦理道德的。这是一个完人的目标。"无过而不及"不仅是对人的品德、修养的极高要求，也是艺术和美学上的至高境界。艺术和美学上"无过而不及"既可适用于情感的表达，也可以适用于语言、艺术技巧的运用，要求在情感的表达、语言和艺术技巧的运用上不能有丝毫僭越，否则就违背了艺术真实和艺术美的原则。就像《庄子·骈拇》所讲的凫胫鹤胫的故事："凫胫虽短，续之则忧；鹤胫虽长，断之则悲。"要想真正实现"无过而不及"的要求极难。但是，无论如何，这却是"中和"衍生并确定下来的美学目标。

二、和顺积中，情深文明

"和顺积中""情深文明"是《礼记·乐记》言说乐表达思想情感的真实性问题，同时也是实施政治伦理道德教化的一个根本性问题，涉及的是最内在的方法和途径，即怎样调和政治伦理道德与乐的关系，使之实现真正的和谐。当然，这也是一个非常重要的美学要求。礼、乐有不同的职能与功用，乐的功用是使万物和谐，礼的功用是使万物有序。因此，《乐记》说："乐者，天地之和也。礼者，天地之序也。和，故百物皆化；序，故群物皆别。乐由天作，礼以地制，过制则乱，过作则暴。明于天地，然后能兴礼乐也。""百物皆化"就是万物融会为一，成为一个和谐的整体，那是"和顺""情深"的结果。作为礼乐美学的一个重要组成部分，"和顺积中""情深文明"与"中和"的美学思想有一定程度的关联性，这种关联性恰恰是礼乐的美学境界。

在先秦，乐的概念并不纯粹，这种不纯粹表现在两个方面，一是功用，二是形式。就音乐本身来说，它的功用就是审美娱乐，而先秦虽然不否定它的审美意义，但却把它与教化联在一起，甚至更突出教化的意

---

① 朱熹.四书章句集注［M］.北京：中华书局，1983：17.

义。先秦把乐当成一个伦理道德教化的工具,认为乐的主要功能是传播伦理道德。在演奏形式上,乐并不单单是指器乐演奏和声乐演唱,其实是包含诗、乐、舞在内的,三者三位一体,乐可以统摄它们。这又是一种不纯粹。这是因为,音乐演出既可以是纯粹的器乐演奏,伴之以舞蹈,也可以是声乐演唱,伴之以舞蹈。倘若是声乐演唱,就一定会有歌词,歌词便是诗,实现了诗、乐、舞一体。"和顺积中""情深文明"就是针对诗、乐、舞的。《乐记》说:"德者,性之端也。乐者,德之华也。金石丝竹,乐之器也。诗,言其志也。歌,咏其声也。舞,动其容也。三者本于心,然后乐器从之。是故情深而文明,气盛而化神,和顺积中,而英华发外,唯乐不可以为伪。"乐的重要功用是宣扬伦理道德,与板着面孔的语言宣扬方式不同,乐对伦理道德的宣扬采用的是优美动听的形式,这种形式能吸引人的情感,打动人的内心,不仅让人们心甘情愿地接受,而且领会的程度更深。

为什么乐能产生如此意想不到的教化效果?仅仅从乐的形式之美来认识还不够,还应该从乐的本质着手去发掘,去思考。乐的优美动听是调和五声的结果,因此,乐的本质是和谐。这种和谐之美作为美的内容能够与人心产生和谐共振,它融化到人心之中,与伦理道德结成一个整体,然后,再以诗、乐、舞的表现形式呈现,这就是"和顺积于中"。也就是说"和顺"是兼顾礼乐的,既包括伦理道德的内容,又包括美的形式,这两者在人的内心实现和谐,完美地达到了教化的目标。可见,儒家的礼乐教化是典型的美育,不仅培养人高尚的品德,而且还培养人欣赏美、发现美。这是培养完人的途径。

然而,礼乐的教化是紧密地关联着情感的。伦理道德并不是僵死的教条,需要人用心去实践,用心去体验。只有做到用心,才能够使诗、乐、舞更好地发挥其本身所具有的美的效用。这是所谓的"情深而文明","情深"是"文明"的基础,是"文明"的依据。"文明"是指乐更加能够打动人心,更加具有美的力量,教化的功用更加显著。而这种理想境界的实现,是以"和顺积中"为前提的。内心和顺了,自然而然就情深,教化的实现便是水到渠成的事情。由此可见,"和"在伦理道德教化过程中所具有的价值,那是无法估量的。

第三节　自然与朴素：老庄的自然美学

以老庄为代表的道家美学形成了一套幽深玄远而又亲切迷人的思想体系，其独特的美学气质征服了古往今来的文学家和艺术家，在中国美学史上具有崇高的地位。老子和庄子都推崇自然，他们的"道"就是自然之道，自然成为老庄美学的核心。老子说："人法地，地法天，天法道，道法自然。"（第二十五章）足见自然在老子心目中的分量。在庄子那里自然有多种称谓，有时称"天"，有时称"朴素"。"合乎天"是庄子的最高理想，同时，他又强调"朴素而天下莫能与之争美"（《天道》），认为朴素的美是天下最高的美。这些都意谓自然的地位是崇高的、绝对的，自然美是无可比拟的美。可见，无论老子还是庄子都把自然看得极高，把天性和朴素视为万物生存的第一要义。自然也理所当然地成为老庄美学的精义。

一、"道法自然"的美学意蕴

作为道家哲学的创始人，老子提出并阐发"道"的观念，并赋予它以无比丰富的意义。在老子看来，"道"是世界万物和人生存的根本。天地自然万物只有一个"道"字，它们的产生是道，运行是道，甚至死亡也是道。"道生一，一生二，二生三，三生万物。万物负阴而抱阳，冲气以为和。"（第四十二章）"道"先天地而生，它化生万物，是万物之母。同时，老子还认为，道生有无，天地之间，本来就是有无的合体，"有之以为利，无之以为用"。有无都是道。虽然老子对"道"作出了种种规定，但是，始终围绕着一个核心，那就是自然。"道"是以自然为法的，是自然之道。

在老子的思想中，还有一个概念几可与"道"比肩，那就是"大"。在讲"人法地，地法天，天法道，道法自然"之前，老子就先说到"大"，从中可以窥视"道""大"的哲学和美学意涵。老子说："道大，天大，地大，王大。域中有四大，而王处一。"老子罗列了这四大，其中"道大"是最根本的，这是因为道是天地万物之母，天、地、王都是"道"化生的，都随时随地受"道"的左右。这个"大"不仅是空间的，而且还是时间的。然而，时间和空间都是自然决定的，本身就具有自然的意义，或者说，是自然赋予了它们以特性、责任与义务。天地之大，是因为天地无边无际，无法穷尽，这是自然天性。"道大"是因为"道"无所不在，无孔不入。它既是有，也是无；既包含自然，也包含社会人事。自然与社会中哪怕再细小的事物，都有"道"存在，这个"道"是属于这些事物自身的，不是外在赋予的。因此，"大"不仅意味范围之广，而且还意味着真理性。范围广与真理性都是自然属性，人力不可驾驭。"大"就是"道"，"道"就是"大"，它们都是自然。这就是老子"道法自然"的依据。

老子关于"道""大"的认识都涉及中国古典美学，都可归入美学的范畴。"道"所涉及的美学问题我们姑且不论，因为文学艺术本身就传播"道"，文与道、艺与道的关系无法割舍。至于"大"与美学的关系，老子曾经说过："大音希声，大象无形。""大音"是"道"之音，是最为美妙的声音；而"大象"是道之象，一种最为美妙的象；谈论的都是美学。既然"道""大"都可归入美学的范畴，都是师法自然的结果，那么，自然理所当然地成为老子美学思想的核心，很多重要的哲学美学观念都与自然发生关联。"道法自然"的美学意涵极为丰盈。

首先，"道法自然"树立的是最高的美学原则。 从老子"人法地，地法天，天法道，道法自然"的话语中可以悟出，"自然"是事物的最高规范，是道的最高体现。这个"自然"究竟指的是什么？是否在天、地、人之外，还存在着一个超越了天、地、人的自然世界？显然，老子的意图不在辨析天、地、人之外的世界，而是意在确定一个最高的原则。既然"道"是万物之母，化生万物，"道"本身就是最高的规范。"道"在运行的过程中是不受任何人和事物的约束的，它自由自在，无为而无不为，遵循的是自己的运行规律。这种表现就是"自然"。因此，"道法自然"就是"道"依循自己的运行规律运行，自由自在，无拘无束。这也是审美创造的最高境界。

其次，"道法自然"追求的是无言的美学境界。 老子曾经说过："道可道，非常道。名可名，非常名。"（第一章）"古之善为道者，微妙玄通，深不可识。"（第十五章）都是说"道"是玄妙的，是不可言说的。"道"之所以不可言说，一是因为涵盖广泛，二是因为意义精微，使得任何语言在"道"的面前都会显得软弱无力。这也是一种自然的表现。"大音希声""大象无形"表述的也是这么一层意思。这恰恰是道的最高境界，也是自然的美学境界。这种思想对美学的意义重大。中国古典美学所追求的言有尽而意无穷、"不着一字，尽得风流"，都是对这种美学境界的追求。

其三，道法自然彰显的是有与无、虚与实的辩证法。老子认为，道生有无，天地万物都是有和无的统一体，有和无都有各自的用途。为此，他曾经打了一个奇妙的比喻："天地之间，其犹橐籥乎？虚而不屈，动而欲出。"（第五章）"橐籥"是器物的名称，在这些器物中间，多分布着空空洞洞、虚虚实实，这就是有、无。然而，恰恰就是这些空空洞洞、虚虚实实对器物才有大用，因为有了它们，才会有美妙的声音。这就是道法自然，是充分利用自然的结果。朱谦之引吴澄语："橐象太虚，包含周遍之体；籥象元气，氤氲流行之用。"① "太虚""元气"都是道，它们是有无、虚实的统一。有无、虚实问题是中国古典美学的重要问题，它们对文学艺术的审美创造意义重大，是对"道法自然"思想的发展与延伸。

二、"朴素"之为绝对之美

庄子的自然美学集中体现在他对朴素之美的认识上。朴素即自然，自然即天。《天道》云："朴素而天下莫能与之争美。"庄子反对一切人为的束缚、刻意的雕饰、虚伪的华饰。他将自然朴素之美称为"天"。这个"天"有客观事物本质、规律、本色的意思，也包含人的真情本性。他将一切人为的束缚、刻意的雕饰、虚伪的华饰称为"人"，认为"人"违反了自然规律，破坏了自然的风貌，拘束人的真性情。《秋水》在回答"何谓天？何谓人？"的问题时，以北海若之口这样说过："牛马四足，是谓天；落马首，穿牛鼻，是谓人。故曰，无以人灭天，无以故灭命，无以得殉名。谨守而勿失，是谓反其真。"庄子要求，不要以人的作为去毁坏天生事物，不要以某种缘故去破坏自然规律，不要因为贪得名声而牺牲自己。在他看来，这才是回复到人的本性。庄子反对人类社会的仁义准则、礼法制度、音乐文采、工艺物品等（参见《马蹄》《胠箧》等篇），但，这并不是否定道德、文化、艺术，而是针对人类在离开原始朴素社会之后所创造的物质文明和精神文明被统治者盗用，从而，成为欺骗、污染、迷惑人的自然本性工具的现象而言的。庄子所向往的是一个能充分展示人的本性、人人无拘无束、和睦相处的社会，在那里，没有君子、小人之别，没有礼仪规范，任凭本性而皆合于道德。这是一个典型的乌托邦！但是，却典型地反

---

① 朱谦之.老子校释[M].北京：中华书局，1984：23.

映了庄子自然朴素的思想。

庄子否定五彩文章、五音六律，认为它们破坏了自然真美。在这个基础之上，他崇尚自然，反对人为。他崇尚自然，并不是主张一切都听天由命，取消人的主动性和独立性。他继承了老子"无为而无不为"的思想，反对的是那些违反自然规律、桎梏人性的做法，而对适应自然规律与人性发展的行为还是强调大为而特为的。其中就包含着合乎规律的技艺活动和创造发明。从《庄子》的很多寓言中，我们能清晰地看到这一点，如庖丁解牛、轮扁斫辐、梓庆削木等等。

庄子崇尚自然朴素，向往人类原始社会的无知无欲，并非否定人的情欲。他恰恰认为人的自然本性是情感化的，是有追求美好生活与精神舒畅的欲望的。《庄子》一书经常拿追求仁义礼法的孔子及其弟子开涮，批判儒家对人性的拘束。《盗跖》篇以盗跖训斥孔子的口气说："今吾告子以人之情，目欲视色，耳欲听声，口欲察味，志气欲盈。"《骈拇》篇批判了离朱、师旷、曾参、史鱼、俞儿、墨子等人关于五色、五声、五味、仁义的教条，声称他所崇尚的善与聪明是认识自己（"自见"），怎样懂得张扬、舒畅自己的个性，而不是屈从于别人制订的规矩与准则："吾所谓臧者，非仁义之谓也，臧于其德而已矣；吾所谓臧者，非所谓仁义之谓也，任其性命之情而已矣。吾所谓聪者，非谓其闻彼也，自闻而已矣。吾所谓明者，非谓其见彼也，自见而已矣。夫不自见而见彼，不自得而得彼者，是得人之得而不自得其得者也，适人之适而不自适其适者也。"这就是说，对世界认识的真正途径是"任其性命之情""自闻""自见"，从而达到"自得""自适"，这是超越声、色、味享受的，也是超越"仁义"的。

庄子认为，"天地有大美而不言"（《知北游》），大自然是最美好的，同时，又认为，人能够"原天地之美"。《大宗师》曾经激情洋溢地表示要效法天地自然，《天道》又进一步申述了这种理想："夫明白于天地之德者，此之谓大本大宗，与天和者也；所以均调天下，与人和者也。与人和者，谓之人乐；与天和者，谓之天乐。"这种"和""乐"是发自自然的，又可称之为"游"。像大自然之于万物，有恩泽，有萧杀，有调整，有塑造，却不是为了追求工巧规矩与仁义准则。这种"和""乐"，像庄子作文著书，由"洸洋自恣以适己"而臻于"仪态万方"；又像《山木》篇记述的北宫奢为钟"既雕既琢，复归于朴"，由此种方法而形成的艺术，是自由与规律、人为与天然的结合，是朴素的，也是工美的。

第四节　温柔敦厚：诗教之美

《诗经》在先秦时期被称为《诗》《诗三百》，原本是流行于各个区域的风俗乐歌，传说经过周公与孔子的整理，被赋予儒家的思想义理，成为儒家经典。孔子曾经评价《诗经》："《诗三百》，一言以蔽之，曰：思无邪。"（《论语·为政》）"思无邪"不是具体的伦理道德要求，却泛指儒家的伦理道德，因为，在儒家看来，凡是不符合儒家伦理道德规范的行为与思想都是邪僻的。循着这一指导思想，孟、荀、汉儒以及后世历代诸儒，广加阐发，不断充实着《诗经》的思想内涵，致使《诗经》的诗性品格被遮蔽。因此，在中国文化史上，《诗经》虽然是一个文学文本，但是，却远远超越了文学的界域，沉淀成一个文化的经典。围绕《诗经》，产生了很多美学、美育的命题，如言志、兴观群怨、风雅、美刺、赋比兴、温柔敦厚等等。在中国美学史上，《诗经》的地位是极为崇高的。

一、诗言志：《诗经》的政治伦理道德美学

"诗言志"之"诗"，并不是指文学文体的诗，而特指《诗经》。先秦两汉出现的"诗"字，几乎都与《诗经》有关，"兴于诗""不学诗，无以言""诗可以兴"等，概莫如此。"诗言志"是儒家将《诗经》进行政治、伦理、道德化之后的诗学和美学宣言，虽然对文学本质的规定不符合文学审美，与《诗经》的艺术旨趣存在偏差，但是，在倡导《诗经》的教化方面却发挥着理论引领的作用，对中国传统文学、艺术、美学观念的发展影响深远。

"诗言志"的"志"是志向、理想、抱负。志向、理想、抱负都属于理性、观念的范畴，严格来说，它们有自己的学科归属，那就是政治学、哲学、伦理学，用学术的方式把志向、理想、抱负表达出来，会更完整，更明确。文学当然可以表现志向、理想、抱负，然而，文学所表达的志向、理想、抱负与政治学、哲学、伦理学有着根本的不同，它采用的不是理性论证的方式，而是情感渲染方式，借助的是文学形象，以及生动活

泼的语言。因此，志向、理想、抱负在文学中的表达只能是含蓄的、隐晦的，整体的表现是散漫、不严谨，然而，这反而增加了志向、理想、抱负的诗性，赋予它们以强烈的审美意味，更有利于文学的教化。显然，"诗言志"并没有意愿区分学术的言志和文学言志的差异，却是笼统而论。这不是有意而为，实是先秦文化文史哲一体的浑沌状况造成的。先秦时期把文学形式和其他的学术形式混为一谈，没有政治学、哲学、伦理学的话语区分，诗即政治学、哲学、伦理学，因此，诗言志是理所当然的。

"诗言志"今天看来虽然不是一个纯正的文学和美学的话语，但是，由于其内在无限的意义张力作用衍生了很多美学的话题，兴观群怨、风雅、赋比兴、兴寄、文道等，皆与言志关联紧密，其意义弘深，不仅对创作影响极大，教化的价值无可估量。"诗言志"强调诗（文学）应真实地表达诗人（作者）的志向、理想、抱负，且这些志向、理想、抱负符合儒家的伦理道德规范，符合"思无邪"，只有如此，诗（文学）才能够发挥教化的作用。这是"诗言志"的最高的规定。之所以做出如此判断，是因为志向、理想、抱负是多元的，其中肯定有很多不符合儒家规范，与儒家的政治伦理道德相冲突，虽然也是言志，却被要求禁止，因为那是"邪"思，不利于政治伦理道德思想的教化，进而，不利于政治统治，不利于社会秩序的建立，阻碍人的发展，引导人们误入歧途。因此，"诗言志"有明确的意图指向，那就是，诗（文学）的创作必须遵循儒家的思想意旨。为什么儒家一定强调《诗》"言志"？这不是一般的统治与治理思量，其实是按照儒家的意图塑造人的方法，蕴含着丰富的政治伦理道德美学。

"诗言志"的政治伦理道德美学义理主要表现在以下几个方面：第一，诗（文学）能够传播政治伦理道德，承担社会义务。正是因为诗（文学）能够传播政治伦理道德，才能具有教化的作用，才能将诗（文学）的功能发挥到极致。也就是说，诗（文学）只有"言志"才更具有价值。第二，诗（文学）的教化是艺术的教化，美的教化，即用艺术的手段和美的形式实现教化的目的。诗（文学）的教化不同于一般的说教，它采用的是人们乐于接受的美感形式，潜移默化地感染人们，教化的形式与效力都是一般说教不可比拟的。第三，政治伦理道德教化与美的艺术形式结合是一种理想的方式，它不仅提升了人的思想境界，而且还培养了人的审美能力，其中隐含着儒家对诗的肯定，对艺术的肯定，对美的肯定。这奠定了儒家美学政治伦理道德美学的基础，规定了儒家美学的发展路径。后来，汉代的经学美学，宋代的理学美学，都沿袭的是"诗言志"的美学义理，从而，形成了意蕴丰厚的儒家美学传统。

二、温柔敦厚：作为一种美学涵养的诗教

温柔敦厚是《礼记·经解》归纳出来的诗教功能，这一理论背后所包含的美学意蕴非常丰厚，几乎成为培养完人的一个标杆，一种尺度。温柔敦厚兼及人身修养的内外两个方面，内，意指人的个性、气质、品格、节操；外，意指人的行为、举止。温良恭顺，是礼乐充盈体内；敦厚朴实，是仁义外化于体表。无论内在的品格、性情，还是外在的行为、举止，在儒家看来，都是《诗经》涵养的结果。因此，《诗经》在培养人的思想、情感、个性、气质、品德、节操、行为、举止等方面的作用不可低估。

《礼记·经解》是借助于孔子之口阐发温柔敦厚的。"孔子曰：入其国，其教可知也。其为人也：温柔敦厚，《诗》教也；疏通知远，《书》教也；广博易良，《乐》教也；洁静精微，《易》教也；恭俭庄敬，《礼》教也；属辞比事，《春秋》教也。"六经分别有各自的教化功能，主管不同的教化领域，应该说，只有全面经受六经教化的人，才是各方面素质过硬的人。人的不同表现彰显了六经浸润的情状，其中，《诗》的浸润最具美学气质。《诗经》能使人温柔敦厚，意谓通过《诗经》的诵读，人的性情会变得温和而柔软，人会成为敦厚朴实的人。温柔敦厚之中，明显融会了仁、义、礼、智、信等儒家伦常。一个温柔敦厚的人，必定是仁慈的人，尚义的人，崇礼的人，智慧的人，诚信的人，无论为父、为夫、为子，都能严格遵循儒家的规范，不会逾越儒家伦常的红线。在儒家看来，这都是《诗经》教化的结果。因此，温柔敦厚是儒家思想品格的集中彰显。

六经之中，与《诗经》一样，和艺术发生关联的是《乐经》，由于《乐经》失传，后人无法知道《乐经》的情形。有人认为《乐经》是音乐理论文献，有人认为《乐经》不仅包括音乐理论，还包括音乐实践。倘若《乐经》只是音乐理论，而且仅仅阐述音乐与伦理道德的关系，那便是典型的说教；倘若包含音乐实践，音乐传播出来的则是伦理道德之音，美妙的音符与儒家伦常结合在一起，便会产生奇妙的教化效应。所谓"治世之音安以乐，其政和；乱世之音怨以怒，其政乖"（《毛诗序》），就说音乐

与政治的关系。乐教也包括美的教化。乐教的"广博易良"是说音乐能使人胸怀宽广，人性变得简易良善，细细思之，这可能只是儒家伦常的一部分，比如仁、义，很难囊括儒家伦常的全部。再者，诗乐本身是一体的，它们原本不分家，由于乐失传，诗则流传较广，因此，人们对乐的广博易良的美学意义的体会远不如温柔敦厚深刻。至于其他六经之教的美学意旨就更为淡漠了。

温柔敦厚作为一种美学涵养的诗教，其美学价值主要体现在对人性的塑造与人格的完善上。首先，《诗经》能够塑造美的人性，其美的标准就是温柔敦厚。人性是复杂的，从本质上说，有善有恶；从生成上说，有先天的，有后天的。人性是可以塑造的，人性的塑造只能靠教化。教化的途径有许多，诗教只是其中之一。诗这种美的形式因其思想情感的丰富性在净化、陶冶人性的过程中能够发挥独特的作用。这是古今中外的共同认识。然而，这种陶冶和净化的过程却是一个潜移默化的过程。由于《诗经》经过了儒家的阐释并赋意，被赋予了丰富的伦理道德意义，因此，通过《诗经》的赏读，人们能在不知不觉中领会《诗经》的思想义理，净化自己的心灵，培养人温柔的品性，使人成为一个朴实忠厚之人，从而，完善人性，推动人类的文明。其次，《诗经》能够培养、完善人的美的人格。这种美的人格典范同样是温柔敦厚。人格是通过后天的学习与实践形成的。美的人格包蕴也极为复杂，总体说来，它具有很强社会适应性的心理，具有整体性、稳定性、独特性、社会性等特征。这种心理涵养于长期的社会实践与个人的生活体验，包括文化、艺术的体验与学习。《诗经》来源于社会现实生活，其本身的情感表达和形象塑造是鲜活的，在经过了圣人伦理道德的赋意之后，被赋予儒家伦常的义理，因此，能够承担培养人格的重任。通过《诗经》的赏读，不同个性气质和思想情感的人皆能从中发现完善自己人格的方法，当然，这也是与人性的塑造同时进行的。温柔敦厚的人格是平凡的、可亲近的，同时又是伟岸的、遥不可及的。这是一个典型的人性和人格美的范本，在先秦儒家看来，只有《诗经》才能实现这一人的塑造与完善的目标。

第五节 奇艳与闳侈：楚骚与汉赋之美

楚汉美学一脉相承，却各成一系，分属两种不同的美学类型。其美学的独特之所在，只能通过对楚汉的文学、艺术、历史、地理、风俗等进行具体考察才能认知。尽管楚汉美学特征表现在诸多领域，而最为典型的呈现方式还是文学。因此，考察楚汉美学，文学是极其重要的参照。楚国文学的代表是楚骚，汉代文学的代表是汉赋。楚骚与汉赋虽然是两个时代的文学，但血缘关系极为清晰。汉文化师承楚文化，同时又极大地发展了楚文化，汉赋就是脱胎于楚骚的创造。楚骚奇艳，汉赋闳侈，各自的美学特色十分鲜明。楚骚是指以屈原为代表的楚辞创作，是中国文学史上继《诗经》之后的又一文学高峰。像《诗经》一样，楚辞不仅意味着一种新的文学形式和创作方法的诞生，而且还意味着一种新的文学思潮和美学精神的生成，那是一种奇艳之美，对后世的文学艺术创作和审美观念的影响深远。因此，从美学上看，楚辞又是《诗经》之后的一座美学高峰。汉赋有大赋、小赋之分，这是依据篇幅和题材所进行的分类。汉赋之美以大赋之美为典范，那是一种闳侈钜衍之美。大赋兴盛于西汉盛世，篇幅宏大，题材庄严，充满强国盛世的奢华与自豪，不仅真切地表现了汉人的心理，同时，也典型地展示了汉代的美学精神。

一、楚骚的奇艳之美

楚骚的美学内涵内在地包蕴在楚辞之中，是通过屈原的《离骚》和其他楚辞作品及关于它们的评价彰显出来的。自淮南王刘安开始，不断有人评点屈原的人品与文品，虽然有人对屈原的人品提出质疑，颇有微词，但几乎所有人都对他的文章赞不绝口。东汉著名文学家、史学家班固就曾极力贬低屈原的人品，说他"露才扬己"，同时，高度赞赏他的《离骚》及楚辞创作："然其文弘博丽雅，为辞赋宗，后世莫不斟酌其英华，则象其从容。"[①]"弘博丽雅"一语囊括思想情感和文采两个方面，实是对楚骚的美学评价。"丽雅"不仅有语言和形式的艳丽，而且还包括思想情感的雅正。王逸《楚辞章句序》间接评价屈原及楚骚之美："自终没以来，名儒博达

---

① 郭绍虞 主编.中国历代文论选（第一册）[M].上海：上海古籍出版社，1979：89.

之士,著造辞赋,莫不拟其仪表,祖式其模范,取其要妙,窃其华藻。所谓金相玉质,百世无匹,名垂罔极,永不刊灭者也。"[1]"要妙""华藻""金相玉质"等语都是在张扬楚骚的华艳之美。刘勰《文心雕龙》专门为楚骚立传,撰有《辨骚》一篇,并作为"文之枢纽"的组成部分,高度评价了楚骚的文学价值与美学价值。他赞赏《离骚》与楚辞是"奇文郁起""惊采绝艳,难与并能",明确说到楚骚的特色是奇艳。这些评说的背后皆凝聚着关于楚骚的美学共识:楚骚之美是奇艳之美。奇艳作为楚骚的美学特色,其实是楚地风俗美学和艺术美学的彰显。

奇艳的美学内涵究竟是什么?"弘博丽雅""要妙""华藻""金相玉质""奇文郁起""惊采绝艳"等品语都抓住了某一方面,倘若将这些品语作为一个整体,奇艳的美学内涵就完整了。因此,我们归纳楚骚的奇艳之美,只能从前人的评价中去提炼。

首先,奇艳之美是思想内容的博大、渊深。博大不易,渊深更难。博大、渊深之中本身就蕴含着"奇"的内容。世界之大,无奇不有。从屈原的作品来看,《离骚》《九歌》《九章》等,上写天文,下写地理与人文,内容可谓博大。"离骚者,离忧也。"那不是因为别离忧愁,而是家国之忧。忧国忧民的题材真实、厚重,容易撩拨情感,但是,这些题材本身的蕴含却博大、渊深,很多深沉的哲理均深藏其中。一首《天问》,集中了屈原思想的精粹,很多奇思妙想都包含在这首诗中,使得它不仅在文学史上成为永恒,而且在思想史上也具有崇高的地位。通过这首诗,屈原问天,问地,问鬼神,所问问题,表面看来荒诞不经,其实包含着很深的哲理。天地万象之理,兴废存亡之因,吉凶善恶之报,神仙鬼怪之说,皆有精彩呈现,后世无不称"奇"。《天问》一诗就是博大、渊深与奇的紧密结合。奇妙的想象,华美的语言,使博大、渊深的思想内容变得形象而生动,从而,也创造出了光怪陆离的艺术境界。班固的"弘博丽雅"就说的是这一内容。"弘博"是指思想内容的博大、渊深,"丽雅"则张扬的是形式与语言的艳。

其次,奇艳之美是形式的华美。语言是诗的形式,诗的独特性都是通过语言表现出来的,可以说,语言呈现的美是诗的形式之美的全部。楚

---

[1] 郭绍虞 主编.中国历代文论选(第一册)[M].上海:上海古籍出版社,1979:150.

辞的内容与形式组成了一个奇妙的整体,既然内容奇,必定有其与内容相适宜的奇的形式。楚辞的形式华美当然依靠语言的节奏、韵律、修辞等手段,一旦这些手段与思想情感胶合,奇艳之美就彰显出来了。《离骚》最突出的艺术和美学成就,司马迁有比较精彩的归纳:"其文约,其辞微,其志洁,其行廉,其称文小而其指极大,举类迩而见义远。"[①]"文约""辞微"并不是一般意义上的语言修辞认识,而是美学认识,其精义所在是"其称文小而其指极大,举类迩而见义远"。这就是古人一直推崇的语言美学:"言近旨远","言有尽而意无穷"。也就是说,楚骚的形式与语言发扬光大了《诗经》创造的诗歌之美,并以此为基础创造了一种新的传统,形成了一种新的美学,这种美学就是刘勰所说的奇艳之美,与《诗经》的风雅之美形成鲜明的对比。

二、汉赋的闳侈之美

汉赋是楚骚的美学延伸,楚骚的奇艳就在汉赋中留下极其鲜明的踪迹,汉赋的铺叙和语言就是奇艳的典型呈现。班固《汉书·扬雄传》评司马相如"作赋甚弘博温雅",与他对屈原的评价"弘博丽雅"仅一字之差;评扬雄作赋"极丽靡之辞""闳侈钜衍","丽靡"一语则彰显了扬雄语言的华美。司马相如和扬雄堪称一代赋宗,他们的大赋足以代表汉赋的艺术水平,是汉代美学的重要贡献。汉大赋中塑造了许多奇特的形象,诸如子虚先生、乌有先生、无是公等,描绘了很多离奇的故事,这是对楚骚"奇"的发展。只不过,这种"奇"由神话之奇转变为现实的虚构之奇,创造的意义更为显著;再辅之以铺张扬厉的语言,使得楚骚奇艳的美学血脉在汉赋中汩汩流淌,在汉帝国政治、经济和文化的熏染下,逐渐演化成闳侈之美。

闳侈之美是繁富之美。这种繁富是故事的繁富,语言的繁富。汉赋的题材范围是有限的,按照萧统《文选》的分类,大致包含以下几个方面:京都、郊祀、田猎、纪行、游览、鸟兽、志、哀伤、音乐、情等,其中京都、田猎是汉大赋最为精彩的内容。汉大赋中,人们津津乐道的,描写京都的有班固的《两都赋》、张衡的《二京赋》(《西京赋》《东京赋》)等,

---

① 郭绍虞 主编.中国历代文论选(第一册)[M].上海:上海古籍出版社,1979:85.

描写田猎的有司马相如的《子虚赋》《上林赋》、扬雄的《羽猎赋》《长杨赋》等，皆极尽铺排之能事。描写京都的大赋，不仅有地理、历史描写，而且还有事件、细节描写，宫殿、飞阁、湖苑、商业、市井、人文、风物等，用历史掌故或民间流传的故事与繁琐铺陈且华美的语言栩栩如生地展现在人们眼前。如张衡的《西京赋》写长安的地理："汉氏初都，在渭之涘，秦里其朔，实为咸阳。左有崤函重险、桃林之塞，缀以二华，巨灵赑屃，高掌远跖，以流河曲，厥迹犹存。右有陇坻之隘，隔阂华戎，岐梁汧雍，陈宝鸣鸡在焉。于前则终南太一，隆崛崔崒，隐辚郁律，连冈乎嶓冢，抱杜含鄠，欱沣吐镐，爰有蓝田珍玉，是之自出。于后则高陵平原，据渭踞泾，澶漫靡迤，作镇于近。其远则九嵕甘泉，涸阴冱寒，日北至而含冻，此焉清暑。尔乃广衍沃野，厥田上上，实为地之奥区神皋。"突出了长安的物产丰厚，地理优越。描写田猎的大赋，其场面铺排之壮阔，无出其右。如司马相如的《上林赋》："于是乎背秋涉冬，天子校猎。乘镂象，六玉虬，拖蜺旌，靡云旗，前皮轩，后道游。孙叔奉辔，卫公参乘，扈从横行，出乎四校之中。鼓严簿，纵猎者，河江为阹，泰山为橹，车骑雷起，殷天动地，先后陆离，离散别追。淫淫裔裔，缘陵流泽，云布雨施。生貔豹，搏豺狼，手熊罴，足壄羊，蒙鹖苏，绔白虎，被班文，跨壄马，凌三嵕之危，下碛历之坻。径峻赴险，越壑厉水。椎蜚廉，弄獬豸，格虾蛤，鋋猛氏，罥要褭，射封豕。箭不苟害，解脰陷脑，弓不虚发，应声而倒。"这种繁富之美使得汉大赋极其厚重，"写物图貌，蔚似雕画"（《文心雕龙·诠赋》）。

闳侈之美是一种象征之美。无论汉大赋描写的是何种题材，都极尽铺排。铺排给人带来的第一观感是语言的闳侈，运用语言充分进行典故、掌故等人、事、物的叠加，从而达到铺张扬厉的目的。然而，在汉大赋中，语言的闳侈并非多余、拖沓，其背后隐含的是思想情感的闳侈，也就是说，非闳侈的语言无法表达闳侈的思想情感。因此，闳侈兼及语言与思想情感两个方面。闳侈的背后是象征，这是一种截然不同于楚骚的象征，是充满宏大气魄的象征。汉大赋中所描绘的场景很多都不是寻常场景，另有一番意义；其描绘的风物很多也不是寻常风物，而是具有象征意蕴的风物。这些象征有时是单个的，有时是整体的。例如，司马相如的《子虚赋》就是一个典范。这篇赋通篇充满象征意蕴，同时，单个的人物、事件也具有很强的象征意味。楚国的子虚先生以使臣的身份出使齐国，其行为举止都是国家的象征，不能辱没国格。因此，他的言行都关联着国家利益。他和齐国的乌有先生逞强斗狠是他的身份决定的，也是他的个性决定的。司马相如并没有掩饰子虚先生个性的缺陷。无论子虚先生对楚国疆域广大、物产富饶的夸耀还是乌有先生对齐国大海名山、异方殊类的夸耀，其实都是对汉王朝强盛的夸耀，是汉帝国国力的象征。

闳侈之美是为了张扬讽谏意图，赋予讽谏以美的形式意义。汉大赋沿袭的《诗经》、楚辞的传统，目的是为了传播教化，表达讽谏的意旨。关于赋的讽谏、教化功能，班固《汉书·扬雄传》有明确的记述，并将之归结为扬雄抛弃辞赋而不为并宣称"辞赋小道"的原因，其中就包含着对大赋的态度。① 纵观汉大赋，几乎篇篇具有教化的意图。奇妙的是，这些意图偏偏要借助于闳侈的语言、形式，通过铺张扬厉去实现。象征手段的运用，更加凸显了大赋的喧宾夺主，原本的讽谏意蕴被无视，铺张扬厉似乎成为大赋的弊端。这也是汉大赋被后人诟病的最主要的原因。《子虚赋》在夸饰、炫耀之后，将之归结为讽谏的主题，借乌有先生之口指出奢侈淫逸的危害："今足下不称楚王之德厚，而盛推云梦以为高，奢言淫乐而显侈靡，窃为足下不取也。必若所言，固非楚国之美也。无而言之，是害足下之信也。章君恶、伤私义，二者无一可，而先生行之，必且轻于齐而累于楚矣。且齐东陼钜海，南有琅邪；观乎成山，射乎之罘；浮勃澥，游孟诸；邪与肃慎为邻，右以汤谷为界。秋田乎青丘，彷徨乎海外。吞若云梦者八九于其胸中曾不蒂芥。若乃俶傥瑰伟，异方殊类，珍怪鸟兽，万端鳞崒充牣其中，不可胜记。禹不能名，卨不能计。然在诸侯之位，不敢言游戏之乐，苑囿之大；先生又见客，是以王辞不复，何为无以应哉！"《两都赋》的讽谏意图也十分鲜明。班固写作这两篇赋的目的不仅是为了表现两都的宫殿、苑囿、风物、地理之美，而是借助于对两都繁华的铺陈表达自己的政治观念，以法度和王制来衡量西都（长安）和东都（洛阳）的地理、建筑、风俗等利弊，从而实现讽谏的意图。由此可见，闳侈与讽谏并

---

① 班固《汉书·扬雄传》载："雄以为赋者，将以风也，必推类而言，极丽靡之辞，闳侈钜衍，竞于使人不能加也，既乃归之于正，然览者已过矣。往时武帝好神仙，相如上《大人赋》欲以风，帝反缥缥有陵云之志。繇是言之，赋劝而不止，明矣。"郭绍虞 主编．中国历代文论选（第一册）[M]．上海：上海古籍出版社，1979：89．

不矛盾、冲突，关键是，要切实处理好它们之间的利弊得失。

本章小结

先秦两汉的美学思想是中国古典美学的发轫，理论内容十分丰富，核心的美学观念主要蕴含在五经、诸子、史传、楚骚、汉赋以及与之相关的研究著述中。五经作为中华文化的经典，毫无争议地成为中国美学的元典。《周易》的生生思想已经成为中华民族的生命精神，是生命美学的重要内容。生命精神涵盖了生命哲学、生命美学的所有要素，生命态度、生命意识、生命意志、生命理想等等，都包含在生命精神之中。这是一种独特的个性气质、精神品质、审美观念。礼、乐有不同的职能与功用，乐的功用是使万物和谐，礼的功用是使万物有序。礼乐的"中和"思想追求的是和谐，包蕴着含蓄蕴藉的美学品格，倡导"无过而不及"，这都是艺术和美学的最高境界。《诗经》虽然是一部文学文本，但在先秦两汉时期，却远远超越了文学的界域，积淀成一个文化经典。很多美学、美育的命题，如言志、兴观群怨、风雅、美刺、赋比兴、温柔敦厚等等，由此产生。在中国美学史上，《诗经》的地位极为崇高。先秦诸子百家，以儒、道两家的影响为最大，由这两种思想体系衍生的思想流派众多，包括先秦的礼乐教化、汉代的黄老之学以及魏晋玄学等。老子和庄子都推崇自然，他们的"道"就是自然之道，自然成为老庄美学的核心。在道家的美学思想中，自然的地位是崇高的、绝对的，自然美是无可比拟的美。楚地文学的代表是楚骚，汉代文学的代表是汉赋。楚骚与汉赋虽然是两个时代的文学，但血缘关系极为清晰。汉文化师承楚文化，又极大地发展了楚文化，汉赋脱胎于楚骚的创造。楚骚奇艳，汉赋闳侈，各自的美学意蕴十分丰富，美学特色十分鲜明。奇艳之美是思想内容的博大、渊深，是形式的华美，"文约""辞微"并不是一般意义上的形式认识，而是美学认识。闳侈之美是繁富之美，是象征之美，张扬的是讽谏意图，赋予讽谏以美的形式意义。它们的美学意义都是不可忽视的。

第十章　魏晋至唐宋美学概要

魏晋南北朝是中国古典美学的发展成熟期。这首先表现为审美意识的独立。随着两汉思想大一统局面的瓦解，审美意识得以从实用主义的儒家诗教思想中突围，不仅艺术从教化之工具还原为独立的审美对象，而且人物品藻随即从道德评价转向审美鉴赏，人物风度得以彰显，"人的觉醒""文的自觉"和"自然的发现"成为魏晋美学的基本主题。其次是艺术创作的繁荣。这一时期涌现了不少中国古代艺术史上最负盛名的伟大艺术家，诗歌、书法、绘画、音乐等艺术门类生机蓬勃，取得了前所未有的美学成就。再次是艺术批评和美学理论的成熟，一大批美学著作簇成中国古代美学的一座高峰，《典论·论文》《文赋》《文心雕龙》《诗品》《声无哀乐论》《古画品录》《画山水序》等都蕴含了丰富的艺术理论和美学思想，泽被来叶。唐宋美学在继承和汇通前代美学成果的基础上，依据新的时代条件和艺术实践经验又有所革新、深化、发展和成熟，呈现出绚烂多姿的美学景观。本章选取"立言与载道""气韵与风骨""意象与意境"三组美学范畴展开论述，虽是挂一漏万，但力求起到沿波讨源的作用，成为读者诸君深入美学堂奥的路标。

第一节　立言与载道：中国古代美学的价值理想

《论语·八佾》篇记载了孔子谈论上古音乐的一段话："子谓《韶》，'尽美矣，又尽善也'。谓《武》，'尽美矣，未尽善也'。"[①]孔子在此树立了艺术批评的双重标准：美和善。对于一件艺术品，光是美的，还不够，还

---

① 杨伯峻.论语译注［M］.北京：中华书局，2009：33.

得引人向善,树立道德准则。受儒家思想的熏陶,中国古代文人怀有强烈的文化使命感,自觉地担负起传承和建构中华民族千年文脉的职责。他们或著书立说以宣大义,或舞文弄墨以咏性情,或挥弦度曲以广教化,艺术活动背后所隐藏的是尽善的价值取向。"立言不朽"和"文以载道"作为中国古代文人阶层从事文化活动和文学创作的指导思想,蕴含着他们对美学的价值理想的思考。

一、立言不朽:知识阶层的文化使命

语言作为最基本的表意符号系统,是记载和传承人类文明的重要媒介。中国古代典籍浩如烟海,是人类文明史上的灿烂瑰宝。这些典籍是古代文人士大夫阶层自觉担负政治聘问、伦理教化、文化传承和精神表达的人文使命的结果。在中国古代历史上,很早就形成了"立言"的传统。据《左传·襄公二十四年》记载,鲁国大夫叔孙豹曾与晋国大夫范宣子就"死而不朽"的话题展开讨论。范宣子以为宗祠不衰且世食厚禄即谓之不朽,叔孙豹却不以为然。他提出:"大上有立德,其次有立功,其次有立言,虽久不废,此之谓不朽。"[1] 这就是著名的"三不朽"说,其中,"立言不朽"成为中国古代士大夫阶层最高的人生理想和价值准则。

春秋战国时期,社稷扰攘,诸侯纷争,新兴的士大夫阶层多以言辞干预政治,以图在策命、朝聘、会盟、祭祀等场合中发挥作用。司马迁在《史记·孟子荀卿列传》中写道:"自驺衍与齐之稷下先生,如淳于髡、慎到、环渊、接子、田骈、驺奭之徒,各著书言治乱之事,以干世主。"[2] 可见,立言是先秦诸子百家争鸣、关怀社稷的共同选择。即便是提出"儒以文乱法"(《韩非子·五蠹》)的法家和"知者不言,言者不知"(《老子》第五十六章)的道家学派也都有著作传世,成为中华文明史的重要组成部分。

先秦诸子还对立言的标准多有思考。墨子曾提出"言有三表"说。何谓"三表"?墨子曰:"有本之者,有原之者,有用之者。于何本之?上本之于古者圣王之事;于何原之?下原察百姓耳目之实;于何用之?废以为

---

[1] 杨伯峻.春秋左传注[M].北京:中华书局,2016:1199.
[2] 司马迁撰.史记[M].北京:中华书局,1982:2346.

刑政，观其中国家百姓人民之利。"①(《墨子·非命上》)他认为"立言"有三个原则：一则言之有据，以上古圣贤的事迹为根据；二则从实际出发，符合百姓的实际生活体验；三则言之有用，即能够在国家治理上产生实际效益，有利于民。孔子也很重视"立言"，认为君子之言要做到文质彬彬，不可过于粗鄙质实，也不可过于雕琢润饰。因此，他一方面主张说话要有文采，因为"言之无文，行而不远"(《左传·襄公二十五年》)；另一方面强调"辞达而已"(《论语》)，限制文采的泛滥。以孔子为代表的儒家人物注重立言与德行的统一性，要求"修辞立其诚"(《周易·文言》)，表达内心真实的情感和思想。这些观念成为重要的美学标准，对后世文人产生了深刻影响。

随着古代知识阶层的壮大和著述活动的私人化，"立言"也从原初语境中的诸子著述逐渐扩展其范围。孔颖达《左传正义》说："屈原、宋玉、贾逵、扬雄、马迁、班固以后，撰集史传及制作文章，使后世学习，皆是立言者也。"此处所列举的人物的主要撰述以史传和诗赋为主，而不同于先秦诸子思想性的学术著作。屈原、司马迁等人的作品带有很强的个人主观情感色彩，他们"立言"的初衷是抒发个人怀抱。恰如《史记》所载，屈原忠诚事君，尽其才智，却因小人谗害，遭楚王放逐，《离骚》诸作表达了自己忧思愤懑的心境。司马迁遭宫刑之辱，身体和精神都受到了严重摧残。他之所以发愤著书，诚然有"究天人之际，通古今之变，成一家之言"的抱负襟怀，但其背后起支撑力量的，仍是"恨私心有所不尽，鄙没世而文采不表于后"②(《报任安书》)的"立言不朽"的人生理想。

东汉末期，政权分崩，诸侯角力，战乱不已，生灵涂炭，加之疾疫流行，人的生命面临巨大威胁。在这样的彷徨无奈之中，寄身翰墨以追求超越生命限度和一时荣辱的不朽声名成为当时文人的群体性自觉。曹丕说："盖文章，经国之大业，不朽之盛事。年寿有时而尽，荣乐止乎其身，二者必至之常期，未若文章之无穷。是以古之作者，寄身于翰墨，见意于篇籍，不假良史之辞，不托飞驰之势，而声名自传于后。"③(《典论·论文》)作为政权领袖，曹氏父子笃意于文章事业，形成了以建安七子为骨干的邺

---

① 方勇评注.墨子[M].北京：商务印书馆，2018：302.
② 班固.汉书[M].颜师古注.北京：中华书局，2016：2733.
③ 郭绍虞主编.中国历代文论选（一卷本）[M].上海：上海古籍出版社，2001：159.

下文人集团，这种"彬彬之盛"（钟嵘《诗品》）的文化景观将立言不朽的精神追求发挥到了新的境界。

"立言不朽"作为中国古代知识阶层的人生志向和存在方式，虽政权更迭，前修渐逝，而历代延续不已，甚至成为人类文明创造和传承的使命担当。北宋大思想家张载的名言——为天地立心，为生民立命，为往圣继绝学，为万世开太平——正是这种担当精神的集中体现。"立言"，并不止为个人声名的不朽，更是着眼于宇宙秩序和伦理法则的重建，学术道统的传承以及终极的世界大同理想。这种伟大的抱负要通过"立言"的方式去实现，而这言语本身也因其崇高而不朽。

二、文以载道：文学的价值追求及其实现方式

"文以载道"的命题是北宋理学家周敦颐在《通书·文辞》中首先提出的。人们通常认为这个命题是唐代作家韩愈进行古文运动的改革口号。这是一个误会。韩愈没有说出这样的话，却有相似的说法。他说的是"修其辞以明道"（《争臣论》），同样参与古文运动的柳宗元也提出了"文者以明道"（《答韦中立论师道书》）。可见，文以明道是当时古文家们共同的主张。在此之前，古人对文道关系的探讨已经持续很长时间了。早在《周易》那里，就曾有"观乎天文，以察时变；观乎人文，以化成天下"[①]的说法。这句话的含义是，自然界和人世间的诸多现象的背后都有一定的规律和根据，也就是所谓的"道"，通过体察这些天文以及人文现象，就能够掌握它们的内在规律和根据，从而应对自然和人事的变化。这种古老的观念在南朝齐梁时代被刘勰所继承，他从美学角度对文道论展开论述。在他看来，只有圣人能够透过纷繁复杂、诡谲多变的人文现象发现并阐明"道"的内涵。自伏羲创制八卦以来，文王、周公以及孔子都有"立言"之功，他们用文字记录了深邃精微的天道。他提出了"道沿圣以垂文，圣因文以明道"[②]的命题，来表彰圣人在体道和立言方面的功绩，确立了儒家经典之于文章写作的典范性。

刘勰之所以在《文心雕龙》的开篇确立"文原于道"的基本宗旨，并

---

① 黄寿祺、张善文.周易译注[M].北京：中华书局，2016：167.
② 詹锳.文心雕龙义证[M].上海：上海古籍出版社，1989：28.

强调圣人文章的典范性，是为了针砭时弊。齐梁时代的文学创作出现了严重的形式主义倾向，片面追求文章形式的浮艳华美，甚至以讹为新，而在内容方面却空洞得很，言之无物。这与唐代古文运动的初衷大体相似。古文运动以韩愈、柳宗元为领袖，他们都提倡古文，反对骈文。中国古代有浓厚的文体观念，十分注重体裁分类，不同的文体有不同的写作规范和题材范围，并非所有文章都可以用骈文来写。当时有文笔之分，文指的是用韵的骈文，笔指的是不用韵的散文。凡诸表、奏、状、议、谏、疏、书、记、序、论等皆为散文，如诸葛亮《出师表》、王羲之《兰亭集序》、陶渊明《桃花源记》、吴均《与朱元思书》、范缜《神灭论》等。自齐永明年间开始，骈文大行其道，文笔之分渐趋模糊，许多实用文体也以骈文的形式来写，虚饰浮夸，言不及义。这种风气延续到唐代，由于李世民等人雅好辞章，骈文仍占据文坛的主导地位，并且成为科举取士的规定体裁，类似于明清时期的八股文，相习日久，十分僵化，不仅难以突破形式上的窠臼，更缺乏表情达意的能力，丧失了明道的功能，偏离了文道合一的传统。

韩愈等人倡导古文，除着眼于文学形式的革新之外，更是为了通过古文的复兴来实现儒家道统的回归。唐代佛老思想居于主流，而儒道衰微。佛教和道教的扩张造成了严重的社会灾难。僧道寄生于民，不事生产，增加了社会经济压力，使得国家疲弱、民生凋敝。韩愈极力主张恢复以孔孟为代表的儒家之道。他说："吾所谓道也，非向所谓老与佛之道也。尧以是传之舜，舜以是传之禹，禹以是传之汤，汤以是传之文王周公，文王周公传之孔子，孔子传之孟轲，轲之死，不得其传焉。"[1]（《原道》）显然，韩愈以儒家道统的继承者自居。然而，韩愈在儒学方面并没有伟大的建树，而作为一代文豪，在古文方面却建立了"雄伟不常"（李汉《唐吏部侍郎昌黎先生讳愈文集序》）的丰功伟绩。

如果仅仅把"文以明道"理解为通过古文来阐明和宣扬儒家思想，那么这一命题的理论价值就大打折扣了，且极易招致批评，被认为是一种工具主义的文学观念，甚至沦为政治宣传的附庸。其实，这个命题有更为精深的内涵。一方面，古文家所提倡的"道"并不是与己无关的哲学义理或

---

[1] 马其昶.韩昌黎文集校注［M］.上海：上海古籍出版社，2014：20.

道德教化，而是"利于人，备于事"（柳宗元《时令论》）的切合时用的思想观念。韩愈虽抵排佛老，崇尚儒道，但他对主张尚贤兼爱的墨家一并吸取，对无用于当今的《仪礼》也不固执泥守。韩、柳二人都认为"文以行为本，在先诚其中"（柳宗元《报袁君陈秀才避师名书》），写好古文的前提乃是加强个人的道德修养，要"养其根而俟其实"（韩愈《答李翊书》），成为仁义之人。另一方面，古文家所说的"文"，也不单指与骈文相对的古文，还指的是文法，即要从古文修辞上下功夫，超越骈文的程式窠臼，学习并创新古文文法。韩愈曾在写给青年子弟的书信中多次谈及古文修辞的重要性。他说："若圣人之道不用文则已，用则必尚其能者；能者非他，能自树立，不因循者是也。"（韩愈《答刘正夫书》）其《答李翊书》详细谈到了他本人学习古文的历程。要做好古文，一则要做到"唯陈言之务去"，要努力拔除骈文句式或语词的习惯性影响，破除那一套僵化的写作程式；二则要"识古书之正伪"，广泛地阅读和揣摩三代两汉之书，学习其文章的艺术技巧如何准确而恰当地表达作者的思想；三则要追求文字精当，做到"文从字顺各识职"，一字一句都要安排得妥帖允当；四则要文章风格整一，避免混乱杂遝。

在文辞上下功夫是文学家的本职和本能。早在陆机和刘勰那里，这种修辞能力的锤炼就已成为古代文人审美鉴赏的核心。刘勰提倡宗经复古的文学观念，固然在内容上要求以儒家的思想观念为主，在文章的写作形式上也要取则于经典。在《文心雕龙·征圣》篇，刘勰在具体列举"简言以达旨，博文以该情，明理以立体，隐义以藏用"四种典型的写作方法之后，总结道："故知繁略殊形，隐显异术，抑引随时，变通会适，征之周、孔，则文有师矣。"[1]这种文道合一的观念正是韩愈"学古道而欲通其辞"的理论基础。到了清代桐城派，方苞等人明确提出"义法说"，将"言有物"和"言有序"有机统一，更加突出文法问题在古文成败方面的关键作用。

然而，在理学家眼里，这些注重锤炼文辞、考究文法的古文家不免有本末倒置之嫌。宋代理学家们站在道的立场上对"文以载道"观念做了集体的批判。朱熹曾评价苏洵说："为欲学古人说话声响，极为细事……

---

[1] 詹锳.文心雕龙义证[M].上海：上海古籍出版社，1989：45.

如韩退之、柳子厚辈，亦是如此。其答李翊、韦中立之书，可见其用力处矣。然皆只是要作好文章，令人称赏而已，究竟何预己事，却用了许多岁月，费了许多精神，甚可惜也。"①（朱熹《沧州精舍谕学者》）周敦颐并不是在肯定的意义上提出"文以载道"的命题的，他认为，"不知务道德而第以文辞为能者，艺焉而已"②（周敦颐《通书》）。艺者，技也，与道相比，等而下之。更有二程直接指出"作文害道"，甚至以俳优视之（《二程语录》）。显而易见，在文道关系的问题上，理学家们秉持的是文道相离的观点。这里所说的"文"，并不是一般意义上的古文或文章，而是指向对修辞的专注和锤炼。毕竟朱熹等人留下的载道文章，并不比韩愈少。而且，他们的观点也无法彻底否定"文以载道"的合法性，韩愈等人艺术性与思想性并重的古文观念，具有重要的美学价值，至今仍有不可忽视的意义。

第二节　气韵与风骨：从人格修养到艺术审美的转换

中国古典美学是由诸多概念范畴构成的庞大系统。考察美学范畴的生成路径是从事美学史研究的一项重要工作。在魏晋南北朝时期，人物品藻风气盛行，它不仅是中国美学的典型形态之一，也是中国美学范畴的重要来源。宗白华先生说中国美学是"出发于'人物品藻'之美学"③，确为的论。中国古典美学也因此深深地打上了人格化的烙印，美不仅是事物的外在特征，更是人的内在心灵的彰显。"气韵"与"风骨"是中国古典美学中的两个关键范畴，与魏晋人物品藻关系密切，而且在中国古代艺术中产生了很大的影响。

一、气韵生动

中国古代的审美鉴赏常常以气韵作为评判艺术作品优劣的重要标准。如唐代著名画论家张彦远在《历代名画记》中写道："传模移写，乃画家末事。然今之画人，粗善写貌，得其形似，则无其气韵，具其色彩，则失其

---

① 郭绍虞主编.中国历代文论选（第一册）[M].上海：上海古籍出版社，2001：286.
② 郭绍虞主编.中国历代文论选（第一册）[M].上海：上海古籍出版社，2001：283.
③ 宗白华.宗白华全集（第二卷）[M].合肥：安徽教育出版社，2008：269.

笔法，岂曰画也！"① 在他看来，作画成功的关键在于表现出人物的精神气韵，而非模仿他的外形，杰出的画家要善于通过笔法的运用使人物气韵跃然于纸。宋代画家郭若虚也坦言道："凡画必周气韵，方号世珍；不尔，虽竭巧思，止同众工之事，虽曰画而非画。"② 让画家从众多的画匠中脱颖而出的，正是作品中充盈着的气韵。

何谓"气韵"？这应当从概念史的角度寻求答案。在中国古代美学史上，"气"和"韵"原本是两个词，先是各自独立发展，拥有不同的内涵，到了魏晋南北朝时期才合在一起用，并逐渐成为一个艺术领域内广泛使用的美学范畴。根据东汉许慎《说文解字》的解释，气，本义为云气，是一种极为常见的自然现象。但古人朴素的宇宙论却将其抽象为世界万物的生成之源。《管子·内业篇》曰："凡物之精，此则为生，下生五谷，上为列星。流于天地之间，谓之鬼神；藏于胸中，谓之圣人。"③ 将周流于天地之间的气看作生成万物的基本元素，这在古代是一种很普遍的观念。那么，人作为宇宙间的一个族类，自然也是由气化生而成的。《庄子·知北游》就说："人之生，气之聚也。聚则为生，散则为死。"④ 因此，古人非常看重"气"对人的生命的影响，以及不同类型的气对人的性格才能的作用。孟子说"吾善养吾浩然之气"，努力形成一种刚健奋发的人格精神。汉代王充在前人的基础上提出了"元气论"，认为人的生命源于精气，而所含精气的多少，决定了人性的善恶贤愚。古人认为，充盈于人的生命之中的精气能够透过人的语言、形体或行为彰显于外，换句话说，人的语言、形体或行为是了解其内在的人格德行或精神气度的重要渠道。因此，孟子在提倡"养气"的同时，也注重"知言"，即透过语言行为去洞察人的品性问题。到了魏晋时期，盛行人物品评之风，"气"也就成为评价和衡量人物的重要标准，出现了辞气、意气、才气、神气、风气、高气、隽气等形容人物气度的词语。将气之有无强弱作为评判人物优劣的重要依据，这是诗歌和绘画等审美领域中以"气韵"为胜的前奏。

"韵"字从音，原本是一个语音学上的名词，即声韵。这是"韵"的

---

① 俞剑华.中国古代画论类编[M].北京：人民美术出版社，2014：33.
② 俞剑华.中国古代画论类编[M].北京：人民美术出版社，2014：59.
③ 黎翔凤.管子校注[M].北京：中华书局，2004：931.
④ 陈鼓应.庄子今注今译[M].北京：中华书局，2009：597.

最早和最广泛的用法。古代有音韵学，专门研究文字的发音问题。与之相关的是诗律学，探讨诗歌的用韵问题，属于文学形式方面的学问。后来，古人对"韵"的理解和使用逐渐脱离了语音学的限制，用以描述人物的风度神态，表现其超凡脱俗的人格精神。这在汉魏六朝时代的人物品评中十分常见。如《世说新语》刘孝标注引《向秀别传》曰："（向秀）与谯国嵇康、东平吕安友善，并有拔俗之韵。"① 这是说嵇康等三人具有超脱凡俗的神采风度。葛洪《抱朴子·刺骄》篇也说："若夫伟人巨器，量逸韵远，高蹈独往，萧然自得。"② 从以韵言声到以韵品人的转变，似乎缺乏根据，实则有章可循。汉魏时期，声韵之美已经受到普遍的关注，如何创造出有声艺术的清韵、雅韵，蔡邕、曹植、嵇康等人都有过思考。不难理解，艺术创造过程中对韵的重视在人物鉴赏盛行的时代便成为了人物的审美评价尺度，人物超逸拔俗的韵致与诗歌音乐余味绵长的美感具有异曲同工之妙。

当人物品题之风延展到艺术领域，就出现了诗品、画品、书品之类的著作，在这个过程中，很多美学范畴、概念逐渐形成并被赋予了完整的内涵。从现有文献看，"气韵"一词最早出现在齐梁年间画家谢赫的《古画品录》一书中。谢赫在这本书中总结了绘画"六法"，被后人奉为"千载不易"的金科玉律。

> 六法者何？一气韵生动是也；二骨法用笔是也；三应物象形是也；四随类赋彩是也；五经营位置是也；六传移模写是也。③

与其他五种法则描述绘画的过程或手法不同，"气韵生动"概括了绘画艺术的美学原则，是骨法用笔、应物象形等具体操作所要达到的审美效果。

对"气韵生动"可以从绘画的局部和整体两个层面进行解读。在局部，凡画中所涉人物、花鸟、山水均要灵动鲜活，表现出独特的个性姿态，生机盎然。这并不是要求绝对的形似，而是一种超越形似的美学风貌。据《世说新语·巧艺》记载，东晋画家顾恺之在为名士裴楷作画时，

---

① 龚斌.世说新语校释［M］.上海：上海古籍出版社，2011：149.
② 杨明照.抱朴子外篇校笺（下）［M］.北京：中华书局，1997：24.
③ 俞剑华.中国古代画论类编［M］.北京：人民美术出版社，2014：355.

特意在其面颊上平添三根毫毛。人问其故，顾恺之答道，裴楷为人俊朗睿智，见识非凡，这三根毫毛正是用来凸显这种独特的气韵。可见，气韵生动来自画家别出心裁的创造能力，而非刻板的模仿。在整体，整幅作品要意境浑融，人、物、境之间的搭配构造要妥帖自然，能够显示出整体的生命力，灌注一体的生气。还以顾恺之为例。他画名士谢鲲人物像，将其置于嶙峋的山石之间，背景与人物的配合相得益彰。这是因为，谢鲲曾回晋明帝问"君自问何如庾亮"时答道："一丘一壑，自谓过之"（《世说新语·品藻》），表明自己向往自然、笃情山水的志趣。而面对王敦叛乱，谢鲲临危不惧，仗义谏言，展现出耿介正直的人格精神。顾恺之以岩石为背景，烘托出了谢鲲既崇尚自然又慷慨磊落的个性，人物与环境相映成趣。

艺术作品是否有气韵，固然与艺术家的创作技巧有很大的关联，但古人更为看重的是艺术家的内在修养。宋代郭若虚言之甚明："人品既已高矣，气韵不得不高。"[①]（《图画见闻志》）这就回到了前面所说的"养气"问题上来了。古代艺术非常重视艺术家的道德修养，从孟子"配义与道"的浩然之气到韩愈的"气盛言宜"之论，乃至宋代苏辙"气可以养而致"（《上枢密韩太尉书》）的观念，均强调作家艺术家的主体精神对艺术创作的影响。中国古代素有心画心声之说，称书法、绘画、诗歌之类的艺术均是艺术家内心情志的表达。那么，艺术家内在的精气是否充沛正直就会直观地体现在他的作品之中。在一定程度上，气韵是人格的体现。

最后要说明的是，以气韵作为总体审美原则的中国古典艺术并不将美的事物作为表现的唯一对象，而片面地排斥丑的形象。正如叶朗先生所说，在中国美学史上，"美"与"丑"的对立并不那么绝对。一件艺术作品，形象本身是美是丑无关紧要，关键在于有没有气韵，是否表现出活泼灵动的生命力，在笔墨之外见出精神。因此，枯荷、老树、怪石、病梅、瘦竹、老僧甚至黄昏中的乌鸦都成为绘画与诗歌中常见的意象。

二、风清骨峻

与气韵一样，风骨也是脱胎于魏晋人物品鉴而后结合成为中国古典美学史上的重要理论范畴的。风原是指空气的流动，《庄子·齐物论》说：

---

① 俞剑华.中国古代画论类编［M］.北京：人民美术出版社，2014：59.

"大块噫气，其名为风"，即是此意。在儒家文化语境里，风的流动性具有了教化感动的内涵。汉代学者解读《诗经》，有"六义"之说，其中释"风"为"风者，风也，风以动之，教以化之"①（《毛诗序》）。今天还有"如沐春风"这个成语，表示有益的教诲使人得到滋养、内心愉悦。到了魏晋时期，虽然儒学衰微，教化观念遭到鄙薄，但在人物品鉴时仍用"风"来形容一个人所具有的令人心旷神怡的精神气度。如，《世说新语·赏誉》篇说王弥"风神清令"，《容止》篇形容嵇康"风姿特秀"、王济"隽爽有风姿"，《贤媛》篇称谢道韫"有林下风气"，等等。古人认为，精气充盈于人的身体，是人的生命和精神的活力之源。以风论人，其实是中国古代气论哲学的衍伸。而"骨"成为人物品鉴的重要术语则有与之不同的来源。"骨"源于古代相术，骨相是观察和判断人的命运的重要方式。《史记·淮阴侯列传》就有"贵贱在于骨法"之说。东汉王充《论衡》置《骨相》一篇，专论作为表候的骨法与人的命运的关系。又兼古人认为，人的筋、骨、色、容等身体特征乃是其性情才学的外现，因此在汉末魏晋之际成为品论人物乃至拔擢升迁的根据。如《世说新语·赏誉》篇记载王羲之评陈泰为"垒块有正骨"，《品藻》篇谓阮裕"骨气不及右军"。

将"风""骨"从人物品鉴的领域移置到对人物画的欣赏是一个再自然不过的过程。如果说，人物品鉴因人才选拔的需要带有一定的功利色彩，那么人物画更着意于人物的神韵气度。因此，中国中古绘画尤其看重风骨。相比而言，"风"作为对人物神情韵致的形容偏于主观感受，浸润无声，属于审美直觉；而"骨"作为从相术演变而来的评价尺度则较为质实，骨鲠有形，易于借助视觉去体察。在书画艺术中，"骨"逐渐成为一种创作技法，对表现人物个性起重要作用。故而谢赫在"六法"中特意将"骨法用笔"单独拈出，作为一种独立的绘画法则，讲究遒劲有力的笔势。这一点被后人广泛继承。初唐彦悰论画尤重"风骨"，常以"骨气"的有无多寡论作品优劣。盛唐张怀瓘论东晋南朝三大画家，称"象人风骨，张亚于顾、陆也"（《画断》）。张扬风骨的审美趣味还出现在山水画中，如元稹《题张璪画松》道："张璪画古松，往往得神骨"，宋代刘道醇评论范宽画作亦云："冒雪出云之势，尤有气骨"（《宋代名画评》）。

---

① 郭绍虞主编.中国历代文论选（第一册）[M].上海：上海古籍出版社，2001：63.

以风骨论书法是中国古代美学的一大特色。中国古代书法美学常以骨、肉对举，视笔力遒劲、风格健朗和笔力纤圆、字态浮弱腴厚为两种不同的美学风格，而且往往认为前者为胜。如相传为卫夫人所作的《笔阵图》就说："多骨微肉者谓之筋书，多肉微骨者谓之墨猪。多力丰筋者圣，无力无筋者病。"自此后，历代书家多以"骨力遒劲""骨气骏爽""骨节通灵""骨势洞达""骨态清和"之类的词汇评论书法作品。宗白华先生说："'骨'就是笔墨落纸有力、突出，从内部发挥一种力量，虽不讲透视却可以有立体感，对我们产生一种感动力量。"① "骨"的审美价值正在于此。

不止在书画艺术领域，在中古时期的文学领域里，风骨也是审美批评的核心范畴，甚至成为文学史书写的一条重要线索。"风骨"作为一个美学范畴，在刘勰《文心雕龙·风骨》篇里得到了完整的理论建构。然而，在将古代的美学范式进行现代转换的时候，学者们对"风骨"的理解，同别的许多范畴一样，出现了言人人殊的局面，难以定于一统。我们姑且从三个方面提出自己的见解，以供读者参考。首先，刘勰讨论风骨延续了他"心生而言立，言立而文明"的基本命题，强调文章风骨与主体人格之间的渊源关系。他说："结言端直，则文骨成焉；意气骏爽，则文风清焉。"② 这是说，文章风骨的形成有赖于作者的人格修养，只有端严正直的品德和俊逸爽朗的性情才能写出风清骨峻的文章。"端直"和"骏爽"都是由人及文的，其根柢在人。刘勰一方面继承了曹丕的"文气说"，主张"文以气为主"（曹丕《典论·论文》），倡导清新刚健的精神；另一方面也发扬了孟子"知言养气"的思想传统，认为作家体内的精气对他的发言谈吐有深刻的影响。其次，刘勰从文章内容层面阐述风骨的要义。刘勰论文要旨在于克服齐梁时代形式主义的文学弊病，崇尚"为情而造文"的诗人之作，反对片面雕琢辞令的矫揉造作。他认为，有风骨的文章必须在内容上下功夫，做到"析辞必精""述情必显"。这里的"辞"，不是指辞藻文采，而是在"辞达而已矣"的意义上强调思想内容的精审凝练。作家精于析辞的前提是思想的透彻明白，文章想表达什么，要了然于胸。如果

---

① 宗白华.宗白华全集（第三卷）[M].合肥：安徽教育出版社，2008：467.
② 詹锳.文心雕龙义证[M].上海：上海古籍出版社，1989：1048.

思想很薄弱，徒有繁复堆砌的辞藻，刘勰认为，这就是无骨的表现。前面说过，"风"具有感化的意思，"述情必显"则是说文章中的情感要有感染力，使人读了觉得感动，在情感上产生共鸣，这就要求作家的情感必须是真挚的。我们读曹操的《蒿里行》，体会那"白骨露于野，千里无鸡鸣"的场景，同样会产生"念之断人肠"的悲悯。最后，刘勰认为，如果只有风骨，没有文采也是不行的，要把二者结合起来。他用比喻来说明这个道理，"若风骨乏采，则鸷集翰林；采乏风骨，则雉窜文囿。唯藻耀而高翔，固文章之鸣凤也"。① 相比于颜值与实力兼备的凤凰，鹰隼和野鸡虽各有特色，然终究不是最理想的，只有"风清骨峻，篇体光华"之作才是刘勰心目中的典范。在这方面，南朝钟嵘怀有与刘勰一致的观念。他提出，创作好的诗歌，要"干之以风力，润之以丹采"（《诗品序》），只有这样，才能给人品味无穷的美感。而到了唐代，文学革新的诉求，在初唐四杰和陈子昂那里，便集中表现为对风骨的召唤。杨炯对"骨气都尽，刚健不闻"（《王勃集序》）的初唐浮靡文风提出严厉批评，王勃更是倡导"气凌云汉，字挟风霜"（《平台秘略赞》）的刚健诗风。陈子昂则直呼"文章道弊五百年矣，汉魏风骨，晋宋莫传"，提倡"兴寄""风雅"之作（《与东方左史虬修竹篇序》）。这些言说进一步丰富和完善了"风骨"范畴的理论内涵，为盛唐气象的形成作了铺垫。

第三节　意象与意境：关于艺术本体的理论建构

意象与意境是中国古代最富哲思意蕴的美学范畴，它们扎根于中国古代思想的肥沃土壤之中，是中国古人精神世界和艺术心灵的精粹。在古代，评价一首诗或一幅画是好是坏，常常以意象和意境作为判断的依据。意象与意境理论历经千年而不衰，至今仍是学界关注和讨论的焦点。

一、意象：心灵世界的艺术形式

中国古代的尚象观念源远流长，可以追溯到汉字的起源。汉字中存在

---

① 詹锳.文心雕龙义证［M］.上海：上海古籍出版社，1989：1064.

大量的象形、指事和会意字，它们是通过对具体物象主要特征的抽象模拟形成的。作为中国最古老和最重要的哲学典籍，《周易》由六十四卦象和解释这些卦象的卦辞构成。"立象以尽意"是其撰述的基本原则。象是圣人用以传写那些幽微深邃的天下之道的象征性符号，由阴爻和阳爻构成，蕴含着极为丰富深刻的意蕴。魏晋时期王弼对"立象以尽意"的观念作了新的阐述，辨析了言、象、意之间的辩证统一关系，提出了"得意忘言"的观念。他说："意以象尽，象以言著。故言者所以明象，得象而忘言；象者所以存意，得意而忘象。"[1]（《周易略例·明象》）这些话虽然针对的是汉儒解经的章句方法，强调不应固执于言与象的工具性，关键在于通过爻辞与卦象理解《周易》的义理，原本并不涉及审美意象的问题，但他直接启发了后来的意象说。

意象理论的另一渊源在老、庄哲学。老子认为，道不可言，但能够通过形象显现。他说："道之为物，惟恍惟惚。惚兮恍兮，其中有象；恍兮惚兮，其中有物。"（《老子》第二十一章）这里的"物"和"象"都不是实实在在的，而是若隐若现、空灵缥缈的。老子称之为"无状之状，无物之象"（《老子》第十四章）。这直接启发了《庄子》对道与象的思考。《天地》篇曾以寓言故事来说这个话题。黄帝曾在游历昆仑时丢失了玄珠。于是让知、离朱、喫诟三人依次前去寻找，未果。最后派象罔去，就找到了。这里的玄珠暗喻道，而知、离朱、喫诟分别指理智、感官、言辩，它们均不能掌握道，唯有象能够做到。这则寓言充满了美学意味。宗白华先生说："非无非有，不皦不昧，这正是艺术形象的象征作用。'象'是景象，'罔'是虚幻，艺术家创造虚幻的景象以象征宇宙人生的真际。"[2]

从现存文献来看，东汉王充最早使用了"意象"一词。他在《论衡·乱龙》篇中记述道，古代射礼把不同种类的动物画在布靶上，不同身份的人射向不同的箭靶，如天子射熊、诸侯射麋之类。这就达到了"礼贵意象，示义取名"的目的，即通过不同的动物形象来体现等级秩序。这里的"意象"便是指具有象征意义的形象，但与美学并无直接关联。真正从美学角度运用"意象"概念，始于刘勰。《文心雕龙·神思》在讨论艺术

---

[1] 楼宇烈.王弼集校释[M].北京：中华书局，1980：609.
[2] 宗白华.宗白华全集（第二卷）[M].合肥：安徽教育出版社，2008：368.

构思问题时完整地叙述了创造意象的过程，其后经过多位艺术理论家的参与，意象学说在中古时期得以成形。

首先，意象是心物契合的结果，即"神与物游"。中国古代的艺术创造观念十分注重"感物"，即由艺术家的心灵与外在事物的交汇感应形成审美体验和创作冲动。感物的情形有两种：一种是"兴"，指外在自然与人世变化触动了艺术家的心灵，"无边落木萧萧下，不尽长江滚滚来"，这是自然物候对诗人的感召，"可怜无定河边骨，犹是春闺梦里人"，这是社会生活对心灵的摇荡；另一种是"比"，艺术家先产生了某种情思，再寻找合适的物象来寄托，"关关雎鸠，在河之洲，窈窕淑女，君子好逑"，这是青年男子借水边的雎鸠鸟来表达对爱情的向往。唐代诗僧皎然最早将意象与比兴合论。他说："取象曰比，取义曰兴，义即象下之意。"① 以比兴之法创造意象的做法早在《诗经》和楚辞那里就已经很普遍了。情思意趣与外在物象的交融契合是审美意象产生的关键环节。然而，现实世界中的事物都是多面的，它之所以能够用来表现艺术家的心灵世界，必然要经过艺术家的裁剪。刘勰说"独照之匠，窥意象而运斤"，并不是把眼中的物象原原本本地用笔墨描写出来就成为意象，而是要"运斤"，挥动斧子进行删削雕刻，把它的最具表现性的特征突显出来。这就要求艺术家的创造力，要有独运匠心的才能。五代时期的画家荆浩说绘画的要诀在于"度物象而取其真"②（《笔法记》），就是要把自然之物中最有特征、最能代表它的本质的地方用画家的慧眼妙手表达出来。象虽然取材于物，但不同于物，其关键在于，它是主客观融合的产物，经过了人的主观情意的浸润和选择。

其次，意象的营造需要艺术家保持虚静的精神状态。南朝画家宗炳在《画山水序》中根据自身的创作经验提出了"澄怀味象"的观念，这与刘勰所谓"陶钧文思，贵在虚静"，以及苏轼"欲令诗语妙，无厌空且静"的说法都源于道家思想，是对老子"致虚极，守静笃"和庄子"心斋""坐忘"的继承和发展。中国古人普遍认为，只有保持内心的空寂澄明，消除名利观念和其他俗务烦扰，才能实现审美观照，在心物交互时产

---

① 李壮鹰.诗式校注［M］.北京：人民文学出版社，2003：31.
② 俞剑华.中国古代画论类编［M］.北京：人民美术出版社，2014：605.

生审美体验和艺术形象。唐代诗人王昌龄曾详细地探讨意象生成问题。他说:"久用精思,未契意象。"①(《诗格》)他认为苦思冥想、搜肠刮肚地去寻求意象只会使人精神疲惫,徒劳无功,只有在思虑安闲、精神凝定的状态下,让心与物自然冥合,意象便会自然产生。

再次,意象的生成还有赖于艺术家高超的创作技巧,运用语言、笔墨、色彩等物质媒介将构思中的意象塑造出艺术作品,既要得于心,还要应于手。刘勰说:"物沿耳目,而辞令管其枢机。"艺术家的心中之象,就如郑板桥所谓的胸中之竹,未能成为艺术欣赏的对象。真正的审美意象必须经过艺术家的创作转换成艺术形象,如陶渊明诗中的菊或恽南田笔下的山水。从胸中之竹到手中之竹是一个复杂的艺术创造过程,西晋文学家陆机就曾感叹"恒患意不称物,文不逮意"(《文赋》)。现实中的客观物象与艺术家心中的情感意绪如何妥帖地结合在一起,又怎样通过文字、笔墨等艺术媒介圆满地将意与象表达出来?这是艺术家经常遇到的问题,常常出现"暨乎篇成,半折心始"的状况,非常考验艺术家的才力与功底。

唐宋以后,意象理论被广泛地应用于诗歌、书法、绘画等艺术领域中,成为中国古典美学和艺术创作与批评的核心范畴,所谓"佳句辄来,唯论意象"(殷璠《河岳英灵集》),对艺术作品中的具体意象进行点评在中国古代众多的诗话、词话、画论中更是比比皆是。到了明清时期,意象更受重视,被作为艺术本体看待。所谓"本体",指的是事物存在的根据。意象被作为艺术的存在根据出现在王廷相和王夫之的论述中。王廷相说:"言征实则寡味也,情直致而难动物也,故示以意象,使人思而咀之,感而契之,邈哉远矣,此诗之大致也。"②(《与郭价夫学士论诗书》)中国古人常以"滋味"论诗,认为好的诗歌应当给读者带来咀嚼不尽的美感。王廷相认为,滋味之有无,全在意象,诗用意象比直接抒情更有滋味。王夫之则借用佛教的"现量"概念来阐述意象的本体意义。他一方面肯定审美感知的现时性和意象的直观性,另一方面认为这种即时的审美体验和直观的审美意象"显现真实"(王夫之《相宗络索·三量》),即显示了世界本身的真实,而不是脱离本相的幻境。这拓展了意象理论的哲理深度。

---

① 陈应行编.吟窗杂录[M].北京:中华书局,1997:208.
② 王廷相撰.王廷相集[M].北京:中华书局,1989:503.

二、意境：古典艺术的存在根据

"意境说"是中国古代美学最具典范性的理论成果之一。以"境"论诗，始于唐代，是在中国古典诗歌丰富的创作经验的基础上形成的，同时也受到了佛教思想的影响。"境"的本义是指疆界，魏晋南北朝以来的佛经翻译常用它来表示精神所处的层级界域，如《成唯识论》的"觉通如来，尽佛境界"等。唐代佛学繁荣，诗人习佛者众，出现了以"境"论诗的现象。

"意境"一词最早是在王昌龄的《诗格》中出现的。只不过，他所说的"意境"尚不具备作为一个美学范畴所应有的内涵。他将物境、情境和意境并举，分别用以概括山水诗、抒情诗和哲理诗的基本特征。这里的"境"沿用了佛教经义中表示层级区界的意思。然而，王昌龄对意境问题还是有所体认的，他用的是描述的方法，而不是概括的方法。在讨论山水诗的创作构思时，他说："张泉石云峰之境，极丽绝秀者，神之于心，处身于境，视境于心，莹然掌中，然后用思，了然境象。"[①] 这里所谈的，就是意境创造的问题，涉及身、心、境、象的交融互渗，是基于创作经验的肺腑之言。

中唐皎然则明确提出了"取境"说。他将创作构思视为取境的过程，诗歌的美学风貌取决于创造意境的状况："取境偏高，则一首举体便高，取境偏逸，则一首举体便逸"（《诗式》）。皎然主张"诗情缘境发"，情与境是诗歌不可或缺的两种基本要素，诗人真切的情感在诗歌中要借助具体的境象来传达。关于造境问题，后人论之更细。清代画家方士庶将意境分为实境和虚境，他说："山川草木，造化自然，此实境也。因心造境，以手运心，此虚境也。"（《天慵庵笔记》）实境描绘自然景观，虚境则因心而造，以虚构为主，自然界中未必真有。但无论实境还是虚境，都经过了艺术家心灵的点染，融入了他们的情感体验和审美心理。王国维说得很清楚："有造境，有写境，此理想与写实二派之所由分。然二者颇难分别，因大诗人所造之境，必合乎自然，所写之境，亦必邻于理想故也。"[②] 这里的写境即实境，造境即虚境。然而，实境与虚境从对象上来说都是景，这并不是境

---

① 陈应行编.吟窗杂录［M］.北京：中华书局，1997：206.
② 王国维.人间词话［M］.北京：人民文学出版社，1960：191.

的全部,中国古代的"境"还包括情。"境非独谓景物也。喜怒哀乐亦人心中之一境界。故能写真景物、真感情者,谓之有境界,否则谓之无境界。"(王国维《人间词话》)境界即意境。将人类情感作为一种意境类型,实际上是为了突显情在情景关系中的主导地位,而不是排斥写景,直接抒情。情景交融向来是中国古代艺术取境的不二法则,任何意境都是"主观的生命情调和客观的自然景物交融互渗"①的结果。明代谢榛说:"作诗本乎情景,孤不自成,两不相背。"(《四溟诗话》)然而,情景之间却有主次之别:或以情为主,如李煜词"流水落花春去也,天上人间",以景写情,情在景中;或以景为主,如王维诗"漠漠水田飞白鹭,阴阴夏木啭黄鹂",景中含情。

在意境论的形成过程中,唐代诗人刘禹锡是一个重要的环节,他率先对意象和意境进行了区分。意境与意象是两个不同的美学范畴,如何处理它们之间的关系呢?皎然并未作出明确的分判,在他之后,刘禹锡提出了"境生于象外"(《董氏武陵集序》)的观点,为理解意象与意境的关系开辟了道路。这句话可以从两个方面来解读。一是从空间关系的角度,意象作为一个融汇了艺术家主观情思的具体事物,必须要与其所处的环境妥帖吻合,这有点类似于西方美学中典型与典型环境的关系。以戴望舒的《雨巷》为例,诗中撑着油纸伞的美丽忧郁的姑娘,恰与濛濛细雨中的石板小巷相映成趣,共同构成一幅美丽动人的画面。如果抽掉了雨巷这个环境,或者换成繁华闹市中的通衢大道,就显得不伦不类,诗与意象的美也荡然无存了。二是从精神层次的角度,中国古代艺术家受《周易》的影响,讲究"得意忘象"和"言外之意",也就是要超越具体的意象去领悟更高的精神境界。大家读王安石的《梅花》诗,绝不会只留意和赞美梅花凌寒傲雪、独自盛开的骨气,更能够从中品味诗人对崇高人格的称许。正是超越具体意象的意境才给人带来一种含蓄悠远、咀嚼不尽的美感体验。晚唐时期的司空图高度称赞诗歌的"象外之象,景外之景"(《与极浦书》),用"可望而不可置于眉睫之前"来形容诗的意境所引发的无限联想和想象。在另一篇著名的诗论文章中,司空图用比喻的方式来说明诗歌的"味外之旨""韵外之致"是何等重要!他说,江岭之人只知醋酸盐咸,却无法体

---

① 宗白华.宗白华全集(第二卷)[M].合肥:安徽教育出版社,2008:358.

会酸咸之外的醇美甘香。正如真正的美食家要在酸咸之外烹调出独特的风味，优秀的诗人也要懂得创造意蕴丰厚的意境，使读者领会到余韵无穷的美感。宋代严羽在他的《沧浪诗话》中继承了司空图的观点，将对诗歌意境美的追求发挥到了极致。他指出，盛唐诗歌的绝妙之处就在于"透彻玲珑，不可凑泊，如空中之音，相中之色，水中之月，镜中之象，言有尽而意无穷"①。在他看来，诗歌既非知识典故的堆砌，也不是道德义理的点缀，而是有它本质性的东西，那就是抒写诗人独特的情感个性。而且，诗人的心灵和兴趣要借意境来表现，要"不涉理路，不落言筌"，讲究虚实结合、形神兼备、灵动隽永的审美韵味。

唐宋以后，基于以意境作为共同的审美追求，中国古代产生了诗画同一观念。唐代张彦远说："书画异名而同体。"（《历代名画记》）宋人对此有更多议论，其中以苏轼的说法最为著名。他说："味摩诘之诗，诗中有画；观摩诘之画，画中有诗。"（《书摩诘〈蓝田烟雨图〉》）还有张舜民"诗是无形画，画是有形诗"（《画墁集》），等等。诗歌与绘画，本是两种不同的艺术形式，二者在艺术媒介、表现对象、欣赏方式等方面均存在差异。明末清初的张岱就曾对苏轼的说法提出质疑，他认为王维诗中"山路元无雨，空翠湿人衣"两句是没有办法画出来的。关于诗与画的不同，十八世纪德国理论家莱辛在其《拉奥孔》中阐述得更加详细。然而，唐宋诸人立论的根据之一就在意境论上。唐宋以后的诗歌和绘画大都着眼于意境的创造，并将意境作为审美的基本对象。所谓"诗中有画"，说的是诗歌中营造的意境给读者带来了丰富的内视觉体验，如同临观画作一般；所谓"画中有诗"，说的是绘画中所描绘的景象能够激发观赏者的审美感受或做诗的兴趣，于是题画诗便兴盛起来。古人将诗与画视作同一性的艺术形式，这也间接地说明，意境在中国古代美学观念中的本体属性，意境之有无成为评判艺术作品价值的决定因素。

---

① 张健.沧浪诗话校笺[M].上海：上海古籍出版社，2012：157.

本章小结

从魏晋至唐宋的这段历史，长达千年，经历了复杂的王权转换，镌刻了多姿多彩的美学风貌，如魏晋风度、盛唐气象、宋代雅韵等，具有明显的时代特征。中国古代的各类艺术在这段历史中展现了竞秀争辉的繁华景象，诗词文赋、书法绘画、舞蹈音乐、雕刻建筑，蓬勃兴盛，机趣盎然，为艺术批评和美学理论的成熟供给了充裕的营养。中国古典美学中的很多概念、范畴、命题在这一时期萌芽、生长和成型，并造就了中国美学的独特范式。

中国古典美学是由许多个范畴构成的完整体系。这些范畴具有不同的生成路径，就本章所涉的几个范畴来说，文道论源自儒家的政治伦理观念，强调文艺辅翼人伦教化的社会政治作用；气韵与风骨是魏晋人物品评滋养和转换的结果，强化了人格精神与艺术造诣之间的同构关系；而意象与意境则是从中国古代哲学的肥沃土壤中分蘖出来的重要范畴，是中国古代艺术审美批评的核心要素。它们从不同的角度言说和阐释中国古典美学的内涵，为艺术批评提供了多元的视角和方法。

第十一章　元明清的美

中国美学发展到元明清时期，出现了一些新的气象，美的观念更趋向于多元。这主要因为，社会历史发生了很大的变化，与社会历史相适应，人们的生活观念、生活方式也发生了很大变化；文学艺术也在适应社会发展，不断产生一些新的形式，为人们带来了新的美学呈现。元代以蒙古族为统治主体治理国家，传统的以汉族为中心的思想观念受到很大的冲击，儒家思想遭到压制，百姓聚集于勾栏瓦肆，为了满足自身娱乐审美的需要，创造了一些通俗的文学艺术形式，杂剧、南戏的流行，标志着世俗文化的兴盛。在绘画领域，元代仍然沿袭的是宋代的绘画美学，文人画占据着主导地位，出现了赵孟頫、黄公望、王蒙、倪瓒等一批杰出的画家，提出系列绘画美学主张，取得极其辉煌的成就。明代立国以后，开始着力恢复汉文化传统，文学上出现了前后七子，复古思潮盛行，"文必秦汉，诗必盛唐"成为一个美学的标准；戏曲在元代的基础上继续创新，完善了戏曲的美学形式，形成了独具一格的戏曲美学；至明中叶以后，以李贽为代表的思想家，以异端相标榜，力倡"童心"，借评点小说表达了对小说特征的认识，是小说美学发展的新阶段。明代画派纷呈，浙派、吴门画派、宫廷画都取得了很高的艺术成就，发展了传统的绘画美学。有清一代虽然是满族统治，由于满族受汉文化的影响极其深刻，并没有产生明显的文化断裂。清代文化延续的是明代文化的辉煌。清代美学是中国古典美学的集大成时期，涌现出很多杰出的美学家，在诗歌、小说、戏剧、绘画美学方面有很多深刻的体悟。鸦片战争以后，中国国门被打开，西方思潮开始涌进，中国美学也开启了现代化的历程。

第一节 元代绘画的美学追求

元代绘画继承了唐宋文人画的美学传统，在题材、技法上大胆创新，取得了令人瞩目的成就。具体表现在，山水画的创作成就巨大，产生了一大批杰出的画家，赵孟𫖯、黄公望、王蒙、倪瓒、吴镇等都在山水画领域进行不懈探索，作品技法精进，意境幽远，形成了各自独特的风格。与此同时，花鸟画也由唐宋时期的雅俗共赏趋向于典雅，开始向文人画转型，出现了水墨花鸟这一独特的形式，标志着绘画领域有了题材的新开拓。元代的绘画理论虽然比较薄弱，但是，仍有不少画家在创作体验的基础上提出了一些具有很强实用价值的绘画主张，有一定的启发，如赵孟𫖯的"作画贵有古意"，杨维桢的画品与人品，王绎的写像秘诀等，极大地丰富了传统的绘画美学。画家们寄情于山水、花鸟，借山水、花鸟抒情、言志，创作的自由得到了伸张。他们把更多的精力放在对创新问题的思考上，试图寻求艺术的突破，最终找到了一个关键的突破口，那就是：充分借鉴文学、书法等艺术的成就，把文学、书法与绘画结合在一起，完善了诗、书、画一体的艺术模式，拓展了中国古代绘画的美学空间。与宋代文人画注重形似的创作美学不同，元代追求遗貌取神，虽然这是中国传统形神理论的老问题，但是，诸如倪瓒所倡导的逸笔草草，宣扬一种无功利、纯娱乐的创作，还是有了很大的理论推进。元代画家讲究贵有古意，追求骨法用笔，在传统美学精神上有一定的启发意义，推进了中国古代文人画的发展。

一、作画贵有古意

无论是在诗文领域还是在书画领域，古人都有复古的情结，经常会出现复古的声音，似乎今人无论如何努力，都无法超越古人，致使中国古代一直弥漫着复古的美学。元代绘画也是如此。元代的画家们都非常重视对前代绘画的学习，但是，由于每个人的具体情形不一样，向前人学习的内容也不一样，因此，学习、师承的目标并不一致。比如，书法与绘画都享有盛誉的元初大家赵孟𫖯，就主张人物画要学习唐人。赵孟𫖯乃赵宋后裔，从情理上说应该学宋朝，但是，他却对宋代的人物画不屑一顾："宋人画人物,不及唐人远甚。予刻意学唐人,殆欲尽去宋人笔墨。"①(《松雪论画》)可见,赵孟頫是以艺术标准选择、取舍的。唐代的人物画风格多变,题材丰富,以阎立本、吴道子等人为代表的人物画家在深入体验生活的基础上,孜孜进行技法的探索,所画人物注重细节描绘,"吴带当风",姿态栩栩如生,达到很高的艺术水平。这是中国绘画史公认的高水平创作。所以,赵孟頫刻意学唐人,"尽去宋人笔墨",在他的眼里,宋代的人物画发展滞后。倪瓒也是一样。他的山水画学习董源、荆浩、李成,对赵孟頫也极为推崇。正如黄公望所言:"近代作画,多宗董源、李成二家,笔法树石各不相似,学者当尽心焉。"②

赵孟頫在人物画上学唐人,可以说是绘画复古,对整个元代绘画的影响很大。黄公望、王蒙、吴镇、倪瓒等人都虚心向古人学习,在此基础上开拓、创新,都取得很高的艺术成就。复古有两种情形,一是亦步亦趋模仿古人,二是打着复古的旗号行创新之实。应该说,赵孟頫属于后者。我们从他追求古意的绘画主张中可以悟出很多。他说:"作画贵有古意,若无古意,虽工无益。今人但知用笔纤细,传色浓艳,便自谓能手,殊不知古意既亏,百病横生,岂可观也?吾所作画,似乎简率,然识者知其近古,故以为佳。"③赵孟頫在这里所说的"古意"是兼顾宏观和微观两个方面的,宏观与整个传统有关,微观是指某个人、某种风格、某种技法。"古意"大致有以下几个方面的内涵:其一,古代优秀的绘画传统。中国绘画在长期的发展中形成了自己的传统,这些传统具有丰富的文化蕴涵,一个民族的个性、气质、思想、情感、精神、风貌都会表现在绘画中,因此,必须要继承。任何一个时代都有它的精神气质,汉代的古拙、气势,魏晋南北朝的传神、生动,唐代的气象、飞动,宋代的平淡、清新等,都是民族文化、民族审美、民族精神的象征。假如一个画家的作品不能展示这些内容,笔法再精妙,有什么意义?其二,古代优秀的绘画风格。中国古代优秀的画家很多,每一个优秀的画家都有自己擅长的领域,都有自己独特的风格。这些风格虽然由于个人的因素很难实质性地模仿、学习,但是,从

---

① 俞剑华.中国古代画论类编(修订本)[M].北京:人民美术出版社,1998:92.
② 俞剑华.中国古代画论类编(修订本)[M].北京:人民美术出版社,1998:700.
③ 俞剑华.中国古代画论类编(修订本)[M].北京:人民美术出版社,1998:92.

中借鉴一些有益的东西是完全可行的。学习、模仿是创新的基础，因此，中国古代特别强调师承关系，无论学画还是学诗，都是如此。严羽主张学诗"入门须正，立志须高"①（《沧浪诗话·诗辨》），强调从学习第一流诗人、诗歌入手。"古意"就是告诉人们，入门正，使人们能清晰认识到创新之所在。其三，古代优秀的绘画技法。绘画是一种技艺，必定是要讲究技巧、技法的，绘画的技法都是在长期的创作实践中逐渐摸索而形成的，一旦成功，就具有普遍的意义。自汉代以来，画家们一直在不懈地探索绘画技法，并且卓有成效，产生了很多实用性很强的绘画技法，在笔墨、线条、设色等方面有很多独特的发明。这些技法极大地推动了中国画的发展。赵孟頫的"古意"显然包含技法上的师承，在学习、借鉴别人的技法的基础上完善个人的创作，最终形成个人的风格。

由此可知，"作画贵有古意"虽然是一个老话题，但是，其中的理论蕴含很深。我们不能按照一般的复古的态度去对待它。联系赵孟頫与整个元代的书画创作去认识这一观念，就会发现，这一平凡的观念的背后，其实并不平凡。

二、逸笔草草

钱钟书先生曾经说过："元人之画，最重遗貌求神，以简逸为主；元人之诗，却多描头画角，惟细润是归，转类画中之工笔。"②也就是说，元代绘画有两个特征，一是遗貌求神，二是简逸。遗貌求神也是中国传统文学艺术理论的老话题，谈论的是形似与神似的关系问题。早在魏晋南北朝时期，顾恺之就提出传神写照："顾长康画人，或数年不点目精。人问其故，顾曰：'四体妍蚩，本无关于妙处，传神写照，正在阿堵中。'"③（《世说新语·巧艺》）此后，文学艺术围绕形似和神似展开了旷日持久的讨论，以形写神一直处于主流的话语地位。宋代文学家、书画家苏轼说："论画以形似，见与儿童邻。赋诗必此诗，定知非诗人。"④（《书鄢陵王主簿所画折枝》）仅仅以"形似"来判断绘画的优劣，无异于儿童的见识。这本身并

---

① 何文焕辑.历代诗话[M].北京：中华书局，1981：687.
② 钱钟书.谈艺录[M].北京：中华书局，1984：95.
③ 徐震堮.世说新语校笺[M].北京：中华书局，1984：388.
④ 苏轼著，冯应榴辑注.苏轼诗集合注[M].上海：上海古籍出版社，2001：1437.

不是对形似的贬低，而是强调不能把形似作为判定绘画价值的标准。绘画当然要形似，形不似便失去绘画的根本，在形似的基础上描绘出对象的精神风貌，实现形神兼备，是绘画的终极目标。明代王绂批评画坛对苏轼话的不当理解："动曰不求形似，岂知古人所云不求形似者，不似之似也。"①苏轼是要求传神的。他的观点对元代绘画美学的影响很大，"遗貌"就是把"貌"忽略掉，即把形忽略掉，只要做到传神就成功了。元代绘画遗貌求神，在一定程度上取决于元代绘画的题材和形式。元代的人物画并不发达，山水画、花鸟画成就却很高；在形式上，水墨写意成为主体，具有浓郁的特色，围绕水墨写意，产生了很多技法，形成了独特的美学风格。水墨写意在艺术上追求自然，不事雕饰，以素净为贵，故而，钱钟书评之为简逸。赵孟頫说自己作画"似乎简率"，也是这种追求。这说明，崇尚"简"是元代绘画一开始就奠定的基调。

元代的绘画美学理论虽然整体数量有限，有分量的也不多，但是，倪瓒的"逸笔草草"却值得一提。作为元末的杰出画家，倪瓒的画本身就传递出非常丰富的美学意蕴，"他是宋元境界的集大成者"②。他师法董源、荆浩、李成、赵孟頫等，擅画山水、枯木、竹石，构图平远，画法疏简，尤其是他自创的折带皴技法，水墨以写枯木、竹石，创造出幽冷静寂的境界，朴实而意味隽永，在中国美术史上独树一帜。他说："仆之所谓画者，不过逸笔草草，不求形似，聊以自娱耳。"③这是发自内心之语。他画画，不是为了追求什么高尚的理想，教化或育人，纯粹为了自我娱乐。也就是说，他画画没有任何功利企图，这在骨子里是老庄思想。正是因为有这种心理，才能保证艺术创作的纯粹性，从而创作出审美价值很高的作品。倪瓒的"自娱"就是表达自己的心声，表现自己的喜乐。然而，任何人都生活在社会现实之中，不可能脱离社会现实遗世独立，只要一个人有血有肉，心地善良，其作品传递出来的必定是社会良知。这样一来，倪瓒的"自娱"便有了审美的价值。因为倪瓒本人就是一个洁身自好的人，是一个道德完善的人。他的个性、气质、品德足以为后世法。

与绘画自娱相关联，倪瓒还提出了"逸笔草草，不求形似"的问题，

---

① 俞剑华.中国古代画论类编（修订本）[M].北京：人民美术出版社，1998：100.
② 朱良志.南画十六观[M].北京：北京大学出版社，2013：96.
③ 俞剑华.中国古代画论类编（修订本）[M].北京：人民美术出版社，1998：706.

这是他绘画美学的核心。所谓"逸笔草草",就是放纵自己的画笔,不追求工美,不讲究技法,一切皆由自然;"不求形似"的画外之音是追求传神,这是文学艺术追求的最高境界。"逸笔草草"表面上看是绘画创作过程中的适性、自然,其实,是一种心态,也是一种态度,更是审美追求。当然,其中也必然包括技法的因素,"逸笔草草"而能做到传神,没有纯熟、高妙的技法是难以实现的。倪瓒说这话的前提是,他的创作以水墨山水为主。水墨画的特征就是写意,它不可能像工笔画,追求形象的逼真,只要能准确表现对象的精神气质就达到了目的。为了实现写意的目的,不同的画家会在笔墨、构图方面进行探讨。倪瓒笔法的折带皴、构图的"倪云林模式",都是属于他自己的,是他实现写意、传神的方法与途径。更为重要的是,倪瓒画中所表达的思想和智慧,集道、禅于一体,"逸笔草草"就充分显现了他的道、禅趣味与情怀,那种超脱、飘逸,那种追求自然的思想境界,给人带来的审美享受是无穷的,对人的启迪是深远的。

第二节 "生""拙"与"师"的美学

明代的文人画大多师法宋元。以吴门画派为代表的画家之所以能够取得突出的成就,就是师法宋元的结果,宋代的董源、李成、范宽、郭熙等,元代的赵孟𫖯、黄公望、吴镇、倪瓒等,都是他们师法的典范。他们学习宋元的技法,学习宋元的表现方式和思想、情感表达方式。在绘画美学领域,明代也出现了许多理论著作,提出了不少有价值的美学观念,其中吴中人顾凝远的"生拙"的美学观,袁宏道等人的师造化与师古人的观念,都蕴含着十分丰富的美学内涵,值得关注。

一、顾凝远的"生""拙"之美

顾凝远是吴郡(今苏州)人,少负精才,工山水,精于画理,也是吴门画派的一员。他的绘画创作情况不详,后世流传不多,但却被视为珍品。在理论上,作有《画引》,讨论绘画创作与审美中的问题。《画引》篇幅很短,讨论了兴致、气韵、笔墨、生拙、枯润、取势、画水等七个方面有意义的问题。语言极简,但思理精要,值得深入研究。其中,尤富有创见的是生、拙，这是中国美学的一个极其重要的问题，古往今来，并没有引起人们足够的重视。

"生"和"拙"是两个概念。对此，顾凝远有比较清晰的界定。他说："画求熟外生，然熟之后不能复生矣，要之烂熟圆熟则自有别，若圆熟则又能生也。工不如拙，然既工矣，不可复拙。惟不欲求工而自出新意，则虽拙亦工，虽工亦拙也。生与拙惟元人得之。"[1] 在这里，顾凝远"生"与"拙"并论，都涉及绘画的创新问题。

我们先说"生"。顾凝远的这段话所讨论的"生"与"熟"，显然是针对绘画创作和审美的。"生"与"熟"原本是相对的两个概念，"生"是生疏、陌生；"熟"是熟悉、熟练。但是，顾凝远所说的"生"和"熟"却不完全是相对的，而包含着辩证统一的内涵。顾凝远说，作画应追求"熟外生"。何谓"熟外生"？在熟悉、熟练之外怎么还会存在陌生？这涉及深层次的哲学和审美问题。对于类似的问题，老庄讨论得很多。如有与无、有用与无用、腐臭与神奇等等。顾凝远的意思是说，运用熟练的技法，表现自己熟悉的人和物，但是，要能达到陌生的效果。这种陌生的效果是在前人身上不曾看到的，似曾相识又完全不识，而这正是艺术的创新之所在。因为是别人不曾表现过的，所以"生"；因为使用的是熟练的技法，表现的是熟悉的题材，所以"熟"。"熟外生"其实就是西方现代文艺理论所说的"陌生化"，而早在16世纪末17世纪初的中国，顾凝远就已经从绘画的角度提出这一话题，足以证明中国文艺理论与美学界对这种理论的觉悟之早，也足以证明这种理论的合理性与真理性。"熟"能造成艺术的陌生化，实现艺术的创新，这个"熟"并不是一般意义的熟，而有一定程度的要求。对此，顾凝远思考得非常细致。在他看来，一般意义的熟并不能实现艺术的创新，只有达到"圆熟"的程度才能使艺术品变得陌生，实现艺术的创新。"圆熟"是技艺、思想的纯熟，这是创造的基础。做任何事情达到圆熟非常不易，这就说明创新非常不易。从古至今，"熟能生巧"成为民间的古训，意谓在熟的基础上会把事情做得更为巧妙。"巧"当然有创新的意思。但是，从"熟"中看到"生"，提出"熟外生"却是顾凝远的理论发明，对文学艺术创造与审美启示良多。

---

[1] 俞剑华.中国古代画论类编（修订本）[M].北京：人民美术出版社，1998：119.

我们再说"拙"。顾凝远认为，绘画"工不如拙"。"拙"是粗拙的意思，在这里是指绘画技法的运用表现得古拙、粗陋。"工"则是技法精熟。那么，为什么"工不如拙"呢？是不是顾凝远的审美趣味有问题？其实，顾凝远说得非常清楚："不欲求工而自出新意，则虽拙亦工，虽工亦拙也。"也是强调画要有新意。只要绘画作品画出了新意，具有独特的审美意蕴，即使"拙"也是"工"。像"生"一样，顾凝远也把创新放在了"拙"的要求的核心位置。"拙"如何与创新联系在一起？因为"拙"关联着自然、淳朴、不事雕凿，就是老庄哲学所向往的"道法自然""朴素"。可见，这也是一个老话题。先秦时期，除了老子提出的"道法自然"和庄子提出的"朴素而天下莫能与之争美"外，还有儒家提出的文质问题，都包含着工拙的意义。魏晋南北朝是一个追求绮靡的时代，绮靡可谓"工"，不仅语言华美，而且结构精巧，意义蕴涵极深。可是，魏晋南北朝的绮靡文风却受到后世普遍诟病与质疑，"绮靡重六朝之弊"。因为诗风平淡自然，东晋诗人陶渊明在南朝、唐代的普遍评价都不高，而且多有贬低之词，这说明时人并不把自然、朴素、平淡乃至"拙"视为美的典范。而到了北宋时期，陶渊明却被抬进文学的殿堂，成为文学史上一流的大家，平淡自然也成为一种极高的美学品格。平淡自然在内涵上类同于顾凝远所说的"拙"。由此可知，崇尚自然、平淡、"拙"是古人的审美风尚。顾凝远的意义是，他明确地将"拙"与"自出新意"联系在一起，将"新意"视为"拙"的本质；自然、平淡不一定有创新，而"拙"必须与创新联系在一起。这便赋予"拙"以深刻的美学意蕴。"工"是一个褒义词，顾凝远虽然仍然将它作为一个褒义词使用，但是，明显地植入了贬义的意涵。"工"和"拙"是对立的，当它们对立的时候，"工"就是雕琢、刻意的代称。"工"和"拙"是统一的，当它们统一的时候，"工"就是"拙"，"拙"就是"工"。"工"和"拙"在自然上实现了高度的统一，其美的本质是自然。顾凝远对"拙"的推崇，其实就是对自然的推崇。因为绘画技法特别重要，故而，顾凝远拈出一个"拙"字以标榜技法的自然、真淳。

尽管由于史料缺乏，我们对顾凝远思想的认识有限，但是，可以肯定的是，顾凝远受道家思想的影响比较大，他的"生""拙"的美学思想骨子里是道家美学的内核，可以视为道家美学在明代的发展与深化。

二、"师"的美学

明代绘画在美学上继承了唐代"外师造化，中得心源"的绘画美学思想，一方面主张向自然造化学习，另一方面主张向前人学习，认为单单师心自创是不能创造出优秀的作品的。因此，与董其昌齐名的范允临曾经这样说："学书者不学晋辙，终成下品，惟画亦然。宋、元诸名家，如荆、关、董、范，下逮子久、叔明、巨然（注：误列）、子昂，矩法森然，画家之宗工巨匠也。此皆胸中有书，故能自具丘壑。今吴人目不识一字，不见一古人真迹，而辄师心自创。惟涂抹一山一水，一草一木，即悬之市中，以易斗米，画哪得佳耶！"①因为学习前人，荆、关、董、范、黄、王、赵等都成就了自己，而那些"不见一古人真迹，而辄师心自创"之人，只能沦为街头卖画之人，无法画出好的作品。足见"胸中有书"对创作的意义。"胸中有书"就是向古人学习，从古人创作的成功处去积累。谢肇淛也说："必欲诣境造极，非师古不得也。"②就是说，绘画要想达到很高的创作境界，必须要向古人学习。"师古"是创作成功的一个必要过程。

向古人学习，这是"师"的一个方面，其中的合理成分是显而易见的。大凡成功的文学家、艺术家，都有自己一套成功的经验，这些经验是有一定的借鉴价值的。从古人成功的创作与体验中，确实能学到一些有用的东西，助力自己的创作，可以有效缩短成功的过程，起到事半功倍的作用。但是，学习古人也常常会出现一些弊端，不合理的地方也是显而易见的，那就是把学习仅仅当作模仿，鹦鹉学舌般仿效着古人，不敢越雷池一步。在中国文学史上，对"师古"就有类似这样不同的态度。北宋黄庭坚倡导"夺胎换骨""点铁成金"，强调学习、模仿、化用古人的重要意义。严羽也强调学习应"学其上"，即从第一流的诗人学起。但是，他却看到学习的有限性，"学其上仅得其中，学其中斯为下矣"。③（《沧浪诗话·诗辨》）学是无法学到古人的全部的，只能学到其中的一部分。对"师"有独到理解的是公安三袁之一的袁宏道。他认为学画应"师物不师人"，不要学古人。《瓶花斋论画》曾经记载这样一个故事：有一次，他与哥哥袁

---

① 俞剑华.中国古代画论类编（修订本）[M].北京：人民美术出版社，1998：126.
② 俞剑华.中国古代画论类编（修订本）[M].北京：人民美术出版社，1998：127.
③ 何文焕.历代诗话[M].北京：中华书局，1981：687.

宗道一同去董其昌（字玄宰）家里，亲耳听到他们之间的一段交谈，受到极大的震动。袁宗道问董其昌，近代名家如文征明、唐伯虎、沈周等，都有古人的笔意吗？董其昌回答，近代高手没有一个是不学古人的。他们虽然都学古人，但却没有一个学得好。因此，今天可以说是没有画的。袁宏道立刻附和董其昌："是见道语也。"意思是说，这是非常有道理的评说。何以如此？袁宏道说："故善画者师物不师人，善学者师心不师道，善为师者师森罗万象，不师先辈。"①"师物"是向物学习，要向自然造化学习，向"森罗万象"学习，"不师先辈"，不要学习古人。观点与前人似乎大不相同，其实，其中的意蕴还需要进一步解释。

学画当然要先学物，认真研究物象，观察它的静态表现及动态特征，寻找它的独特的地方。大千世界的林林总总，每一个物都有它的独特之处，而这些独特之处并不是每一个画家都能够看见的，只有具有高超的感悟能力的人才能看见。这就是很多人都画一个平常事物，只有一个人画得好的重要原因。"曹衣出水""吴带当风"，曹仲达的衣服之所以画得生动，得益于他对布料、衣服的悉心观察；吴道子之所以能够画出带的神采，也是因为他对仕女生活的细致观察，通过带衬托出仕女的美丽和精神风貌，使整个人物都充满光彩。同时，袁宏道还要求"师心"。这是范允临曾经批判过的。仔细考量，两个人之所以会产生这种截然相反的立场，是因为他们思考问题的角度不一样。范允临针对的是不学习古人，不了解古人的创作，一味追求无根底的创新；袁宏道针对的是一味模仿，忽略个性，不尊重自然，不能展示个人的独特性。两个人都有道理。"师心"就是尊重自己的个性，尊重个人的情感表达、思想展示。"不师先辈"是不学先辈的毫无创新的模仿。对此，袁宏道有非常清晰的表达："法李唐者，岂谓其机格与字句哉！法其不为汉，不为魏，不为六朝之心而已，是真法者也。"②可见，袁宏道还是主张"师古"的。学习前代、前人，就要学习、研究他们的创新，考察他们是如何创新的。不是学那些诸如机格、字句一类的皮毛的东西。因此，在"师"的态度上，无论师人还是师物、师心，都有道理，应理解每个人说话的真实背景与用意。

---

① 俞剑华. 中国古代画论类编（修订本）[M]. 北京：人民美术出版社，1998：129.
② 俞剑华. 中国古代画论类编（修订本）[M]. 北京：人民美术出版社，1998：129.

在"师"的内涵上,明代绘画美学充实了中国古代美学,展示了对这一问题理解的开放性。

第三节 本色当行的戏曲美学

本色当行是中国古代戏曲美学的核心范畴,明代中叶广泛应用于戏曲批评之中。"本色"一词乃是援用前人的诗论概念。北宋陈师道《后山诗话》写道:"退之以文为诗,子瞻以诗为词,如教坊雷大使之舞,虽极天下之工,要非本色。"教坊是唐宋时期设置的乐舞机构,雷大使指的是唐代著名男性舞妓雷中庆。在陈氏看来,男子跳舞虽极窈袅动人,但有违乐舞本色。他藉此要说明的是文体有别,每一种体裁都有其各自的体制规范,诗、词、文、曲等在题材内容、形式结构、审美标准和艺术功能等方面互有差异,不宜轻易逾越或混淆。古人把各类文体的体制规范称为本色,正如清代词人谢元淮所说:"词之为体,上不可入诗,下不可入曲。要于诗与曲之间,自成一境。守定词场疆界,方称本色当行。"(《填词浅说》)

一、戏曲语言本色论

戏曲美学中的"本色当行"说是对戏曲艺术的体制规范的探讨和概括,包含戏曲语言、主题内容、形象塑造、舞台表演等。在元代,杂剧作为一种俗文学取得了很高的艺术成就,不仅出现了关汉卿、白朴、王实甫等著名杂剧作家,而且积累了丰富的舞台艺术经验。到了明代,戏曲创作出现了文人化倾向,渐渐脱离舞台表演,成为一种案头文学。这一点突出地表现在戏曲的语言特征方面,字雕句琢、使用生僻典故的典丽晦涩文风盛行起来。这引起了明代曲论家对戏曲语言之本色的讨论。概括地说,包括以下几点:

第一,戏曲语言要通俗易懂、质朴自然。戏曲语言不可雕饰藻绘,"越俗越家常,越警醒,此才是好水碓,不杂一毫糠衣,真本色"(徐渭《题〈昆仑奴〉杂剧后》)。王骥德认为,戏曲语言要达到寻常老妇人都能理解的程度,才能被广泛接受,才是本色。何良俊则批评《西厢记》语言艳丽、脂粉味重,而《琵琶记》有卖弄学问的缺点,他认为"填词须用本色语,方是作家"。戏曲作为一种俗文学和舞台艺术的综合,面对的是市井里巷的普通人民,与诗、词等面向士大夫文人群体的高雅文学不同,在语言艺术上要求明白晓畅、质朴自然。

第二,戏曲语言要雅俗共赏,不可过于粗俗。在冯梦龙看来,戏曲语言一味地通俗浅薄亦不可取,要在口语化的同时杜绝粗俗鄙陋的倾向。王骥德持一种折中的观念,主张戏曲语言要达到雅俗共赏的效果,不可过于文饰,亦不可过于俚鄙,而要酌情取用俗语或文词,如果只用白话俗语,则显得单调乏味,辞无余韵,如果纯用文词,则有雕镂绘饰、意思晦涩的毛病。这是在戏曲文人化的过程中,对戏曲审美标准的调适,既要满足大众的欣赏能力,又融汇了士大夫阶层的文化趣味。

第三,戏曲语言要符合人物身份、体现人物性格。戏曲语言的俚俗或典丽一方面固然是取决于读者或观众的文化水平,另一方面也与戏曲人物的身份和文化修养有关。戏曲语言是展现人物心理和刻画性格特征的重要方式,一个人说的话唱的词都要符合他的身份和性格。凌濛初对不顾人物身份而滥用文言的创作现象提出批评道:"花面丫头,长脚髯奴,无不命词博奥,子史淹通,何彼时比屋皆康成之婢、方回之奴也?"戏曲语言的风格应随人物身份、性格或情境来设定。如《琵琶记》中的蔡伯喈状元及第,以出言驯雅为宜,而《西厢记》中张生与莺莺的爱情也要借悱恻之词来表达。为此,王骥德对何良俊的上述批评加以反驳:"夫本色尚有胜于二氏(按:指《琵琶记》和《西厢记》)者哉?"与戏曲人物身份、情境或性格相吻合的语言,无论是文词还是俗语,都堪称本色。清末王季烈深谙此理,提出以"口吻相肖"作为判断戏曲语言是否本色的标准,俚俗或藻丽倒在其次。

第四,戏曲语言要音律妥帖、平仄有致,便于歌唱。戏曲语言由唱词和宾白组成,以唱词为主、宾白为辅。曲文协律宜唱是中国古代戏曲美学对语言艺术的基本要求。明代徐复祚称关汉卿《拜月亭》"宫调极明,平仄极叶,自始至终,无一板一折非当行本色语"(《曲论》)。沈璟曾在曲文中写道:"怎得词人当行,歌客守腔,大家细把音律讲。"(冯梦龙编选《太霞新奏》)清代田同之《西圃词说》道:"诗有韵,词有腔,词失腔犹诗落韵。诗不过四五七言而止,词乃有四声、五音、均、拍、重、轻、清、浊之别。若言顺律舛,律协言谬,俱非本色。"从声腔韵律角度讨论戏曲语言的"本色当行",非精通戏曲演奏者不能道,实中的之论。

二、戏曲表演当行论

中国古代戏曲是一种综合立体的艺术形式,主要包括文本创作和舞台表演两个部分。"本色当行"作为中国古代戏曲的体制规范的理论,并不只关注案头曲本,还兼论舞台表演层面的问题。"本色"与"当行"的内涵同中有异,"本色"多就戏曲语言层面立论,而"当行"更多地从舞台艺术角度来谈。戏曲作为一种技艺性的行当,剧场表演的好坏才是判断一部作品是否本色当行的关键。

首先,戏曲的取材和故事情节要真实可信,贴近生活,富有典型性。社会生活是无限丰富的,哪些内容适合在戏曲中演绎,从中生发出美的意蕴,有赖于作家的匠心慧眼。徐渭提出"贵本色"的说法:"世事莫不有本色,有相色。本色犹俗言正身也;相色,替身也。替身者,即书评中'婢作夫人,终觉羞涩'之谓也。婢作夫人,欲涂抹成主母而多插带,反掩其素之谓也。故余于此本中贱相色,贵本色。"所谓本色,指的是具有丰富精神内蕴的事物,而相色则徒有虚表,缺乏实质内涵。

其次,戏曲演员的表演要得体酷肖,妆演出真情实态。元代胡祗遹说:"上则朝廷君臣政治之得失,下则闾里市井父子兄弟夫妇朋友之厚薄,以至医药卜筮释道商贾之人情物理,殊方异域风俗语言之不同,无一物不得其情,不穷其态。"中国古代戏曲艺术具有现实主义精神,将戏曲作家凝于笔端的典型的生活情状搬演到舞台上,唯有得体酷肖,才能吸引人、打动人。臧懋循说:"行家者随所妆演,无不摹拟曲尽,宛若身当其处而几忘其事之乌有。能使人快者掀髯,愤者扼腕,悲者掩泣,羡者色飞,是惟优孟衣冠,然后可与于此。"这就对戏曲演员的表演技巧提出了很高的要求,"欲代此一人立言,先宜代此一人立心"(李渔《闲情偶寄》)。演员要在心理、造型、言语等方面摹拟和塑造人物,甚至要抹掉表演的痕迹,让观众"入戏"。

再次,演员"擅场",演技纯熟,是本色当行论的内在要求。元明清三代出现了为数众多的探讨戏曲舞台表演技艺的著作,总结戏曲艺术经验,为当行的表演提供了具体的要求和指导。胡祗遹提出了"九美"说,从形体、气质、艺术敏锐性等方面考核演员技能。钟嗣成的《录鬼簿》多就表演技艺成就方面为演员立传。黄幡绰总结的"艺病十种""曲白六要""宝山八则"等树立了评价演员技艺当行与否的重要准则。吕天成《曲品》中说:"当行不在组织饾饤学问,此中自有关节局概,一毫增损不得。"上乘的表演技巧要拿捏得准确到位,结构安排自然妥帖,动作处理得不增不损,恰到好处。

最后,判断一部戏曲是否当行,关键在唱功。唱词是戏曲文本的主要部分,唱是戏曲表演的核心要素。唱得好不好,是中国古代戏曲美学关注的焦点。中国最早的声乐论著是元人燕南芝庵的《唱论》,他详细探讨了戏曲演唱的法则,总结了宫调声腔的作用规律。魏良辅提出了"字清""腔纯""板正"的唱曲"三绝"。王骥德则把声情与事理相统一,"用宫调,须称事之悲欢苦乐",用不同的声调曲牌去表达不同的情感,做到"以调合情"。徐复祚《曲论》批评袁于令《西楼记》"音韵宫商,当行本色,了不知为何物矣"。这说明,舞台之上的唱曲也是评价一部作品是否当行的重要尺度。

中国古代戏曲是一种综合性的艺术,从曲本创作到舞台表演是一个复杂的过程,它的体制规范是多层面的,以上仅就语言和表演问题略举数端,并非本色当行论的全部内涵。作为中国古代戏曲美学的核心范畴,"本色当行"从戏曲语言、故事主题、情节结构、人物塑造、舞台表演、唱腔声情等角度展开戏曲美学建构,是中国古典美学的重要组成部分。

第四节 "一画"与"无二"

清代的绘画山水、花鸟成就最高,在沿袭传统审美的基础之上又形成了新的审美风尚,有了新的审美追求。比如,传统文人画所追求的是静美,而以石涛为代表的画家却以躁乱为美,在貌似杂乱无章和狂躁之中寻求和谐。再比如,传统水墨画是写意的,那是在尊重现实基础上的写意,而八大山人的水墨却表现出荒诞的美,与现实的不对称超出了人们的想象。八大山人和石涛是清初画坛上的两位风云画家,他们的绘画成就不逊色于任何一个时代最优秀的画家,而他们在美学思想上的贡献也同样不可忽视。石涛的"一画"理论,八大的"无二"观念都是值得重视的。

一、石涛的"一画"理论

石涛的"一画"是一个艺术哲学命题,从他的《画语录》对这一问题的讨论中,可以看清这一问题背后蕴含的哲学、美学意义。石涛出生并长期生活在八桂之地,后来遍游名山大川,受道、禅影响均极深,其性情耿介,光明磊落,不太讲究人情世故,常常拒人以千里,然而,内在却情感奔放,生活富有激情,充满生命的活力。这些都充分表现在他的绘画创作中。

《画语录》第一章说:"太古无法,太朴不散,太朴一散,而法立矣。法于何立?立于一画。"① 可见,"一画"事关秩序、规则的创立,与"法"有关。"太朴"就是老子所说的混沌,那是原始素朴的状态。在这种状态下,虽然大道流行,但是,各种秩序、规则尚没有形成。随着社会的进化,"太朴"逐渐消散,"法"就产生了,各种秩序、规则就形成了。而"一画"就是绘画之法确立的标志。这样说来,"一画"是法。究竟"一画"是什么样的法?石涛立足于形而上层面,逐步展开他对"一画"的思考。他说:"一画者,众有之本,万象之根,见用于神,藏用于人,而世人不知,所以一画之法,乃自我立。立一画之法者,盖以无法生有法,以有法贯众法也。"② 既然"一画"是众有之本、万象之根,那就说明它是一种形而上的东西。这种东西,人们是说不清、道不明的,就像老子所说的"道",它原本也是世人不了解、不知道的,只好"字之曰道,强为之名曰大"(《老子》第二十五章)。然而,"道可道,非常道;名可名,非常名"(《老子》第一章),认识起来又极度困难。"一画"之法是法,同时又是无法。它是法之道,能够"贯众法"。也就是说,凡是绘画中所涉及的一切都可以纳入"一画"的理论之中,它是画之道,也是具体的方法。就像道家之"道",既是形而上之道,也是形而下之器,是道、器合一。在此基础之上,石涛展开了他的"一画"美学。

首先,"一画"是心的创造。心的创造包括思想与情感的表达,这与画家个人的人生经历、个性、气质、审美修养、文化素养等有关。画中蕴含着哲理、真理,是一种精神的创造。同时,画更是形象的创造,它要借

---

① 俞剑华. 中国古代画论类编(修订本)[M]. 北京:人民美术出版社,1998:147.
② 俞剑华. 中国古代画论类编(修订本)[M]. 北京:人民美术出版社,1998:147.

助于形象表达人情、物理，展示形象的风采与气韵。石涛说："山川、人物之秀错，鸟兽、草木之性情，池榭、楼台之矩度，未能深入其理，曲尽其态，终未得一画之洪规也。"[①] 这是从反面论述什么是"一画"。凡画，如果没有画出山川之美、人物之态，没有画出鸟兽之性、草木之姿，没有画出池榭之韵、楼台之度，就是没有把握"一画"之法，没有达到"一画"的要求。这样的画肯定不是优秀的画作，只能是平庸的。这其中蕴含的理论内涵非常丰富，它不仅是形象的创造、思想情感的表达等问题，而且还包含着艺术精神和审美理想的展示等问题。形象、生动是绘画的最基本的要求，形象、生动背后要有思想，有情感，能够体现出画家的独特的创造。只有画家表达出了与别人不一样的思想、情感，展示出不一样的风神、气韵，才具有创造性。这样的画才能称之为"一画"。创造性是"一画"的第一要义。

其次，"一画"是具体而微的方法。 既然具体而微，就能够囊括众法。对此，石涛说得比较明确："人能以一画具体而微，意明笔透。腕不虚则画非是，画非是则腕不灵。动之以旋，润之以转，居之以旷。出如截，入如揭。能圆能方，能直能曲，能上能下。左右均齐，凸凹突兀，断截横斜，如水之就深，如火之炎上，自然而不容毫发强也。用无不神而法无不贯也，理无不入而态无不尽也。信手一挥，山川、人物、鸟兽、草木，池榭、楼台，取形用势，写生揣意，运情摹景，显露隐含，人不见其画之成，画不违其心之用。"[②] 这里，石涛将用腕、笔墨、构图等方法，都囊括其中。在《画语录》接下来的讨论中，石涛就论述了了法、变化、尊受、笔墨、运腕、絪缊、山川、皴法、境界、蹊径、林木、海涛、四时、远尘、脱俗、兼字、资任等，都是"一画"所涵盖的内容。用腕有虚实，笔墨有旋转、出入、方圆、曲直，构图有上下，等等，每一种方法都决定绘画的艺术水平。只有这众多方法相互协调齐一，才能实现"用无不神，理无不入"，达到出神入化的审美境界。

其三，"一画"具有恒久的生命力。 由于"一画"有法而无法，它是不定的、动态的、灵活的、创造的，因而，是不断革新的、生成的。也就

---

① 俞剑华.中国古代画论类编（修订本）[M].北京：人民美术出版社，1998：147.
② 俞剑华.中国古代画论类编（修订本）[M].北京：人民美术出版社，1998：147.

是说，"一画"之中所蕴含的画之道也是不断生成的。石涛用一句特别经典的话评价他的"一画"："吾道一以贯之。"就是强调"一画"的恒定性与永久性，它永远会在绘画中发挥作用。这就将"一画"视为一个具有长久生命力的法则，认定它会世世代代存在下去，成为绘画的不死之法。

"一画"作为一种理论发明，石涛试图借助于道家哲学构筑一个相对严密的理论，今天看来，这种努力并没有产生理想的效果。毕竟它的骨子里是重复道家哲学的思想意旨，借鉴的是江西诗派法无定法的理论，创新的程度不够高。后来，也没有太多的理论家自觉地去丰富、充实这种理论，使得石涛的言说几成绝响。但是，"一画"的很多问题仍具有启发意义。这一点，我们是不能抹杀的。

二、八大的"无二"观念

与石涛惺惺相惜的八大山人是朱明后裔，虽然没有像石涛《画语录》之类的理论著述，但是，他的艺术观念的影响力并不亚于石涛。这一方面靠他的画来演绎，另一方面靠他的诗文来发布，其中"无二"就是他的杰出的艺术命题。这种观念源自于禅宗，可以理解为石涛的艺术哲学。正如朱良志所说："不加分别，一而不二，是禅宗的重要思想，也是八大山人整个艺术思想的基础。"①

"无二"的观念是八大山人在《题画西瓜》一诗中提出来的。那是一首五言题画诗，类似于禅宗的偈语："无一无分别，无二无二号。吸进西江来，他能为汝道。"要理解这首诗，必须先弄清"一口吸尽西江水"这一禅宗公案。这个公案因为触及禅宗的普遍性义理而比较典型，在后世影响很大。《景德传灯录》详细地记述了这个公案。唐代居士庞蕴去江西洪州参见马祖，参问"不与万法为侣者是什么人"，马祖云，"待汝一口吸尽西江水，即向汝道"。居士瞬间悟道。"一口吸尽西江水"，对于任何人来说根本无法做到，寓示万法不可道，不能道，其中蕴含的是禅学"不二法门"的思想。《维摩诘经》云："如我意者，于一切法无言无说，无示无识，离诸问答，是为不二法门。"八大山人的"无二"观念即源于此。"无一无分别，无二无二号"，无一更无二，意在强调没有分别，无以言说。这并

---

① 朱良志.八大山人研究［M］.合肥：安徽教育出版社，2010：82.

不是无厘头的玄说,实是切入本质的形而上思考。因为,"一切法无言无说,无示无识",倘若能够分别,便远离了事物的本质。绘画亦然。

明了八大的思想渊源,"无二"的观念背后蕴含的美学意义就大致清晰了。我们可以从以下几个方面去意会:

其一,"无二"彰显的是艺术创新。大凡优秀的画家及其独创性的画作都是唯一的。正因为唯一,才增加了认识的难度。如何认识画家及其画作?应该从整体出发,以无分离的态度去认真辨析。每一个画家的每一次创作都是"无二"的。绘画中所蕴含的思想义理纷繁复杂,无法确定并按照一个固定的模式去理解,去解读。由于绘画是画家个人的思想、情感、个性、气质、知识修养、审美修养、审美观念的集中展示,因此,每个人都是独一无二的。这就导致人们对每位画家的思想、情感、个性、气质以及创作动机、审美动机等的把握很难精准。这是在张扬画家及其创作的个性、创新性,同时,也是在言说欣赏、阅读的复杂性。"无二"意味创新,既包括绘画创作的创新,也包括绘画欣赏、品读的创新。

其二,"无二"强调的是对艺术创作过程认识的艰难。这种艰难主要表现在"无言无说"上,即不能把创作的妙悟表现出来。朱良志曾经引八大山人的另一首题画诗来说明这一问题:"尿天尿床无所说,又向高深辟草莱。不是霜寒春梦断,几乎难辨墨中煤。"在他看来,这是八大山人"穿越临济曹洞有"的体现。"'尿天尿床无所说,又向高深辟草莱'二句,强调'无所说'的道理,不说不分别,让世界自在说,让草莱说着世界的高深。"[①]"无言无说"并不是不说,而是让自己的创作去说,让作品去说。艺术创作过程是艺术家的妙悟过程,这种过程只有艺术家才能深刻体会,即便艺术家本人,也是难以言说的。

其三,"无二"意谓绘画之法是无法穷尽的。"无一无分别,无二无二号",其中虽然在强调无分别,但是,这种无分别的背后又是无法分别。这种观念与石涛的"以无法生有法,以有法贯众法"的"一画"观念有类同之处,说明他们不仅思想观念接近,对艺术的理解也是相通的。

---

① 朱良志.八大山人研究[M].合肥:安徽教育出版社,2010:85.

第五节　明清的小说美学思想

明清时期是中国古典小说的辉煌时期，这一时期，真正意义的小说形式才真正形成，小说艺术才实现真正意义上的完善。之所以如此说，并不是意味我们否定唐传奇、宋话本对小说发展的意义，而是着眼于小说艺术的成熟。无论传奇还是话本都处在小说艺术的探索阶段，而明清章回体长篇小说和文言短篇小说的大规模出现，将中国小说的发展带入新的历史，中国才有了可以与诗歌、散文比肩的小说成就。中国古代小说艺术成熟的滞后，其内在有诸多因素，其中一个非常重要的因素是，中国古代的历史过于发达，历史叙事代替了小说叙事，加之历史中记述了大量虚构的、精彩的故事，更加强化了历史叙事的娱乐、审美功能，历史代替了小说。由此也带来小说理论的一系列问题，那就是，弄不清楚小说是什么，没有意识去划分与历史的界限。到了明清之际，这一问题得到了有效的解决，李贽和金圣叹有意识地辨析小说和历史的界限，阐发小说的艺术特征和审美特征。围绕着《水浒传》《三国演义》《金瓶梅》《红楼梦》等小说，明清时期兴起了小说评点，运用这种独特的形式去寻找、发现小说的美，从而推动小说美学的发展。

一、因文生事：小说之美

明代的小说多以朝代的"通俗演义"命名，表明这些小说与历史的关联，是对历史的演义。所谓"演义"是以历史与传说为依据而加以引申的，说明"演义"本身也带有虚夸不实的成分。《三国演义》《水浒传》已经成为中国文学的经典，它们都是在历史的基础上加以改造、虚构写作的，主要人物和主要事件大都有案可稽。这便引发明人对小说与历史演义的思考。整体来说，明人的思考并不深入，多数讨论并没有触及最根本的问题，只是强调小说是"为正史之补"，应该与教化结合起来，实现劝诫的目的。相比而言，对小说和历史的界限问题思考较为深入的当数明代思想家李贽和清代评点家金圣叹。

李贽是晚明新思潮的代表人物，他的思想激进，反传统。他评点过《水浒传》，在评点的过程中发表了许多可观的美学观点。他明确意识到小说的虚构性。在第十回总批中，李贽说："《水浒传》文字原是假的，只为他描写得真情出，便可与天地相始终。"①(《容与堂本李卓吾先生批评忠义水浒传》)五十三回总批又说："天下文章当以趣为第一。既是趣了，何必实有是并实有是人？若一一推究如何如何，岂不令人笑杀？"②《水浒传》的文字是假的，并非实有其事，实有其人，这是在强调《水浒传》文字的虚构性。然而，正是这虚构的文字，也可以表达真情，也可以与天地相始终。这其实是在回应当时对通俗演义之类的小说的普遍认识，小说就是小说，不是历史。

对小说与历史的界限做出清晰的界定并将之上升为理论高度的是金圣叹（人瑞），他也是通过对《水浒传》的评点表达出自己的观点的。金圣叹是清初的评点大家，他的评点影响深远。他评点了很多著作，并不限于小说，而且还包括哲学、历史、诗歌、戏曲。他将他所心仪的名著《离骚》《庄子》《史记》、杜诗、《水浒》《西厢》称之为六才子书，《水浒》是第五才子书。在《读第五才子书法》中，金圣叹比较了《水浒》和《史记》，对《水浒》大加赞赏，这包含着他对小说的审美态度。他说："某常道《水浒》胜似《史记》，人都不肯信。殊不知某却不是乱说，其实《史记》是以文运事，《水浒》是因文生事。以文运事，是先有事生成如此如此，却要算计出一篇文字来，虽是史公高才，也毕竟是吃苦事。因文生事即不然，只是顺着笔性去，削高补低都由我。"③在金圣叹看来，《水浒》胜过《史记》，其主要原因是，《水浒》"因文生事"，是带有创造性的。理解"因文生事"必须联系"以文运事"。金圣叹说，"以文运事"，是先有这事，然后根据这事写成文章。"运"就是运用已经发生的历史事实，把历史事实当作素材。这文章必须要真实地表现已经发生的事，来不得半点编造与虚构。《史记》就是如此。言外之意，金圣叹认为，《史记》所描写的都是历史上发生的实实在在的事。而"因文生事"则不同。"因文生事"是为了写文章而虚构、编造故事。"生"就是虚构、编造的意思。既然是虚构、编造，那就意味着这些故事是现实中可能不存在的、没有发生过的、远离真实的，是根据自己的思想、情感、兴趣的需要进行虚构、编造的。就像金圣叹所说的那样："只是顺着笔性去，削高补低都由我。"因为

---

① 蔡景康编选.明代文论选[M].北京：人民文学出版社，1993：238.
② 蔡景康编选.明代文论选[M].北京：人民文学出版社，1993：239.
③ 郭绍虞主编.中国历代文论选.第三册[M].上海：上海古籍出版社，1980：244—245.

虚构、编造，所以才是创造的。这便涉及小说的虚构与真实性的问题。尽管金圣叹没有对虚构、真实性的理论内涵、理论意义和价值进行深入的论证，但是，从他对《水浒》的赞美中可以体会，虚构在他的意识深处比历史真实具有更高的审美价值。

小说之美是因为"因文生事"。因为小说是虚构的，所以，它特别能检验小说家的创造性，小说家的思想、情感、语言能力、结构能力都体现在"生"上。虚构也给小说家提供了一个无比广阔的想象空间，最大限度地展现小说家凭虚构象的能力，发挥小说家的创造性。因此，金圣叹对小说"因文生事"的特征的阐发，不仅在很大程度上解决了小说与历史的困惑，更为重要的是，为打开小说的创作与审美之门提供了一把万能的钥匙。

二、小说评点中的美学发现

明清时期，小说评点风行，其中，《三国演义》《水浒传》《金瓶梅》《红楼梦》等古典名著，成为评点的主要对象。李贽、叶昼、金圣叹的《水浒传》评点，毛宗岗的《三国演义》评点，张竹坡的《金瓶梅》评点，脂砚斋的《红楼梦》评点，等等，都享有很高的声誉，不仅推动着这些古典名著的流传，使之成为经典，而且还有不少美学的发现。这些发现充实并丰富了中国传统美学。在这里，我们不可能全面细致介绍这些美学的发现，只能略说几个方面。

首先，发现了小说中的"真"和"趣"。"真"并非现代文学理论和美学所讨论的真实性问题，而是传神、逼真。它所针对的不仅是人物形象的创造，还包括情节描写和景物描写等。李贽评点《水浒》，多次提到"逼真"。在第二回眉批中，他说："从碎小闲谈处生出节目来，情景逼真。"第九回总批又说："摹写洪教头处，便是忌嫉小人底身份，至差拨处，一怒一喜，倏忽转移，咄咄逼真，令人绝倒。"[①] 前面说情景，后面说人物。可见，"真"在李贽那里具有多方面的用途，具有多层次的涵义。除此之外，"真"还有一个意义是传神。第七回眉批云："只是个像，像情像事，文章所谓肖题，画家所谓传神也。""像"就是真，真即传神。这是李贽对小

---

① 蔡景康编选.明代文论选［M］.北京：人民文学出版社，1993：237.

说之"真"的意义的充实。与此同时，评点家们还发现了小说的"趣"。"趣"就是有趣味。这种趣味是言近旨远，咀嚼不尽，让人久久回味。李贽评点《水浒传》，反复提到"趣"，如"说的趣""有情有趣""趣甚"等，有时赞赏《水浒传》的语言，有时表彰它的情节描写和情感抒发。如第九回眉批"无情却有情，接脉在异想之外"，第三十九回眉批"情余言外"，等等，都是表彰《水浒传》的趣味性。这种趣味性正是《水浒传》的魅力之所在。

其次，发现了小说人物形象的塑造对个性之美的突出。一部小说要具有审美的魅力，必须写活人物，使每个人物都富有个性，充满光彩。这种个性类同于现代文学理论所说的文学典型、黑格尔所说的"这一个"。李贽在评点《水浒传》的时候已经发现了其塑造人物形象的特点，看到了突出人物的个性特征对增强小说审美性的重要性。在第二十六回眉批中，他这样评价武松形象的描写："画出个活武松在眼前，神骨俱疏，并带得西门庆亦活。"表彰《水浒传》写活了武松的同时也写活了西门庆，意谓抓住了各自的个性特征。在小说人物个性的探讨方面，金圣叹考察得比较细致，阐发得更为深刻。《读第五才子书法》云："《水浒》写一百八个人性格，真是一百八样。"他以写粗鲁为例："《水浒》只是写人粗鲁处，便有许多写法：如鲁达粗鲁是性急，史进粗鲁是少年任气，李逵粗鲁是蛮，武松粗鲁是豪杰不受羁靮，阮小七粗鲁是悲愤无说处，焦挺粗鲁是气质不好。"[①] 小说不仅应把不同的个性特征表现得分明，即便相同的个性特征也应写出它们的不同，做出更为细致的区分。如此一来，人物的个性就会更加突出，小说的光彩就会更加耀眼。这就提醒人们，小说应塑造出鲜明的人物形象。

再者，发现了小说写作的许多技法。我们以白描为例加以说明。白描是小说评点发现的一种重要的描写方法，这应归功于金圣叹、张竹坡。他们都非常清晰地看到了白描手法在小说中的运用及其产生的审美效果，那是对绘画手法的挪用与借鉴。在绘画中，白描是指用极简的笔墨，传神地表现出人物的个性特征。如金圣叹批点《水浒》第九回对于雪景的描写："龙眼白描，庶几有此。"张竹坡在评点《金瓶梅》的时候，也高度赞赏其

---

① 郭绍虞主编.中国历代文论选.第三册[M].上海：上海古籍出版社，1980：245.

白描手法的运用。其《批评第一奇书〈金瓶梅〉读法》云:"读《金瓶》,当看其白描处。子弟能看其白描处,必能自做出异样省力巧妙文字来也。"① 白描贯穿着张竹坡评点的始终,我们经常能看到他"白描入骨""白描入化"等评语。白描的内涵变得更为丰富。正像敏泽所说:"自从张竹坡大力强调'白描'手法后,白描就成了我国小说理论中最具有民族特色的理论之一。"②

小说评点发现的美学问题很多,这众多的问题,由于只体现在阅读的过程中,分布在小说的字里行间,且并非以理论性很强的文字表达出来,需要结合具体描写去体悟,故而,很多在当下并没有得到有效的揭示。这是中国古代美学研究的一个缺憾,也是今后努力的一个方向。

第六节 李渔的戏曲结构美学

李渔(1611—1680)是中国古典戏曲美学史上的代表性人物。他的《闲情偶寄》是中国古代戏曲理论的集大成之作,是"第一部从戏剧创作到戏剧导演和表演全面系统地总结我国古典戏剧特殊规律的美学著作"③。李渔不仅从事戏曲理论方面的研究工作,而且进行戏曲创作,有《笠翁十种曲》传世。他广有财资,组建戏班,导演戏曲,红极一时。《闲情偶寄》论及戏曲艺术的部分在《词曲部》《演习部》和《声容部》,分别讨论了戏曲创作、舞台表演和演员训练等方面的内容,形成了较为完备的戏曲艺术理论。

一、戏曲结构之道

在《闲情偶寄·词曲部·结构第一》的前言中,李渔说:"填词首重音律,而予独先结构。"在戏曲文本的构思与创作方面,他最看重的就是结构问题。"结构"一词,今天一般是作为名词使用的,指的是组成事物整体的各部分的组织搭配。而李渔所谓的"结构"主要是从创作构思的角度

---

① 兰陵笑笑生,著.张道深,评.张竹坡批评金瓶梅[M].济南:齐鲁书社,1991:45.
② 敏泽.中国文学理论批评史[M].长春:吉林教育出版社,1993:1095.
③ 杜书瀛.李渔美学心解[M].北京:中国社会科学出版社,2010:9.

上来谈的，更具动词属性，意思是谋篇布局，是在戏曲创作过程中通过对各个艺术要素的组织运用而形成整一的形式。从本义上说，"结构"一词与建筑有关，李渔也以建造宅院为例来说明戏曲结构的重要性。他说："工师之建宅亦然，基址初平，间架未立，先筹何处建厅，何方开户，栋需何木，梁用何材，必俟成局了然，始可挥斤运斧。"建一栋房屋，首先要有图纸，有整体的规划，把房屋的格局、材料等设想出来，做到心中有数，方能开工营建。戏曲创作亦讲究结构，故事情节要连贯，人物形象要个性鲜明，不可出现断续之痕和突兀之感，如果东一榔头西一棒子，胡乱堆砌拼凑，则缺乏艺术魅力，难以在舞台上搬演，或者即便登场，也是一场闹剧。

对于戏曲的情节安排，李渔重视作者的创新精神，力倡"脱窠臼"。创新是艺术的基本精神，也是艺术发展的基本动力。文学亦然。西晋陆机《文赋》要求写文章要做到"谢朝华之已披，启夕秀于未振"，要独出匠心，创造新的内容和辞藻，不可因袭前人故旧。李渔认为，这一点在戏曲创作方面更加要紧，戏曲古称"传奇"，即非奇不传的意思。他说，戏曲中的中心人物和核心情节"果然奇特，实在可传而后传之，则不愧传奇之目"。作家在创作曲词时，要先调查古今以来的剧本中，是否已有此等情节，如果没有，才有创作的必要，切不可东施效颦，拾他人之余唾。

在戏曲主题和情节的选择方面，李渔一方面主张"脱窠臼"，另一方面要求"戒荒唐"，对描写荒诞不经之事的戏曲作品持否定态度，"凡作传奇，只当求于耳目之前，不当索诸闻见之外"。这种具有现实主义精神的创作理念要求戏曲选题贴近生活，描绘人情世态。他把剧本的地位提升为"三代以后之《韶》《濩》"的高度，强调戏曲在宣化王道方面的功能，而"王道本乎人情"，只有人情练达，才能千古相传。然而，如何在日常生活世界中发现不落窠臼的故事给人带来新奇的审美感受呢？李渔说，"物理易尽，人情难尽"，现实题材包含了无限丰富的新鲜事物，"五伦以内，自有变化不穷之事"，摹写不尽，关键在于能以生花妙笔制为杂剧罢了。李渔辨析了现实题材的戏曲创作如何正确地对待虚构问题。杂剧非史传，其故事内容大半是由作者虚构而成的，而非确有其事，切不可以史实考证的心理来对待戏曲，要懂得区分艺术真实与历史事实之间的不同。在艺术创作上，作者可以根据某一主题进行符合逻辑的演义，如写一个孝子，其事迹在历史上或许仅有一例，作者却可以将若干孝行加在他的身上，使他成为一个艺术典型。这样的艺术加工方能起到理想的审美效果，给观众带来深刻的心理体验和价值引导。但是，李渔同时指出，如果运用历史题材，作者的人物塑造和情节铺设也要受到历史事实的限制，"实则实到底"，人物和故事要符合基本史实，否则就会造成"虚不似虚，实不成实"的窘态，容易遭受观者的指摘。

李渔提出，创作词曲宜树立向善的价值理想，"务存忠厚之心，勿为残毒之事"。中国古代素来重视文艺的教化功能，而作为俗文学和以表演为主体的舞台艺术，戏曲的劝善诫恶的作用更加明显，对于文化水平不高的封建社会底层人民的价值引导发挥着重要影响。戏曲理应成为"药人寿世之方，救苦弭灾之具"，而非欺善作恶的榜样。李渔尤其反对将戏曲故事作为影射他人或者泄私愤的工具。曾有人因"琵琶"二字字头包含四个"王"字，遂称高则诚《琵琶记》乃是为了讥刺王四而作。李渔指出，这种说法出自乡野鄙夫，而非正人君子。在他看来，凡是成为经典的传世之作，都以作者的高尚心灵品格为前提，倘若心存歹念，即便有生花之笔，也难创造流芳百世的作品。他提出"传非文字之传，一念之正气使传也"的重要命题，对艺术的善的品质给予了充分的肯定。

二、戏曲结构之法

李渔强调"立主脑"在戏曲结构中的重要性。他所谓的"主脑"，指的是作者创作一部戏曲的主题，而这主题又是借戏曲中的核心故事与核心人物来呈现的。一部戏曲必然包含多个人物和多种情节，但作者的本意只为一人一事而设，其他人物与情节都属于"陪宾"或"衍文"，是为了推动情节发展和塑造人物形象而设置的。例如，《琵琶记》这部传奇的中心人物是蔡伯喈，核心情节是"重婚牛府"一事，其余情节如父母遭凶、五娘尽孝、拐儿骗财、张公行义等都是为此核心情节而铺设的。李渔指出，常有戏曲作者只知围绕中心人物衍生无数情节，在情节上却无轻重主次之分，铺陈无度，如断线之珠，不合梨园法度。

李渔用了一个很妙的比喻来说明戏曲创作法度的重要性——"编戏有如缝衣"。一件衣服缝制得好坏，要看针脚是否细密均匀，如果针脚粗疏、歪歪扭扭，不仅穿着不舒服，还会影响整体的美观。作为一种叙事艺术，戏曲由多个情节和不同身份、性格的人物组成的，好比衣服由不同部位的布料拼接在一起，其工拙"全在针线紧密"与否。戏曲作者要巧妙地组织照映埋伏："每编一折，必须前顾数折，后顾数折。顾前者，欲其照映，顾后者，便于埋伏。照映埋伏，不止照映一人、埋伏一事，凡是此剧中有名之人、关涉之事，与前此后此所说之话，节节俱要想到。"精巧的戏曲结构有赖于作者或导演的精心布置，情节的发展要前后相承，人物行动与言语要上下呼应。戏曲舞台上的呼应有的是连贯的，后一折照映着前一折，有的却是伏脉千里，戏曲开头出现的某一情节直到结尾处才得到应承。李渔把戏曲结构视为血脉相连的有机体，没有任何细节是多余的，而且一切细节都要在戏曲的整体结构中安稳、妥帖地布置。他据此批评《琵琶记》存在多处疏于照映的情节，如《剪发》一折叙写五娘为殓送公公而卖发求资，以见五娘之孝，但未能兼顾张大公仗义疏财的秉性，于事理不合、情节不谐。

李渔洞悉戏曲艺术的本质特征在于舞台表演，即"填词之设，专为登场"。不同于诗词歌赋等案头文学，戏曲不仅要满足观众的审美需求，而且要考虑舞台表演的可操作性。因此，戏曲结构的一个基本原则是"减头绪"。戏曲表演受到空间和时间的严格限制，要在固定的空间和一定长度的时间内上演一部结构完整的戏曲。这就要求戏曲故事的编纂要符合简省原则，故事线索不宜多，人物关系不能过于复杂，切忌旁生枝节。从表演的可操作性角度来说，古代戏班的演员人数有限，如果戏曲人物过多，需要一人分饰多个角色，装扮起来十分麻烦费时，还会影响情节的组织。从观看的角度来说，多个角色轮番上演，诸种情节频繁变换，观众应接不暇，不仅不容易记得住，而且妨碍审美心理和情感的投入，使演出效果大打折扣。因此，李渔的戏曲结构论要求"一线到底，并无旁见侧出之情"，主题集中、情节紧凑。这也是中外戏剧艺术的通识。

本章小结

元明清的美的观念更趋向于多元，这是社会历史促成的。元代创造出杂剧、南戏等通俗的文学艺术形式，标志着世俗文化的兴盛。在绘画领域，元代沿袭的是宋代的绘画美学，文人画占据着主导地位，出现了赵孟頫、黄公望、王蒙、倪瓒等一批杰出的画家，提出系列绘画美学主张，取得极其辉煌的成就。赵孟頫强调"作画贵有古意"，他的"古意"一是指古代优秀的绘画传统，二是指古代优秀的绘画风格。倪瓒追求"逸笔草草，不求形似"。所谓"逸笔草草"，就是放纵自己的画笔，不追求工美，不讲究技法，一切皆由自然；"不求形似"的画外之音是追求传神，这是文学艺术的最高境界。明代文学上出现了前后七子，复古思潮盛行，"文必秦汉，诗必盛唐"成为文学的美学追求；戏曲在元代的基础上继续创新，完善了戏曲的美学形式，形成了独具一格的戏曲美学。明中叶以后，以李贽为代表的思想家，标榜异端，力倡"童心"，以评点的方式表达了对小说特征的认识，是小说美学发展的新阶段。明代画派纷呈，浙派、吴门画派、宫廷画都取得了很高的艺术成就，发展了传统的绘画美学。顾凝远的"生拙"的美学观，袁宏道等人的师造化与师古人的观念，都蕴含着十分丰富的美学内涵。"生"与"熟"原本是相对的两个概念，"生"是生疏、陌生；"熟"是熟悉、熟练。顾凝远所说的"生"和"熟"却不完全是相对的，而包含着辩证统一的内涵。"拙"关联着自然、淳朴、不事雕凿，这其实是老庄哲学所向往的"道法自然""朴素"。袁宏道主张绘画应"师物不师人"，强调不要学古人，不落古人窠臼，其实质还是力求创新。明代戏剧美学出现了"本色""当行"两个重要观念。"本色"主要是针对戏曲语言的，其有以下几个方面的内涵：一是戏曲语言要通俗易懂、质朴自然；二是戏曲语言要雅俗共赏；三是戏曲语言要符合人物身份、体现人物性格。"当行"更多的是从舞台艺术角度来谈的，要求戏曲取材和故事情节要真实可信，贴近生活，富有典型性；戏曲演员的表演要得体酷肖，妆演出真情实态；演员"擅场"，演技纯熟。然而，这个问题并不是这么简单，"本色当行"实际上是从戏曲语言、故事主题、情节结构、人物塑造、舞台表演、唱腔声情等角度所展开的戏曲美学建构。清代文化延续明代而更加辉煌，是中国古典美学的集大成时期，涌现出很多杰出的美学家，在诗歌、小说、戏剧、绘画美学方面有很多深刻的体悟。石涛的"一画"是一个艺术哲学命题。"一画"虽然是法，却是众有之本、万象之根，是一种形而上的东西。它是法之道，能够"贯众法"。凡是绘画中所涉及的问题都可以纳入"一画"的理论之中，它是画之道，也是具体的方法。"无二"源自于禅宗，是八大山人杰出的艺术哲学命题。"无二"彰显的是艺术创新，强调的是对艺术创作过程认识的艰难，意谓绘画之法是无法穷尽的，美学意蕴是非常丰盈的。金圣叹是一位大学问家，针对小说和历史的边界问题，他提出了"以文运事""因文生事"的命题，基本能准确界定小说与历史。他对小说虚构的美学特征的认识是前无古人的。在明清的小说评点中，存在着很多美学观念，有的是关于形象塑造的，有的是关于创作技法的，充实并丰富了中国古典美学。李渔是清代戏剧美学大家，他的《闲情偶寄》讨论了戏曲创作、舞台表演和演员训练等方面的内容，形成了较为完备的戏曲艺术理论，尤其是他对戏曲结构之道和结构之法的认识，深化了中国的戏曲美学。

第十二章　近现代的美

纵观20世纪中国美学思想的演进历程，可发现以下发展路径：一是20世纪上半期传承中华传统美学与接受西方美学思潮背景下现代中国美学，具体表现为王国维和朱光潜等所代表的"超功利美学"、以梁启超和鲁迅等为代表的"功利主义美学"；二是新中国成立初期至"文革"结束的美学建设和话语争鸣，其中发生于1956—1962年间的"美学大讨论"围绕着美的主客观问题、社会主义美学特质、美学与社会生活关系、形象思维等议题展开了广泛讨论；三是经历了70年代末至80年代中期的"美学热"、80年代末至90年代的美学低谷期、世纪之交的美学复兴。从现代意义上的美学在中国生根发芽、话语交锋和理论构建，到20世纪下半叶的三次美学热潮，20世纪的中国美学，经历了从精神文化层面向西方学习，到在与世界平等对话交流中确立自身理论话语的合法性，从单向引入西方理论并运用中国本土经验来解释这些理论，到基于中西文化对话沟通的理论创新，走在一条从"美学在中国"向"中国美学"发展的道路上。

第一节　从20世纪初的草创到20世纪前50年
中国美学的两条主线

美学作为一个现代学科，是18世纪在欧洲形成的。18世纪初，意大利人维柯，英国人夏夫茨伯里和哈奇生，都对这个学科的形成作出过重要且不可替代的贡献。到了18世纪中叶，法国人夏尔·巴托和德国人鲍姆加登，分别提出了"美的艺术"（beaux arts）和"美学"（aesthetica）的概念，这是现代美学的两块最重要的基石。但是，完整而成体系地对这门学科的基本内容作出全面的阐述，并对这门学科在后来的发展产生重大影响的，还是康德和他的《判断力批判》一书。① 在那个交通和通信不发达，文化隔膜仍很深的时代，一个学科要旅行到东方来，还是需要一定的时间的。

1873年，德国来华传教士花之安（Ernst Faber）著《大德国学校论略》，介绍西方美学的内容，并在1875年出版的《教化议》一书中有这样的句子，丹青音乐"二者皆美学，故相属"。② 与此大致同一时间，这个学科也传到了日本。明治五年（1872）时，一位名为西周的日本启蒙思想家写了御前演说稿《美妙学说》。此后，中江兆民翻译法国情感主义美学家欧仁·维隆（Eugene Véron）的《美学》（*L'Esthétique*，1878）一书，使用了"美学"这两个汉字。

在19世纪后期中日文化广泛交流的背景之下，"美学"在中国也发展了起来。1897年康有为编辑出版《日本书目志》中，出现过"美学"一词。1901年，京师大学堂编辑出版《日本东京大学规制考略》一书，在介绍日本文科课程时，更是多次使用"美学"概念。1902年，王国维在翻译日本牧濑五一郎著的《教育学教科书》和桑木严翼著的《哲学概论》两书中，使用了"美学""美感""审美""美育""优美"和"壮美"等现代美学基本词汇。1904年1月，张之洞等组织制定了《奏定大学堂章程》，规定"美学"为工科"建筑学门"的24门主课之一，这是"美学"正式进入中国大学课堂之始（教会学校不计）。③

20世纪前期的中国美学，主要是由两条线索组成的。第一条线索，可以简单地概括为从王国维到朱光潜线索。这是一条主张审美无利害的线索。

在世纪初年，王国维对美学在中国的传播作出了重要的贡献。王国维写过希腊哲学家苏格拉底、柏拉图、亚里士多德，德国哲学家康德、席勒、叔本华和尼采等人，以及英、俄、法、荷等国众多的文学和哲学家的

---

① 高建平."美学"的起源［J］.外国美学，2009（00）：1—23.
② 黄兴涛."美学"一词及西方美学在中国的最早传播——近代中国新名词源流漫考之三［J］.文史知识，2000（01）：75—84.
③ 黄兴涛."美学"一词及西方美学在中国的最早传播——近代中国新名词源流漫考之三［J］.文史知识，2000（01）：75—84.

专论。① 这在 20 世纪初期的中国，是极其难能可贵的。他的美学思想，主要继承了康德和叔本华的美学学说，强调艺术和审美的无功利性，认为"生活之欲，人与禽兽无以或异"，而"夫人之所以异于禽兽者，岂不以其有纯粹之知识与微妙之感情哉？"②

从王国维"静观"的美学理念出发，相当一批学者秉持自律性原则对 20 世纪中国美学展开现代性构建。蔡元培在《以美育代宗教说》一文中提出"盖以美为普遍性，决无人我差别之见能参与其中。……美以普遍性之故，不复有人我之关系，遂亦不能有利害之关系"③，并在《美育和人生》中认为美"既有普遍性以打破人我之见，又有超脱性以透出利害的关系"④，可见其对审美超功利、无目的性的坚持。宗白华在《中国艺术意境之诞生》（1943）中指出"艺术境界"是"以宇宙人生的具体为对象，赏玩它的色相、秩序、节奏、和谐，借以窥见自我的最深心灵的反映；化实景而为虚境，创形象以为象征，使人类最高的心灵具体化、肉身化"⑤，这一境界论实际上反映出对功利主义和唯理哲学的不满，意图用"主观的生命情调与客观的自然景象交融互渗""成就一个鸢飞鱼跃，活泼玲珑，渊然而深的灵境"来实践一种审美的人生。⑥

朱光潜受康德、克罗齐、布洛等西方理论家影响，在与中国传统美学思想融汇的基础上提出艺术是一种以人的直觉感受为主、将功利目的排除在外的审美体验，美感只是关乎对象形象本身的纯粹感受。朱光潜的"和平静穆"⑦观提倡审美对现实的超脱性，其"人生艺术化"的主张进一步指出艺术是"天空任鸟飞，极空阔极自由的"⑧理想界，美的价值就在于超脱现实界的诸种障碍和限制，帮助人们到理想界去寻求精神的安慰与自由。

---

① 王国维.王国维文集（第 3 卷）[M].北京：中国文史出版社，1997.该书收集了王国维谈苏格拉底的文章一篇，谈柏拉图的文章一篇，谈亚里士多德的文章一篇，谈康德的文章六篇，谈叔本华的文章六篇，谈尼采的文章两篇，谈其他德国作家的文章五篇，另有谈英、法、德、荷作家的文章十三篇。

② 王国维.王国维文集（第三卷）[M].北京：中国文史出版社，1997：6.

③ 蔡元培.蔡元培全集（第三卷）[M].北京：中华书局，1984：33.

④ 蔡元培.蔡元培全集（第六卷）[M].北京：中华书局，1988：158.

⑤ 宗白华.美学散步[M].上海：上海人民出版社，1981：70.

⑥ 宗白华.美学散步[M].上海：上海人民出版社，1981：70.

⑦ 钱理群.中国现代文学三十年[M].北京：北京大学出版社，1998：158.

⑧ 朱光潜.朱光潜全集[M].合肥：安徽教育出版社，1987：68.

他所赞同的英国学者爱德华·布洛的"心理距离"说，就是要与实际人生保持距离，持无功利的纯直觉的态度。

20世纪前期中国美学的另一条线索，是从梁启超开始的。他主张文艺要救亡图存、为民族和国家的崛起服务。这种"文学救国论"在他早期发起的"诗界革命""小说界革命"中均有大量论述。他赞赏能把新理想融入旧风格的诗人，其中"新理想"指的是将爱国、民主、科学等新思想融入诗歌创作，以此来教育普通民众、推动社会进步。《论小说与群治之关系》指出"欲新一国之民，不可不先新一国之小说"①，小说在改造国民思想、推动政治变革上发挥着重要的作用，小说家应以小说来启发国民的政治觉悟。由此，文学的政治教化作用得到极大的强化：一来，"文学兴国"意味着以文学来教育国民，培育千千万万具有爱国精神和公民素质的国民；二来，与一般政论文字不同，文学的宣传教化功能往往以旧风格中的新意境来实现审美属性与政治功能的统一。

鲁迅早年的《摩罗诗力说》，有强烈的浪漫主义美学的色彩。后来，随着他对现实政治和文学论争的参与，俄国影响在他的美学中起着越来越重要的作用。普列汉诺夫的艺术起源观，对文艺与社会关系的理解，对他产生着深刻的影响。瞿秋白等人对俄国文艺的介绍，周扬对车尔尼雪夫斯基的《生活与美学》的翻译，胡风的文艺思想，蔡仪在马克思主义影响下对"新美学"的建构，它们之间各有特色，也各有其思想来源。相对于以"静观"和"形象的直觉"为代表的康德线索的美学来说，这后一条线索的美学，由于20世纪前期的中国总是处在革命和救亡的状态，在中国实际上具有更大的影响。

作为"五四"新文学运动中写实主义的领袖，陈独秀在《现代欧洲文艺史谭》（1915）中主张"取夫世事人情诚实描写之"②，《文学革命论》（1917）也指出要推倒贵族文学、古典文学、山林文学，突出文学要如实地描写客观现实、真实地再现现实人生，文学革命的目的是革新政治和改造思想。胡适关于"真正文学家的材料大概都有'实地的观察和个人自己的经验'做个根底"③等论述均体现出他对写实精神的强调。1921年由郑

---

① 梁启超.论小说与群治之关系［J］.新小说，1902（1）.
② 陈独秀.现代欧洲文艺史谭［J］.新青年，1915（3—4）.
③ 胡适.建设的文学革命论［J］.新青年，1918（4）.

振铎、茅盾等人发起的文学研究会把现实主义与自然主义的美学思想发扬光大，注重文学对社会现实的客观描写和真实反映，这与创造社诉求作家自我表现的浪漫主义形成鲜明对照。"为人生而艺术"的创作方向得到文学研究会多位成员的认可：郑振铎认为文学"不是以教训、以传道为目的"[1]；茅盾在《文学与人生》中也提及"文学是人生的反映（reflection）"[2]，"文学以求真为唯一目的"[3]，好的文学是真正能反映时代、社会、生活的文学；王统照谈到"无论'艺术的文学'或'人生的文学'，都不能离开人生"[4]；许地山认为"创作者底生活和经验既是人间的，所以他底作品含有人生的原素"[5]；俞平伯也指出"文艺所表现的是整个的人生，并非一个小圈子的人生"[6]。如果说"人的文学"诉求的是从灵肉二重的生活状态出发，通过书写理想生活、平常生活、非人生活来引起人们对现实生活的反思，并实现对现实人生的改善；那么"为人生"的美学主张则进一步认为艺术不仅要反映人生，而且要对人生产生现实意义。茅盾将其具体解释为"使文学更能表现当代全体人类的生活，更能宣泄当代全体人类的情感，更能声诉当代全体人类的苦痛与希望，更能代替全体人类向不可知的运命作奋抗与呼吁"[7]。重人生、反唯美的话语姿态强调的是跳脱那些供人们解闷、陶醉或消遣的快乐主义，转向能够真正激励人心、唤醒民众的作品，也就是说"现代的活文学一定是附着于现实人生的，以促进眼前的人生为目的的"[8]。

秉承"五四"的启蒙情怀，"为人生而艺术"的美学思想深刻地影响了鲁迅的美学艺术观：既是建立在对传统文化之劣根性的批判和否定基础之上，同时受到厨川白村"苦闷的象征"观念的影响，主张文学是摆脱外界压抑的一片自由净土，理应遵循真善美和谐统一的标准来表现"严肃而

---

[1] 西谛（郑振铎）.新文学观的建设[J].文学旬刊，1922（37）.
[2] 北京大学等编.文学运动史料选[M].上海：上海教育出版社，1979：186.
[3] 北京大学等编.文学运动史料选[M].上海：上海教育出版社，1979：187.
[4] 王统照.文学观念的进化及文学创作的要点[N].晨报副刊·文学旬刊，1923-9-11.
[5] 许地山.创作底三宝和鉴赏底四依[J].小说月报，1921（7）.
[6] 俞平伯.文艺杂论[J].小说月报，1923（4）.
[7] 郑振铎 编.中国新文学大系·文学论争集（影印本）[M].上海：上海文艺出版社，2003：146.
[8] 雁冰（茅盾）."大转变时期"何时来呢[J].文学旬刊，1923（103）.

且沉痛的人间苦"[1]，也就是用笔来书写劳苦大众的生活与命运，揭露封建旧文化吃人的本质，打破"大团圆"式的道德伪善。与此同时，鲁迅"为人生"的美学主张也是对俄苏文艺思想的接受，尤其是受普列汉诺夫"劳动先于艺术生产""艺术起源于劳动"等观点的影响，艺术由社会和阶级决定的马克思主义美学观念为鲁迅的艺术思想注入新内涵。鲁迅认为真正"为人生"服务的文艺应扎根现实人生、对生活有亲身的感受和真实的感情，只有求真、求善、求美的艺术才能正视和揭露众多社会底层的苦难及不幸，只有真情实感的抒发才能引起读者的情感共鸣，进而通过批判现实以唤起国民的抗争意识。由此，"直面惨淡的人生""正视淋漓的鲜血"成为鲁迅的"战士"姿态[2]，改造"国民性"是鲁迅文学创作实践的精神主旨，"美艺文章"是改变国民精神和推动社会改良的关键力量。鲁迅谈到之所以写小说，"以为必须是'为人生'，而且要改良这人生"[3]。他的作品针砭时弊，真切地反映民间疾苦和社会痼疾，唤起国民精神的觉醒，用"战斗的文艺"解救麻木的世人，像"国民性批判""立人""救救孩子"等早期创作主题体现出强烈的现实关怀和社会责任感。

第二节 20世纪50年代的美学大讨论

50年代的美学大讨论，吸引了当时众多的理论家参加，也形成了众多的美学观点。在这里，最具代表性的，就是后来所说的美学上的四大派。

早在40年代，蔡仪就发表了《新美学》一书，提出了一种马克思主义美学体系。到了50年代，蔡仪继续在批判朱光潜的过程中，发展他的美学体系。蔡仪的美学，具体说来，可用两个关键词来概括，即"客观"和"典型"。美是客观的，离开人并且不依赖于人而存在，它只是人的认识对象。但是，并非所有的客观事物都美。一事物的美，就在于它的典型性。同一类的马，有的美，有的不美。马之美，就在于它在同一类的马之中，具有典型性。人也是如此，典型的人就美，文学就要写代表一类人的

---

[1] 鲁迅.鲁迅全集（第十三卷）[M].北京：中国文联出版社，2013：178.
[2] 鲁迅.鲁迅全集（第二卷）[M].北京：中国文联出版社，2013：416.
[3] 鲁迅.鲁迅全集（第四卷）[M].北京：中国文联出版社，2013：403.

典型。

与蔡仪不同,李泽厚在1956年发表了著名文章《论美感、美和艺术》[1],后来又发表的《美学三题议》[2],阐释了他的美学主张。李泽厚认为,美是"客观性"和"社会性"的统一。他与蔡仪一样,坚持认为,美是客观的。但是,这种客观性,并不在于对象的自然属性,而在于对象的社会属性。美不依赖于人对它的感受,但它依赖于人的存在。没有人的社会存在,就没有美。于是,不同的时代有着不同的美,美随着历史的发展而发展。后来,他根据这一观点,写出了《美的历程》一书,具体说明这种客观性和社会性是怎样统一起来。

朱光潜在这一时期提出了美是主客观统一的看法。他放弃了被称为唯心主义者的克罗齐、叔本华、尼采等人,而从被认为是唯物主义者的西方哲学家那里寻找资源。在这方面,最突出的是他引用了英国哲学家洛克的观点,提出物的属性有两种,一种是物甲,即物本身的属性,另一种是物乙,即物作用于人时所显示出来的属性。前者是纯客观的,后者是主客观的统一。美是物乙,即物作用于人时所显示出来的属性。[3]

美学上的另一派,即主观派,由吕荧和高尔泰所代表。美就是美感,依照人的性格、情绪等变化。对象本身无所谓美和不美,全在于人对它的感受。

在这四派中,主观派不占据主流,从一开始就成为各家批判的靶子。实际上,解放前朱光潜的美学观点,就是主观派。他的所谓"直觉""距离""移情""内摹仿",都是典型的从主观角度来考察审美现象的观点。"直觉"是人的直觉,即人在面对对象时,取一种直觉,而非功利的和科学的态度。"距离"是指人的心理距离,即面对对象时,与对象在实际人生中的功用在心理上拉开距离。"移情"是人将自己的情感情绪投射到对象上去,使对象也仿佛具有情感色彩。"内摹仿"是人在面对运动着的对象内心在动觉上进行摹仿。他所选择的这些西方学者的观点,都具有一个共同的特征,即认为审美现象之所以可能,是由于审美者在面对对象时具

---

[1] 李泽厚.论美感、美和艺术——兼论朱光潜的唯心主义美学思想[J].哲学研究,1956(05):43—73.

[2] 李泽厚.美学三题议——与朱光潜同志继续论辩[J].哲学研究,1962(02):56—71.

[3] 朱光潜.论美是客观与主观的统一[J].哲学研究,1957(04):11—36.

有某种主观方面的精神状态。正是由于这种状态，使审美成为可能，从而也使对象被当成是美的对象。在朱光潜审时度势，放弃了他的这些观点之时，主观派的代表人物却接过了这种观点，在当时显然是不合时宜的。

其他的三派，处于相互竞争的状态。总体说来，朱光潜的主客观统一论之所以能形成一定的影响，主要是由于朱光潜的个人效应。在当时，从美学原理上讲，最有影响的还是蔡仪和李泽厚。蔡仪美学坚持认为，美在客观事物本身，在于客观事物的典型性，而人的因素只是体现在对这种本来就有的美的认识之上。美的形成与人的活动和人的历史无关，就像自然物的形成，与人的活动无关一样。从认识论的角度看，人所能做的，只能是认识它们。从美学的角度看，人所能做的，也只能是欣赏它们。蔡仪的"典型"观，当然并不仅限于叙事性文学作品中的人物刻画。首先，他的典型不再仅仅指人的性格和环境，而是包括人、动物，甚至植物和无生物的自然在内。其次，他将是否典型看成是美与不美的区分。第三，他将典型观与自然的生物进化联系起来，认为有生命的事物比无生命的事物美，动物比植物美，高等动物比低等动物美，人比动物美，人的美在于人的精神。这是黑格尔美学的体现。

与蔡仪不同，李泽厚所提出的美学观，则强调美的客观性与社会性。这就是说，社会的因素加入到了美的形成之中。对于这种社会因素在美的形成中的作用，李泽厚强调，审美感觉是在功利性活动中形成的。人首先是用功利的眼光看待事物的，只是后来，才用审美的眼光看待事物。实用先于审美，前者成为后者的源泉。在这种论述中，我们可以看到俄国马克思主义者普列汉诺夫在《没有地址的信》和《艺术与社会生活》等著作的影响。当李泽厚接触到马克思的《1844年经济学哲学手稿》时，他对同样一句话"劳动创造了美，但是使工人变成了畸形"中的前半句加以强调。美是劳动创造的！原始人在劳动生活中对自己的劳动成果表示欣赏，他们在劳动过程中感到愉快，这是美的最初的起源。美不是对象的自然属性，而是对象的社会属性。对象的自然属性是审美欣赏的基础，形状、色彩、光泽等等自然属性，是使一物成为审美对象的必要条件，但不是充分条件。离开了人的活动，自然属性不可能成为美的。只有在人的获取生活资料的劳动生活中，具有自然属性的对象才可能变成审美对象。

在此基础上，李泽厚发展出了积淀说。他认为，人们从用功利的眼光看待事物,到用审美的眼光看待事物,是审美活动形成的一个重要过程。在这个过程中,理性积淀为感性,内容积淀为形式。于是,我们就有了一个双重构造的过程。一方面,在人的内心,通过积淀形成了文化心理结构。这是一个从文化到心理的过程,人的文化活动,在心理留下了痕迹。日积月累,就形成了心理结构。另一方面,在对象那里,原本与人无关的事物,与人发生了关系,首先是功利性的关系,后来就有了审美的关系。

这种"客观性"与"社会性"的统一和"积淀"的观点,从理论上讲,也是有着其盲点的。这种理论以人为中心,从人的起源来探讨美的起源,从人与动物的不同点来探讨美的本质。人从动物进化而来。对于人在什么时候成为真正意义上的人,我们所存在的,只是一种哲学上的认定和划分。制造和使用工具、语言、理性、原始信仰和宗教,这些都可能并确实被人们用作区分人与动物的标准。这种进化,本来就是一个连续的过程,在一个连续的过程中寻找某一种标志,所体现出的,只是一种哲学上的立场。当我们进一步以此作为出发点,来完成美学上的建构的话,那么,我们只是在叙述一种哲学的立场而已。早在制造和使用工具之前,在语言出现之前,在有理性,有信仰之前,原始人或原始人的祖先,就开始进行超越直接功利性的选择,包括性的选择和对生活环境的选择。对此,我们可以将这称为"审美",也可以不称为"审美"。怎么用词,是我们决定的。但我们的这一决定并不能否认一个事实,在进化的过程中,有着大量的连续性。在从猿到人的进化过程中,存在着一个漫长的半猿半人的状态。强调在这一过程中,由于某种属人的因素的推动,使人有了美,这一观点并不能得到证明。从蜜蜂选择花朵,到孔雀开屏以求偶,再到原始人装饰自己,其间有着连续性。人制造和使用工具,只是影响人的审美活动,并不能成为这种活动的起源。

更进一步说,理性积淀为感性,内容积淀为形式,也是有问题的。这种积淀活动,如果它存在的话,也不能成为感性之源。相反,从动物到人的感性活动本身的起源,本身并不来源于理性。恰恰相反的是,理性活动,或者说思维和逻辑活动,都是在此感性活动的基础上生长起来的。在内容积淀为形式之前,并非没有形式感。我们在自然界、生物界,看到大量的图形和色彩,并不是通过打制石斧才认识到几何图形,也不是通过陶器上的鱼形和蛙形图,才获得图案意识。这些例子,其实都是可疑的。

尽管这些讨论中出现的观点，在今天看来，有进一步探讨的必要，但这绝不等于说，当时的讨论就没有价值。恰恰相反，美学大讨论涉及有关美的本质的一些深层次的哲学问题，对于以后美学学术的发展，对于美学作为一个学科在中国的兴盛，对于美学队伍的培养，对于美学问题在中国的形成，都是有益的。近年来，有许多学者对这种讨论持否定的态度，认为这种讨论只解决唯物与唯心问题，是一些伪问题，这是不正确的。在那个大批判盛行的年代里，美学大讨论给学术界带来了一些研究气氛，形成了一种思辨的传统，并且，幸运的是，这种讨论从总体上说，没有被政治干预所打断，为此后的美学热准备了条件。

第三节　70年代末至80年代前期的"美学热"

从1978年至1988年，是中国美学的黄金时代，历史上将之称为"美学热"。在这个时期，整个社会都对美学表示了巨大的热情。产生"美学热"的原因，可能是"文革"后自然会出现的学科反弹。正如前面所说，从50年代后期到60年代前期出现了"美学大讨论"。这一讨论培养了一批人，也培养了对这个学科的兴趣。接下来的一些年里，这种讨论先是由于重提阶级斗争，进而由于政治危机和社会动乱而逐渐停顿下来。但是，这一讨论的成果并没有消失，它已经成为中国学术界的一笔重要财富。这时期培养出来的美学研究者成为以后美学重新兴起的重要人力资源，而这时期形成的一些学术观点，也成为以后美学研究的理论出发点。[①]

与这一历史原因相比，更为重要的是，"美学热"源自"文化大革命"后中国社会的需要。"美学热"是在与"美学大讨论"完全不同的语境下展开的。这时，中国出现了一次既类似"文艺复兴"又类似"启蒙"的思想运动。这种"文艺复兴"，从恢复到"文革"以前的状态开始。历史在走着一条向后发展的路。首先受到人们关注的，正是50年代的美学大讨论。那些曾经在50年代的美学讨论中起过重要作用的学者这时仍然保持着学术上的活力。50年代的一些学术观点，在70年代末的特定政治与思

[①] 文艺报编辑部.美学问题讨论集（全六集）[M].北京：作家出版社，1957.

想框架中，仍是最容易接受的观点。

这一时期，李泽厚与蔡仪争论的恢复，是美学界最重要的现象。①1979年9月，由社会科学院文学研究所文艺理论研究室编的《美学论丛》（俗称"小美学"）创刊，1979年10月，由社会科学院哲学所美学研究室编的《美学》（俗称"大美学"）创刊。在这两个刊物上，分别刊登了一些重要的论争文章。

当然，历史不可能重新来一遍。李蔡之争在新的时期，有着全新的格局。蔡仪继续坚持他在《新美学》一书中提出的美在于对象的自然属性，美是客观的，美是典型的观点。黑格尔成了他解读马克思主义的重要武器。蔡仪努力研究马克思的《1844年经济学哲学手稿》，②重写《新美学》，作为当时美学一个重要派别而顽强地显示它的生命力。但是，从总体上说，在那个语境下，蔡仪的思想显得保守，在思想解放的大潮中，处于被动的位置。

与蔡仪理论被动境遇相反，李泽厚在这一时期显示出无比的学术活力。正当学术盛年的李泽厚，在1979年前后，一下子出版了四本书，在美学界产生了巨大的影响。这四本书，分别是讨论康德美学的《批判哲学的批判》、描述中国人审美趣味历史的《美的历程》、他的第一本思想史著作《中国近代思想史论》，以及他的美学论文合集《美学论集》。

在美学理论上，这一时期李泽厚美学理论的核心，是用康德来解读马克思，他在这一时期提出了众多的理论观点，均在美学界产生深远的影响。他所提出的第一个观点，就是实践本体论哲学。这一观点来自于马克思对康德的批判。康德认为，人的认识从本质上讲，不过是用来自主体的范畴对来自客体的感知材料进行综合而已。处于感知材料背后的"物自体"是不可认识的。实践本体论哲学，就是认为，实践可以攻克这一"物自体"的堡垒。从这个意义上讲，李泽厚建立了实践本体论。③

李泽厚在这一时期提出，要建立主体性哲学，走向人类学本体论，并

---

① 当时中国有两个最重要的美学杂志，即上海文艺出版社出版的《美学》与先后在中国社会科学出版社和湖南人民出版社出版的《美学论丛》，分别代表了这两派的观点。这两份杂志分别由中国社会科学院哲学研究所美学研究室和中国社会科学院文学研究所文艺理论研究室负责编辑。

② 蔡仪.马克思究竟怎样论美？[A].北京：中国社会科学院文学研究所文艺理论研究室编.美学论丛（第1期）[M].中国社会科学出版社，1979：1—62.

③ 李泽厚.批判哲学的批判[M].北京：人民出版社，1979.

且提出两个本体,即"工具本体"和"情本体"。本来,马克思主义的哲学,是一种一元论哲学。人的生产劳动,并不能还原为工具本体。工具总是人的工具,有什么样的人的活动,就有什么样的工具。离开活动的工具,不成其为工具,只是一些无用之物。从另一方面看,情也不能成为本体。情不能成为活动之源。实际上,没有离开人的活动的情。我们没有空洞的喜怒哀乐,而只有针对某物,或在做某事过程之中的喜怒哀乐。喜怒哀乐,是在我们的活动过程中产生的,是我们活动的伴生物。李泽厚在康德思想的影响下,通过他的两个本体的思想,走向了物质与精神的二元论。

20世纪末到新世纪之初,在中国出现了一轮美学复兴潮流,其原因如下:一是经济高速发展到一定阶段,对文化的需求重新呈现出来。自80年代末期开始,部分美学家继续从事专业性的研究工作,但较之"美学热"时期,社会影响却越来越小;部分美学家通过"文化研究"和一些其他学科寻找新的公共性平台。尽管市场化改革带来物质实用主义的强烈冲击,但"人文精神大讨论"以及对"审美文化"的关注也把美学重新拉回大众的视野。二是"文化研究"和"美学"的相互影响、吸收和融合,实现了美学的文化学转向和文化研究的美学转向,拓展了美学的研究边界。作为这一时期新的理论生长点,审美文化研究的兴起既是80年代"文化热"的延续,更是变迁中的文化现象和社会生活对美学研究提出的新要求——在迅速走向大众化、世俗化、消费化的当代现实社会中关注影视作品、传播媒介、流行音乐、大众文化、青年亚文化等新兴文化现象,以此来观照消费社会、大众文化与日常生活审美化等新的审美文化经验。三是中国加入世贸组织,经济上的新一轮开放也在推动中外学术交流日益常态化。新一代美学研究者有着与前一代人不同的知识结构,正在以其学术创新的活力,不断夯实美学研究的学科队伍。

审美文化研究以其多元化的理论视域、审美与生活融通的学术关怀积极地拓展了中国当代美学研究的研究版图,通过审美话语转型、美学研究跨学科转向、美学研究方法论变革、美学学科发展定位转型等话语突围和价值重构有力地推动美学的内在革新,其"接地气"的理论取向也使审美文化成为描述当代文化总体性特征的显著表征。审美文化研究总体上具有以下特点:美学研究边界的消解,美学研究方法论变迁及理论体系重构,对消费主义和商品文化的审美批判来唤醒当代人文意识,向社会现实敞开的理论精神和文化精神，等等。从学理层面分析，这股"反美学"热潮的出现与"文化学热"的兴起密不可分。通过90年代西方文化研究理论的大量引入和译介、知识界对文化研究话语方式的认同和接受，特别是受当代语境中文学现实与文化经验的裂变影响而导致文学研究走向泛文化批评，西方文化研究的跨学科性、实践性和批判性深刻地影响了美学研究的理论话语转型和知识生产格局，反思如何继承作为一种思想资源的文化研究、如何真正将文化研究的理论经验融入中国当下的历史语境与现实经验、如何在充分把握审美文化现实经验的过程中实现理论对象化的能力和任务，这些"问题式"的思考开放的是当代美学理论面向现实生活、融入现实经验、解决现实问题的实践方向。

中西文化的互动交流与平等对话，也是世纪末美学复兴值得一提的新局面。无论是"五四运动"，还是"文革"结束后的"新时期"，知识界均是借鉴西方思想和理论资源来解决中国问题，但此种单向度的理论旅行和全盘接受存在着"文化殖民"的危机。随着中国加入世贸组织和经济上的新一轮开放，中外学术交流日益常态化，学术文化也逐渐与国际接轨，这一次中西方的相遇日趋走向平等的对话。中国学者对外国美学的研究越来越深入，90年代后文化研究、现象学美学、存在主义美学、分析美学、实用主义美学等新的美学观念引入中国。作为"美学热"时代硕果仅存的集刊，《外国美学》为外国美学的专业研究和新一代美学人才培养做出了重要贡献。与此同时，"美学大讨论"的"四大派"在新的环境中出现新的分化和发展，这些学术争鸣包括"实践美学"与"新实践美学"、"生态美学"与"生生美学"、"生命美学"与"生活美学"及"人生论美学""身体美学""生理—心理的美学""进化论美学"等。继承80年代"美学热"的精神遗产，世纪之交的中国形成了一支涵盖哲学系、文学系和外语系的实力强大的美学研究队伍，生产出数量可观的美学论著，为培养青年人才起到了积极作用，其研究活动具体包括：编辑和出版美学史著作，从事美学的范畴和概念史研究，在当代美学语境下研究中国传统美学和艺术观念，等等。可以看到，这些美学研究学者的共性是努力回到问题本身，超越学派间争论的立场，而非树立某个学派的特点。总的来说，新世纪美学的一大特点是在世界视野、中西结合的基础上进行理论创新，从理论的反思开始走"回到未来"之路。

本章小结

20世纪,经历了一个从"美学在中国"到"中国美学"的发展过程。世纪之初的美学,是引入的。从引入、介绍,到以西释中,尝试用引入的理论解释中国的文学艺术实例,走着一条西方出思想、中国出材料的研究之路。然而,中国学者又不满足于此,在引进的同时,整理一些中国概念,并予以阐释,实现与西方理论的并置。并置、混合,是有用的,但还是不够的。这种理论努力的下一步,则是尝试进行理论上的融合、吸收,以中国人的审美和艺术实践为基础,借鉴西方古代和现代的美学理论,吸收中国古代的美学和文艺理论,建立既是现代的,又是中国的美学理论体系。

第十三章　中国马克思主义美学的现代历程

马克思主义美学在中国的发展，是在两股力量的推动下实现的。第一是俄国的"十月革命"的影响。"十月革命一声炮响，给我们送来了马克思主义。"1917年俄国"十月革命"以后，在《新青年》等杂志上，李大钊、陈独秀等人开始介绍马克思主义。1918年，李大钊发表了《法俄革命之比较观》《庶民的胜利》和《布尔什维主义的胜利》等文章。1919年，李大钊主持了《新青年》的"马克思主义研究"专号，集中发表研究和介绍马克思学说的文章。陈独秀1920年在《新青年》发表《谈政治》，阐述了社会主义和无产阶级等思想。可以说，李大钊和陈独秀的对马克思主义思想的引介与传播，对随后马克思主义美学的引进带来了积极的影响。中国人通过他们知道了马克思，在随后的革命运动中，马克思主义日益深入人心，马克思主义美学由浅入深，一步一步地传入到中国。

第二股力量，是文学的平民化和白话文运动，改变了人们对文艺与社会人生的关系的认识。在《文学革命论》（1917）一文中，陈独秀提出了著名的"三大主义"："曰，推倒雕琢的阿谀的贵族文学，建设平易的抒情的国民文学；曰，推倒陈腐的铺张的古典文学，建设新鲜的立诚的写实文学；曰，推倒迂晦的艰涩的山林文学，建设明了的通俗的社会文学。"① 这种文学与艺术的取向，与此前从西方引进的康德式"无功利"的美学，构成了鲜明的对立。文学和艺术中的审美趣味的变化，为马克思主义美学在中国的发展铺平了道路。

---

① 陈独秀.文学革命论［J］.新青年，1917（2）.

第一节 从"五四"新文化运动到"左翼美学"的兴起

中国共产党于1921年7月成立。"中国共产党的创建,是中华民族发展史上开天辟地的大事变,具有伟大而深远的意义。"[1]但是,中国共产党当时是秘密成立的,除了参与者以外,知道的人很少。这一年发生的另外两件事,在当时有更多的人知道。这就是这一年年初"文学研究会"成立和年中"创造社"成立。1921年1月4日,"文学研究会"在北京宣布成立,发起人有沈雁冰、郑振铎、周作人、叶圣陶等人,后来陆续发展,有会员170多人。"文学研究会"在当时是成立最早,成员最多,影响最大的一个文学社团。这个社团主张文艺"为人生"服务,反对封建文艺,反对游戏人生的文艺。这种思想尽管还不是马克思主义的,但对当时流行的"无功利"的美学,起到了冲击的作用。1921年6月8日,在上海泰东图书局的支持下,郭沫若、郁达夫等人在日本东京宣布成立了另一个新文化运动的文学团体"创造社"。"创造社"早期具有反对封建文化和复古的思想,主张自我表现、个性解放,具有浪漫主义的倾向。1921年成立的这两个社团,对新文化运动在中国的发展,起到了重要作用。

从1921年到1927年,中国的新文艺迅速发展,受到当时的反帝反封建的革命运动的影响,在唤起民众投身到革命洪流的运动中起到了重要作用。当时的许多革命家,同时也是文艺家。革命激发了文艺的热情,也改变着文艺的性质。在社会的革命运动中,一些文艺家也喊出了"文学革命"的口号。正是在这一革命的潮流中,马克思主义的文艺思想开始被引入和介绍。

1927年,对于中国马克思主义美学的发展来说,是另一个关节点。在这一年,一方面,随着蒋介石"四一二"反革命政变和汪精卫"七一五分共",轰轰烈烈的大革命失败了。中国共产党人或转入地下,或通过武装起义,实行工农武装割据,在一些远离大城市的地方,打游击和建立根据地,革命进入低潮。另一方面,对于中国的马克思主义美学来说,这是一个新的开端。

在世界范围内,这是一个左翼思潮迅速发展的时期。世界许多国家的

---

[1] 本书编写组编.中国共产党简史[M].北京:人民出版社.2021.

工人运动都在发展，马克思主义在欧美各国广泛传播。从1928年起，开始了第一个五年计划，实现大规模的工业化。苏联经过了革命和内战，迎来了一个建设时期。与此相反，1929年，世界范围内的大规模经济危机爆发，资本主义世界处于普遍困境之中。世界发展的前途走到了一个十字路口，一些国家向右转，例如，德国、意大利和日本，走向了法西斯主义，另一方面，进步和革命的力量也在增长。在文艺上，苏、日、欧洲和美国的当代文艺都在对中国产生重要影响。中国作家们与像苏联的高尔基、法捷耶夫，法国的罗曼·罗兰，英国的萧伯纳，日本的小林多喜二等这样一些左翼作家建立起革命的友谊，对中国左翼文艺的发展有着重要的推动作用。

1927年，鲁迅从广州来到上海。这时的上海，是文艺运动的中心。鲁迅到来以后，在他的周围，逐渐聚集了一批倾向于革命的青年。在上海的共产党人也加强了与鲁迅的联系。1928年，成仿吾发表《从文学革命到革命文学》，正式提出了"革命文学"的口号。1930年，冯雪峰译介列宁的《党的组织和党的文学》，夏衍也发表论文，译介列宁关于文艺的论述。在这一时期，普列汉诺夫、卢那察尔斯基等人的著作也被介绍到了中国，受到热烈欢迎。

1930年3月，中国左翼作家联盟（简称"左联"）在上海成立。主席团成员有鲁迅、钱杏邨、夏衍三人。1931年6月，瞿秋白开始领导"左联"。瞿秋白编写了《现实——马克思主义文艺论文集》，从俄文转译多篇马克思和恩格斯的经典文学论文。

在文艺创作上，这一时期是中国现代文艺生长的季节，出现了一大批重要的作家和艺术家。在文学上，巴金、阳翰笙、蒋光慈、丁玲、萧军、萧红等一大批作家都写出了许多优秀的作品。在其他文艺的类别中，也有着突出的成就。30年代初上海电影，例如《狂流》《春蚕》《风云儿女》《渔光曲》《十字街头》《马路天使》《夜半歌声》等。在戏剧上，1929年在上海成立艺术剧社，上演法国罗曼·罗兰的《爱与死的角逐》、美国辛克莱《梁上君子》等剧目。在音乐上，出现了像聂耳、冼星海这样的杰出的音乐家，写出了包括《义勇军进行曲》在内许多佳作。这些文艺面向大众，宣传进步和救国救亡的思想，反对消极颓废、无病呻吟的文艺，在当时起着重要的作用。

左翼文艺的组织及其文艺实践,在客观上冲击了既有的美学体系,与那种贵族式的、高雅的、静观的美学格格不入。这种新的文艺,迫切要求与之相适应的美学理论。这种美学理论,在一开始并没有获得完整的理论体系,而只是通过作品,以标语口号的形式,以及通过实际的行动而呈现出来。这种左翼的美学理论,表现为这样的一些特点:

首先,冲破"审美无利害"的信念。美是有功利的,这种功利是社会的功利,阶级的功利。不同的阶级有不同的美,原因就在于,存在于美背后的,是阶级的意识。与此相关联的,是反对艺术自律的理论,反对为艺术而艺术,而主张艺术为人生服务,为社会进步服务。对这两条的冲击,是美学上的重大问题。在当时,以一种激进左翼的姿态挑战当时占主导地位的美学,构成一种具有冲击力的美学观,在美学史上有着重要的意义。

这种左翼的美学理论,是为大众的。"五四"时期所主张的,是平民文学。在上海时期,文艺的主要接受者仍是学生、职员、店员,但左翼的文艺家们就已经提出了"无产阶级的文学"的口号。这个口号成为以后形成的"工农兵方向"的先声。

这种左翼的美学,立足于马克思主义的唯物史观。"五四"的新文艺,以反封建,个性解放为主要诉求。例如,当时有一部挪威剧作家易卜生的戏《玩偶之家》,其中塑造了娜拉的形象,娜拉对家庭和男权不满,最后决定出走。这部戏在当时引起了激烈的争论。鲁迅就提出了一个问题:娜拉走后怎样?不解决女性的经济上的独立,出走后不是堕落,就是回来。鲁迅敏感地看到了女性解放的经济层面和社会层面的问题。茅盾的《子夜》用社会的剖析的方法,揭示了人物命运背后的社会和经济力量,说明个人与社会相互依赖关系。

这种左翼的美学,是以"现实主义"为主的。写实,不只是一种方法,而且使文学艺术与现实结合在一起,以推动社会进步为目的。瞿秋白推崇现实主义的创作原则和美学理论,实践"文艺社会学"式的文学批评。周扬在1933年,就开始介绍苏联的社会主义现实主义。

这种左翼的美学,继承了"尚力"的传统,主张文艺要有激情,具有鼓动人参加革命斗争的力量。这就是鲁迅所说的,要像匕首,像投枪。这种美学所要求的文学家,是火热的生活的参与者,而不是消极的避世者。

"左翼十年"的文艺和美学,成为20世纪中国文艺和美学发展的一个重要环节。左翼的文艺从"五四"发展而来,但有很大的不同。对于这段现代史,我们过去注重的是"启蒙"与"救亡"的双重变奏。如果认真考察"左翼十年"的历史,就会发现,在其中,有着另一组音符,对推动历史的发展,起到了重要的作用。这另一组音符,就是社会改造与社会革命,以及支撑这种改造的理想主义精神。这种理想主义精神将"启蒙"与"救亡"的两大目标融合到了一道。

在美学中,存在着的是"静观"与"介入"之争,两者也是既相互推动又相互对立。"静观"传统影响深远,是美学上的大传统,来自康德美学,又与传统道家和禅宗哲学联系在一起,主张优雅、闲适的心境,悠然、超脱的人生态度。这种思想在学术界有着很大的影响。"左翼美学"则反"静观"而倡导"介入",主张文艺激发人们的热情,唤起民众,投身到革命的实践中去。"左翼十年"成为历史过渡,革命运动的需要,革命文艺的兴起,促使"介入"的美学得到发展,从而使中国美学的"静观"与"介入"的双重变奏得到形成。

在这一段时间,鲁迅阅读了许多马克思主义美学和文艺著作。在他的带动下,马克思主义美学在中国有了进一步的发展。1929年至1930年,鲁迅翻译出版了卢那察尔斯基的《艺术论》《文艺与批评》以及普列汉诺夫的《艺术论》。鲁迅评价普列汉诺夫为"俄国马克思主义者的先驱","所遗留的含有方法和成果的著作,却不只作为后人研究的对象,也不愧称为建立马克思主义艺术理论,社会学底美学的古典底文献的了"。[①] 在对普列汉诺夫《艺术论》的翻译以及与普列汉诺夫各种思想的碰撞融合中,鲁迅的马克思主义美学思想得到不断发展和深化。

鲁迅翻译了普列汉诺夫论及艺术和原始民族艺术的三篇论文,并撰写了序言。鲁迅认为普列汉诺夫是基于唯物史观的立场来探讨艺术问题的,并将艺术视为一种社会现象,如普列汉诺夫两篇论及原始民族的艺术主要论证了"劳动先于艺术生产","艺术起源于劳动"等根本命题。普列汉诺夫以达尔文的进化论思想作为艺术论的有力支撑,把艺术完全根植于人类的社会存在,认为社会存在决定社会意识,并以此探析艺术的本质、功能

---

① 鲁迅.艺术论(蒲氏)·序言//鲁迅全集(第十五卷)[M].北京:中国文联出版社,2013:262.

和起源发展等,进而分析生产力、生产关系以及阶级怎样作用于艺术。鲁迅十分认同普列汉诺夫艺术思想中的唯物史观,并由此强化了他早期"不用之用","使人兴感怡悦"的美学观。

普列汉诺夫认为社会存在决定社会意识,艺术和美受社会和阶级所影响的观点,不仅体现了马克思主义对文艺本质的理解,同时也为鲁迅后来关于"革命文学"的论争提供了思想依据。可以说,对普列汉诺夫的接受不仅强化了鲁迅"为人生"文艺观的阶级立场,也间接驳斥了他的论敌们所坚持的"为艺术而艺术"的文艺观。虽然鲁迅也批评普列汉诺夫的思想"还未能俨然成一个体系",其政治立场"不免常有动摇"[①],但正是由于对普列汉诺夫文艺观的接受,鲁迅最终确立了马克思主义的美学艺术观。

第二节　两支文艺队伍的形成和在理论上的努力

在谈到1949年7月在北平召开的第一次文代会时,研究者都说,这是一次"会师"的大会。这是说,有两支革命的文艺队伍,在这时"会师"了。在这次会议上,茅盾作了国统区文艺工作的报告,题目是《在反动派压迫下斗争和发展的革命文艺》,周扬作了根据地文艺工作的报告《新的人民的文艺》,体现出对两支队伍此前所做的工作回顾的含义。这两支文艺队伍,是在抗日战争中形成的。

1936年,"左联"宣布解散,此后曾先后成立的一些文学方面的组织,由于意见上的不一致,没有形成大的影响。到1938年3月,在全面抗战开始以后,在武汉成立了"中华全国文艺界抗敌协会",成立大会通过了《中华全国文艺界抗敌协会宣言》。大会选出郭沫若、茅盾、冯乃超、夏衍、胡风、田汉、丁玲、吴组缃、许地山、老舍、巴金、郑振铎、朱自清、郁达夫、朱光潜、张道藩、姚蓬子、陈西滢等45人为理事,周恩来、孙科、陈立夫为名誉理事。理事会推选老舍为总务部主任,主持文协日常工作。从这个名单可以看出,这是一个在抗日和"国共合作"的形势下,

---

[①] 鲁迅.艺术论(蒲氏)·序言//鲁迅全集(第十五卷)[M].北京:中国文联出版社,2013:268.

根据中国共产党的建立抗日民族统一战线的主张形成的文学方面的组织。这个协会的参加者，既有共产党方面，像冯乃超、夏衍等，也有国民党方面，像张道藩、姚蓬子等，顾问的人选，则更明显，有共产党方面的周恩来，也有国民党方面的孙科和陈立夫。这是一个在抗战形势下大团结的组织。随后，在1938年4月1日，国民政府军事委员会政治部第三厅在武汉成立。由郭沫若任厅长，阳翰笙任主任秘书。这个组织尽管名义上是国民党军事委员会的下属单位，但实际上在统一战线的旗帜下对发展革命文艺起了重要作用。武汉失守后，这些组织和机构就迁往重庆。

另一方面，在共产党领导下的根据地，文艺工作也得到了发展，形成了另一支文艺的力量。早在井冈山和瑞金时，中国共产党就很注意文艺方面的工作，那时的文艺，还是以战争年代的鼓动为主。到了延安，特别是全国范围内的抗战开始以后，根据地的文艺有了很大的发展。1936年11月22日，由丁玲、成仿吾、李伯钊等34人倡议，在陕西保安县成立了"中国文艺协会"，毛泽东亲临会议并发表讲话。① 随着抗日的形势发展，根据地逐渐扩大，从保安到延安，一些学校建立了起来，文艺活动也日益活跃。当时的延安是一个革命的中心，也是一个文化的中心。许多作家艺术家从大城市来到延安，开始新的生活。

这两支文艺队伍中，也各自有着自己的文艺理论研究者。重庆和延安，这是两个世界。生活在这两个世界的人，都有共同的抗日和革命的目标。他们的思想，有着一致之处，也有着不同之处。

在重庆的第三厅工作的蔡仪，一边参加抗日宣传工作，一边写作了《新艺术论》和《新美学》两部著作。在这两部著作中，既有马克思"现实主义与典型"理论原则贯彻始终，又有黑格尔"理念论"美学以及丹纳、格罗塞为代表的艺术哲学的影子，更有日本左翼理论家甘粕石介的深刻理论影响。其中，马克思"现实主义与典型"原则是蔡仪搭建"客观典型论"美学艺术思想的核心。

在蔡仪建构"新美学"之前，马克思、恩格斯等马克思主义经典作家关于文学和艺术的论述就已经有了中译本，普列汉诺夫和卢那察尔斯基等

---

① 毛泽东.在中国文艺协会成立大会上的讲话//毛泽东文集（第一卷）[M].北京：人民出版社，1993：461—462.

俄苏理论家的美学思想就曾对鲁迅和左翼文坛产生过重要影响。这些运用马克思主义哲学认识论去看待社会、分析艺术的思想自然是形成蔡仪美学艺术学思想的理论基础。[①] 当然，作为曾留学日本的左翼青年，蔡仪最为主要的思想资源是日译的马克思、恩格斯关于文学艺术的文献以及20世纪30年代日本左翼思想，正是这些理论的阅读与储备成为了蔡仪创立唯物论美学体系的主要思想资源。

蔡仪的美学可从"美论""美感论"与"美的形态论"三个方面来论述。第一，美论，他认为，美是客观的，美在典型。第二，美感论，美感是一种认识活动，是对事物的"摹写"和"反映"。第三，美的形态论。他把美区分为"自然美""社会美"和"艺术美"。关于"艺术美"，他论述了现实主义的原则。

在国民党所占据的一些大城市和一些大学里，占据统治地位的，还是康德体系的以"审美无功利"和"艺术自律"为代表的美学思想。在这一语境中，蔡仪依据马克思主义的原理，也吸收了日本左翼的美学家的一些研究成果，建构了一套美学体系，对于推动马克思主义美学在中国的发展，具有积极的意义。

经过了30年代后期的根据地初创，抗日统一战线的形成，特别是1937年卢沟桥事变后全面抗战的局面出现，根据地的文化生活也在改变。许多来自大城市的作家艺术家来到延安，并从延安到达抗日的前线。

抗日根据地的文艺，具有自己的独特的环境，也有着自己的要求。为了使作家艺术家们适应这个环境和要求，在1942年这个根据地相对稳定，战争到了相持的阶段之时，党中央邀请了一些作家艺术家，召开了一个座谈会。在这个座谈会的开幕和闭幕会上，毛泽东做了讲话，讲话稿经整理，一年多以后以《在延安文艺座谈会上的讲话》的名称发表。

在延安召开的文艺座谈会，是延安整风运动的一个组成部分。这个会议，正如毛泽东所说，是"研究文艺工作和一般革命工作的关系，求得革命文艺的正确发展"[②]。因此，毛泽东的讲话，也不以讨论和解决美学问题

---

① 王善忠、张冰主编.美学的传承与鼎新——纪念蔡仪诞辰百年[M].北京：中国社会科学出版社，2009：160.
② 毛泽东.在延安文艺座谈会上的讲话//毛泽东选集（第三卷）[M].北京：人民出版社，1991：847.

为目的，通篇也没有提到美学。但是，这篇讲话涉及文艺理论的一些重要问题，也对美学的发展有着重要的推动作用。

首先，《讲话》讨论了文艺为什么人的问题。文艺要为人民大众服务，这里的人民大众，是指工人、农民、兵士和城市小资产阶级。立场要站在无产阶级的立场上，而不是小资产阶级的立场上。延安与上海、武汉、重庆不一样，根据地有着其特殊的环境，文艺家们要适应这个环境，在感情上与工农兵打成一片。

其次，在解决了为什么人的问题以后，解决普及与提高的问题就有了方向。"所谓普及，也就是向工农兵普及，所谓提高，也就是从工农兵提高。"① 列宁曾谈过，俄国工人也不能只看马戏。同样，根据地和解放区的人也不能只看《小放牛》。对此，毛泽东提出，"我们的提高，是在普及基础上的提高；我们的普及，是在提高指导下的普及"。②

《讲话》中还讲到了党的文艺要成为党的工作的一个组成部分，成为列宁所说的"齿轮和螺丝钉"，以及非党的文艺也要有文艺界的统一战线。由此，他提出了"政治标准第一，艺术标准第二"这一文艺评论的标准。

在《讲话》中，突出强调了根据地和国民党统治区的不同。"同志们很多是从上海亭子间来的；从亭子间到革命根据地，不但是经历了两种地区，而且是经历了两个历史时代。"③ 这就指出问题的要害。人来到了革命根据地，思想还没有转变过来。因此，要经过整风运动，实现思想上的改造。

当然，尽管《讲话》主要不是讲美学问题，但在其中，也有着一些重要的与美学相关的论述。例如，文艺的为人民大众的问题，文艺所反映的生活比实际生活"更高，更强烈，更有集中性，更典型，更理想，因此就更带普遍性"④，即"典型化"的问题，以及功利、人性、爱、歌颂和暴露

---

① 毛泽东.在延安文艺座谈会上的讲话//毛泽东选集（第三卷）[M].北京：人民出版社，1991：859.

② 毛泽东.在延安文艺座谈会上的讲话//毛泽东选集（第三卷）[M].北京：人民出版社，1991：862.

③ 毛泽东.在延安文艺座谈会上的讲话//毛泽东选集（第三卷）[M].北京：人民出版社，1991：876.

④ 毛泽东.在延安文艺座谈会上的讲话//毛泽东选集（第三卷）[M].北京：人民出版社，1991：861.

等等。这些思想，对从根据地到解放区的文艺界思想的统一，起到了重要的作用，也给后来的专业美学研究者预留了理论阐释的空间。

第三节 "美学大讨论"和"美学热"在建立中国马克思主义美学方面的努力

1949年以后，马克思主义成为指导思想。50年代初，有苏联的文学理论教材译成中文，也有苏联的文学理论老师来华授课。但在美学方面，苏联的美学著作译成中文却比较晚。1961年，陆梅林将苏联科学院哲学研究所和艺术史研究所合编的《马克思列宁主义美学原理》译成中文，在三联书店出版。为了协助王朝闻编辑《美学概论》一书，北京师范大学的刘宁教授在20世纪60年代初翻译了一些苏联美学的资料。然而，中国美学的大讨论，却具有中国的原创性。

发生于1956年至1966年的美学大讨论，是中国美学史上的一个重要事件，对于中国马克思主义美学的建立，意义是极其深远的。

首先，这是中国学者在马克思主义原理基础上，独立自主地建立美学体系的开端。1956年，注定成为历史上不平凡的一年。1956年2月，"苏共二十大"召开。这次会议上，苏联人开始反省自己的一些政策，对中国共产党人也有所触动。1956年4月，毛泽东在《论十大关系》的报告中指出："最近苏联方面暴露了他们在建设社会主义过程中的一些缺点和错误，他们走过的弯路，你还想走？过去我们就是鉴于他们的经验教训，少走了一些弯路，现在当然更要引以为戒。"[①] 同月，毛泽东在中共中央政治局扩大会议上说："艺术问题上的百花齐放，学术问题上的百家争鸣，我看应该成为我们的方针。"[②] 这一方针是改变过去的"一边倒"的方针，探索自己的发展道路需要。这也为文艺上的发展和理论上的探索打开了大门。

"美学大讨论"正是在这个背景下出现的。1956年6月，朱光潜根据中央的安排，在《文艺报》上发表了《我的文艺思想的反动性》一文，对

---

① 毛泽东.论十大关系//毛泽东文集（第七卷）[M].北京：人民出版社，1999：23.
② 毛泽东.在中共中央政治局扩大会议上的总结讲话（1956年4月28日）//毛泽东文集（第七卷）[M].北京：人民出版社，1999：54.

自己所持有的"魏晋人",无功利的美学思想作了自我批评。由此,拉开规模宏大的"美学大讨论"的序幕。

这次讨论是当代中国美学和文艺理论史上的重要事件。当时,有一百多名学者参加,围绕如何建立马克思主义美学,美的本质的哲学基础,艺术的审美特征,以及"形象思维"等问题,展开了热烈的讨论。这对美学研究队伍在中国的形成,对此后中国美学的发展和繁荣,都具有重要的意义。

这场大讨论的目的,是在美学领域里清理唯心主义的美学理论,在马克思主义哲学原理的基础上,建立马克思主义的美学。朱光潜参加了这场讨论,表示要转换立场,进行自我批评,学习马克思主义。他的这一转换是认真的,但也是艰难的。他从自我批评开始,进而开始自我辩护。一开始借用洛克的理论,提出"物甲"和"物乙"之别,说美是"物乙",是客观的,但也有主观性在内,是主客观的统一;后来又提出,美要既是唯物的,又是辩证的,批评蔡仪是机械唯物主义;最后,又回归到"实践"上来,说美和艺术具有生产性,要用"实践"的观点来解释。他的这种努力,是当时大形势下的一种反映,也体现了他学习、研究马克思主义,并在马克思主义指导下发展美学研究的真诚努力。

在这场讨论中,蔡仪坚持了他此前在《新美学》中所表述的立场,认为要用唯物主义认识论的反映论,来研究美学。美是客观存在的,美感是对美的认识。美是典型,即同类事物中的代表。

在这场中央号召的大讨论中,许多学者都发表了文章。其中李泽厚的观点有比较大的影响。李泽厚认为,美是客观性和社会性的统一。事物的存在,不仅有着其自然的属性,而且有着社会属性,是一种社会性的存在。而美就存在于这种社会性的属性之中。李泽厚坚持认为,他的这种美学,所依据的是"历史唯物主义"。

"美学大讨论"并没有形成结论。所有参加者都有一个共同的目的,这就是在中国建立马克思主义美学。在相互论辩的过程中,许多学者都在运用马克思主义的基本原理进行美学研究,从而在此基础上形成对美和美感的性质的理解。这对马克思主义美学在中国的发展,具有巨大的推动作用。

到了1978年,美学在中国成为了一个"显学"。发生在20世纪70年代末至 80 年代的中国的"改革开放"运动，包含的内容是多方面的。这场运动首先还是从"解放思想"开始的。美学这个学科，在这一时期起了很重要的作用。如果说，1956 年时，"美学大讨论"成为"百家争鸣"的试验田的话，那么 1978 年，美学再次起到了这样的作用。1978 年，在美学史上称为"形象思维"年。1977 年 12 月 31 日，《人民日报》发表了毛泽东给陈毅谈诗的一封信。信中几次谈道，诗要用"形象思维"。"形象思维"的讨论，涉及对马克思主义的认识论的理解，同时也是对文艺创造和欣赏规律的探讨。这对于学术界和文艺界走出当时的僵化的思维，起到了重要的作用。

从那时起，马克思主义美学研究不断得到深化。1978 年，在思想界掀起了"实践是检验真理的唯一标准"的大讨论，在美学界，马克思主义的"实践观"也产生着越来越大的影响。

20 世纪 80 年代，是一个各种美学体系建构的时期。在这一建构过程中，马克思主义的原理，马克思主义经典作家的著作，起到了理论上的支撑作用，也成为新的美学观点建构的理论资源。在 80 年代初，美学界掀起了对马克思的一部早期著作《1844 年经济学哲学手稿》的研究热潮。美学研究者们围绕着这部著作中的一些重要概念，例如，"人化的自然""人的本质力量的对象化""美的规律""劳动创造了美"等，展开了热烈的讨论。

20 世纪 80 年代初年的中国美学讨论，主要参与者仍然是像朱光潜、蔡仪和李泽厚这样一些在 50 年代就成为主角的美学家。如果说，50 至 60 年代，论战的气氛比较浓的话，这一时期更多的是进入到各自发展阶段，他们各自的体系也得到了进一步的丰富和发展。伴随着"美学热"，一些马克思主义经典作家的专门研究者也发表了重要的研究成果。李思孝出版了《马克思恩格斯美学思想浅说》（上海文艺出版社 1981 年）一书，陆梅林辑注出版了《马克思恩格斯论文学与艺术》（两卷本，人民文学出版社 1983 年）一书。这一时期，另有一些学者翻译了一些英美和俄国学者论马克思主义美学和文学理论的著作。

到了 80 年代的后期，美学呈现出多样化的局面。新一代的美学家逐渐参与到美学的研究之中。同时，美学理论的资源也日益多样化。大量的国外美学著作被翻译成中文，对中国古代美学的研究也成为热潮。

如果说，原来的"古为今用，洋为中用"主要被理解成在文艺界用"古"的或"洋"的形式，装进中国的，现代的内容的话，那么，这一方针的内容在这时得到了丰富。对于古代的和外国的理论资源，需要以"我"为主体，根据当下的需要，以开放的胸襟，广泛地吸收，以建立既是现代的，又是中国的美学理论。

第四节　美学的复兴与新时代的马克思主义美学

当代中国美学，经历过20世纪90年代低潮，从世纪之交起就开始了新的复兴。美学的潮起潮落，原本有其自身的原因。80年代的"美学热"是乘"改革开放"初期的思想解放运动的东风，实现哲学和文艺理论的更新。世纪之交的"美学的复兴"，则一方面是在经过了市场化大潮以后，在经济水平得到了大发展，从而促进了社会转型，对文化发展提出了新的要求的结果，另一方面也是这个学科进入到常态发展的结果。

在理论资源上，世纪之交的美学发展，与中国在当时逐渐走向世界的过程联系在一起。中国学术界对外国美学的引进、翻译和研究，经历了三代人的努力。20世纪50年代至60年代，以朱光潜、罗念生、宗白华等人所代表的老一代美学所翻译的，绝大多数是西方古典美学著作，例如柏拉图、亚里士多德，到康德、黑格尔等人的著作。20世纪80年代的翻译大潮，几个大的译丛所翻译介绍的是西方20世纪前期至中期的一些美学著作。世纪之交开始，更多西方当代美学著作得到了翻译。形成这种局面的原因，与中国加入了世贸组织，中外交流日益频繁，中国学者与国外同行有了越来越多的直接接触有关，也与中国学术界越来越自信，开始与国际学术界的同行进行平等的学术交流，相互切磋，从而相互启发局面的形成有关。

在这种国外美学的翻译、介绍和研究中，国外马克思主义学者的著作占据了一个重要的位置。从60年代到80年代，一些苏联学者研究马克思主义美学的著作得到了出版。从80年代后期到世纪之交，欧洲和北美的一些西方国家马克思主义美学研究者的著作，得到了越来越多的介绍。

在当今世界上，马克思主义是一个普遍的潮流，在西方左翼知识分子间广泛流行。这些左翼知识分子在马克思主义的影响之下，研究美学和文学艺术，并把这种研究与社会批判联系在一起。

马克思、恩格斯生活在自由资本主义时期，他们的著作揭示了当时的社会矛盾。他们所提出的一些基本原则，有着普遍意义，但他们毕竟也没有看到此后的时代和社会的发展。同时，他们所关注的核心问题，仍然是哲学理论的建设，科学社会主义的构想，以及政治经济学的问题。文化、文学和美学的问题，并不是他们关注的重心。到了20世纪中叶，资本主义社会有了很大的发展，阶级、阶层、民族、宗教等各种社会矛盾激化。针对社会的这些新的发展，一些西方学者在文化理论方面，有许多新的创见。这些理论对我们在新的时代建设马克思主义美学有许多借鉴作用。

从另一方面说，马克思恩格斯等马克思主义的经典作家在世时，虽然写了一些讨论美学和文艺问题的手稿和通信，这些手稿和通信具有丰富而极有价值的思想，然而，在当时，这些手稿和通信并没有出版，也没有形成影响。从19世纪直至20世纪初年的西方美学史著作中，一般都没有提及这些手稿和通信中的观点。直至20世纪前期，特别是在第二次世界大战以后，这些著作才陆续整理出版，引起研究者的重视。因此，这些西方马克思主义美学的研究者所作出的研究，对于马克思主义美学在一些西方国家进入到学术圈和大学课堂，起到了重要的作用。

在中国，"文化研究"潮流的兴起，对美学和文艺理论研究范式起到了重要的突破作用。"文化研究"开始以"反美学"的姿态出现，反对美学研究的既有的谱系，反对美学上的一些传统命题，甚至反对文学艺术中对美和美感的追求，但这种冲击最终却反过来有益于美学的更新。20世纪90年代，中国学者开始熟悉德国的法兰克福学派，英国的"文化研究"，法国的左翼社会学派的一些美学理论。这些理论与此前中国人从俄国引进的马克思的文艺理论相比，提供了一些新的知识。

中国学术界曾围绕着"西马"的引入问题展开过一些争论。有学者认为，"西马非马"，不能将之放入马克思主义理论体系之中。也有学者认为，"西马是马"，应该对这些理论引入和研究。

其实，这样的争论没有什么意义，原因在于，这种提出问题的方式并不正确。一些生活在欧美国家的左翼知识分子，以马克思主义为思想武器，从事对他们所生活于其中的社会的批判。这本身在思想成果的生产上，是具有意义的。我们要去判定这些思想成果是不是马克思主义，其本身就有一个判断标准何处寻的问题。是根据马克思和恩格斯的原意？是符合我们对马克思、恩格斯论述的解读？

实际上，我们所需要争论的，不是认定他们的这些研究成果是否是马克思主义。这些著作产生于一个与马克思所处的时代完全不同的社会状况之中，也必然会适应时代要求，作出新的研究，得出新的结论。这是马克思主义的新的发展，还是对马克思主义的背离？作为学术问题，对此也可以争论。但是，对于我们来说，更为重要的，是思考西方的这些学术研究成果，对于我们有什么启发？对于我们建设新时代中国马克思主义美学理论，有哪些借鉴作用？

进入新世纪以来的20年中，中国美学研究成果丰硕。在美学研究中，出现了一个重要的现象，这就是学科间的融合。随着美学研究的发展，学科化日益加强，学科间分工越来越明确。但同时，学科间形成了严重的壁垒，中国美学研究、西方美学研究和马克思主义美学研究各成一家。一些人专门从事传统中国美学研究，研究从《周易》《左传》到明清诗论、画论中的美学；另一些人专门研究西方美学，研究从毕达哥拉斯、柏拉图到当代符号论美学和分析美学。

马克思主义美学研究也是一个专门的学问，又分马克思、恩格斯、列宁等马克思主义经典作家的论述的思考和总结，对像普列汉诺夫、高尔基、卢那察尔斯基等俄国和苏联理论家、美学家的思想的研究。以及此后对像波斯彼诺夫、斯特洛维奇、季莫菲也夫等人的美学和文艺理论的研究。还有一些人整理中国马克思主义美学的历史，对瞿秋白、周扬、冯雪峰、蔡仪，以及从1949年以后出现的一批马克思主义美学的研究者的思想进行研究。20世纪后期以及新世纪之初成为热潮的对西方马克思主义的研究。近年来，还有一些学者关注二战后东欧马克思主义美学，这方面过去研究较少，这些学者在努力克服语言方面的困难，弥补空缺。关于这方面的研究，成果非常丰富，其中规模比较大，值得关注的，有王善忠主编的《马克思主义美学思想史》（四卷，中央编译出版社2000年），以及先后由刘纲纪和王杰主编的《马克思主义美学研究》集刊，共23卷34本。

这些分科研究，对于学术发展本身来说，当然是重要的。对于各个方面研究的历史，都需要细致地去整理。但是，学术研究最终还是要打通，当代的马克思主义美学，既要依据马克思主义的哲学，去探讨马克思主义美学的原理，也要在马克思主义的指导下，研究中国传统美学、西方美学，更为重要的是，面向当代社会生活，研究文学和艺术，研究城市和乡村的建设，研究生态环境，研究如何对学生进行审美教育，在各种实际的美学工作中，发展出中国的马克思主义美学理论。

美学在新时代的复兴，得到了国家层面的支持。习近平总书记2014年《在文艺工作座谈会上的讲话》中，多次谈到美学，指出要"传承和弘扬中华美学精神"[1]，文艺要人们发现"自然的美、生活的美、心灵的美"[2]。习近平重视美学，重视文艺评论工作，目的在于在新的时代，出文艺精品，克服有高原、缺高峰的现象，建设社会主义的先进文化。如果说，毛泽东的《在延安文艺座谈会上的讲话》重在普及，为了满足工农大众的迫切需求，要使文艺为当时发动鼓动民众，为关系到民族存亡的抗日战争服务的话，那么，今天的任务就更是重在提高。文艺工作者"要静下心来、精益求精搞创作，把最好的精神食粮奉献给人民"[3]。

本章小结

在过去的一百年中，马克思主义美学在中国经历了从无到有，从引入和号召至出现丰硕的研究成果，从处在专业美学研究圈之外到进入到美学研究之中，为美学研究提供核心的观念的过程，也对百年中国文艺的发展起到了重要的推动和指导的作用。

马克思主义美学与现当代的中国美学研究的关系，具体说来是注入了几个核心的概念，这就是"他律""介入""为民"。

马克思主义美学主张文艺是社会生活的一部分，文艺工作者是社会的一分子，革命的文艺工作者所做的工作，是革命事业的一个组成部分。因

---

[1] 习近平.在文艺工作座谈会上的讲话[M].中共中央宣传部 编.习近平总书记在文艺工作座谈会上的重要讲话学习读本//北京：学习出版社，2015：29.

[2] 习近平.在文艺工作座谈会上的讲话[M].中共中央宣传部 编.习近平总书记在文艺工作座谈会上的重要讲话学习读本[M].北京：学习出版社，2015：27.

[3] 习近平.在文艺工作座谈会上的讲话//中共中央宣传部 编.习近平总书记在文艺工作座谈会上的重要讲话学习读本[M].北京：学习出版社，2015：8.

此，这是"他律"的，存在于社会之中，受社会的各种因素的制约。这种思想反对片面地强调艺术的特殊性，反对"为艺术而艺术"的孤芳自赏。

马克思主义美学主张文艺是"介入"的，审美不是无功利的"静观"，而是带着社会功利性的情感投入。艺术欣赏者首先是社会的一员，有着自己的喜怒哀乐，爱恨情仇。审美不是抛掉这一切情感，而是将这些情感投入到欣赏之中。

马克思主义美学也是主张"为民"的。一部现代文艺史，也是对民众的态度变化史。"五四"时期，所强调的是"平民"文艺。毛泽东提出，要解决为什么人的问题，提出文艺的人民观和工农兵方向。这种思想是对列宁的文艺观的继承，也是根据中国当时情况的发展。树立人民观，在新时代发展人民观，这是中国马克思主义美学发展的核心要义。

三个概念的注入，使美学得到了改造。这三个概念，归结到一个根本点，是哲学上的实践观。马克思主义美学，是有着许多学理探讨的专门学问，同时也是实践的学问。马克思指出："哲学家们只是用不同的方式解释世界，问题在于改变世界。"实践性是马克思主义哲学与此前各种哲学的根本区别，这也是马克思主义美学的根本特征。种种的学理要立于实践活动之上，而不是偏离实践活动的玄想。中国美学的发展也是如此。一百年来，中国社会主义革命和社会主义建设的伟大实践，给中国马克思主义美学的研究注入了强大的动力。学术上的"纯思想线索"是需要克服的，只有联系发展着的社会生活实践，才能理解美学，发展美学。

在当代生活中，美学起着越来越重要的作用。过去，美学被看成是"无用"的学问。随着经济社会的发展，在文化建设方面的任务就凸显出来。社会的文明程度提高，人的精神生活丰富都需要美学，因此，"无用"而显得有"大用"。这种"大用"，就是培养社会主义新人，就是为社会的改造和进步而焕发青春提供动力，就是建设美丽乡村、美丽城市、美丽国家，在文艺上出精品力作，出有世界影响之作，出传世之作。

第十四章 美学与美育

一时代有一时代之美学，一时代有一时代之美育。无论是西方美学，还是中国美学，无论是古典美学，还是现代美学，美学从来就不是象牙塔里面的一种纯粹思辨的学问，而是一门与"人"关系最密切的人文学科。美学既要关注艺术的创造和欣赏，关注对自然的观赏和情趣的培养，更要关注培养人、塑造人的审美教育。正是通过审美教育，美学才能真正落实到人，走进人们的精神世界，走近人们的日常生活，以"美"培养人的情感，塑造人的心灵，提升人的境界。一个时代的文艺繁荣也离不开美育，因为美育不仅造就了文艺的创作者，也培养出文艺的接受者，从而形成了一个艺术的群体和阶层，这个阶层引领着艺术趣味，成为艺术的中心。美育所起的作用是奠基的作用，而文艺的繁荣，要建立在这个基础之上。因此，美育是连通美学与人生、物质生产与艺术生产的桥梁，是确保文艺之花得以生根、发芽、开花、结果的土壤。尤其是在科学主义和工具理性甚嚣尘上的现代社会中，人的生物本能和思想情感都遭受到不同程度的异化，成为了马尔库塞所谓的"单向度的人"，在此情境下，美育更要当仁不让地承担起培养人、塑造人的重任，把"单向度的人"重塑为"全面发展的人"，提升国民的艺术修养和审美能力，实现社会改造，这是人性的需求，是时代的要求，也是艺术家们理应担负的使命。

第一节 审美教育：培养全面自由发展的个人

美育是一种古老的现象，在世界各地都有。哪里有文明，哪里就有美育。然而需要注意的是，古代的美育与现代的美育有着很大的区别。比如，在中国古代，没有系统的美学体系，但古人在谈到美与艺术时，绝大多数都在谈美育，尤其是利用诗歌、音乐等文艺来教化大众，形成了以"诗教""乐教"为代表的儒家美育传统。而在西方，《伊利亚特》《奥德赛》等古希腊史诗既起着历史知识教育、语言能力教育的作用，也起着审美教育的作用。从罗马帝国后期开始，基督教兴起并最终取得统治地位，宗教以充满激情的演讲、分享会、奏圣乐、唱圣歌、观看宗教的绘画和雕塑等方式，来实现宗教宣传的目的，也填补了民众美育需求的空间。在漫长的中世纪，基督教式的美育取代了希腊人的美育，甚至在文艺复兴以后，宗教的美育仍占据着统治地位。这些传统社会中的美育，随文明而兴起，本质上都是利用文艺来进行道德教化，不是现代意义上的美育。换句话说，只有建立在现代美学的基础上，美育作为一个学科的形成才有可能。

如果说美学作为一个现代学科是从康德开始的话，那么，美育作为一个现代学科则要归功于生活时代略晚于康德的席勒。席勒是著名的德国剧作家，也是一位重要的哲学家。1795年，仅仅在康德的《判断力批判》发表五年之后，席勒就发表了美学论著《审美教育书简》，正式提出了美育（Aesthetic Education）概念。席勒所说的"美育"，具有与此前的"教化"完全不同的含义。席勒的理论是建立在康德的哲学基础上的，但又包含着对康德的批判。康德从审美判断的角度来讨论美和美感问题，认为由于"知解力"和"想象力"的和谐运动的"游戏"，才产生美感，而这种美感的对象才是美。席勒则认为，人天生具有"感性冲动"和"形式冲动"，扬弃了这两种冲动，就可以产生第三种冲动，即"游戏冲动"。席勒与康德的不同之处，在于他不是仅仅局限于从主体的角度解释，而是强调他的"游戏冲动"有其对象，这个对象就是"活的形象"。席勒主张建立一个审美而自由的王国，通过教育，产生健全的人格，从而实现社会的改造。他的美育的目的，是要克服当时的道德危机，克服普遍存在的肆无忌惮的快感追求，通过人性的和谐达到社会的和谐。这实际上是一种不可能实现的理想的乌托邦，它不可能成为社会实施方案，但作为教育理想，有一定的意义。① 这是美育作为一个学科初建时普遍具有的现象，即树立一个庞大的理想，不追求立竿见影的效果，但寄希望于潜移默化的功用。

---

① 参见高建平. 西方美学的现代历程［M］. 合肥：安徽教育出版社，2014：120—137.

席勒的美育方案试图通过审美教育使人获得自由，这对马克思产生了重要影响。马克思虽然没有专门论述美育的论著，但马克思批判地继承了人类的美育传统尤其是席勒等人的启蒙主义美育思想，并对其进行了历史唯物主义的改造，形成了以人学为理论基础的美学和美育思想。尽管学界对马克思人学理论的丰富内容有着不同解读，但基本都认为"以人为本"是其核心理念所在。早在1844年发表的《〈黑格尔法哲学批判〉导言》中，马克思就提出了"人本身是人的最高本质"这一重要的人学学说，并在《共产党宣言》中突出强调"每个人的自由发展是一切人的自由发展的条件"，并将共产主义社会的最根本标志归结为"个人全面发展"，可见，马克思不仅关注无产阶级解放和整个人类的解放，也关注个人的全面自由发展。这里的"人"既是集体概念也是个体概念，是普遍的、一般的人。如果说席勒的局限在于没有认识到在私有制社会里，不去变革社会关系，而只是通过美育来拯救人性、改造社会，是难以实现的空想，马克思则批判了席勒的这种"可笑"，强调"人"首先是处于社会生产劳动实践之中的人，换言之，社会生产实践是人的最基本的存在方式。在《1857—1858年经济学手稿》中他明确指出，全面发展的个人，不是自然的产物，而是历史的产物，完整的人即共产主义新人的产生，是人的自我异化的积极的扬弃，是人的自身的复归。在《资本论》中，他又把人从片面畸形、不合理的状态到自由的、独创的、全面的发展过程，形象地描绘为是从"必然的王国"走向"自由的王国"。总之，马克思把人的全面发展视为社会发展和人的解放的条件，把审美教育当作培养全面自由发展的人、实现共产主义理想的重要途径，并从历史唯物主义的角度指出实现人的全面发展和审美教育的社会基础与途径，由此，"审美王国"就不再是席勒式的不可能实现的乌托邦，而是能够实现并正在逐步实现的美好的未来社会。

当代美国学者约翰·杜威一方面继承了席勒的美育思想，另一方面也克服了席勒思想中的二元论，强调艺术与生活的连续性。他认为，艺术即经验，艺术的意义是"在拥有所经验到的对象时直接呈现自身"，[1]艺术和经验、审美经验和日常经验、审美情感和日常情感之间不是割裂的，而是有机联系和统一的。艺术并不是离开生活而独立存在的领域，它是生活的

---

[1] [美]杜威.艺术即经验[M]高建平，译.北京：商务印书馆，2005：83.

一部分。他用大地和山峰的比喻，说明山峰不过是大地的突出处，而不是飞来之石放在大地上。同样，艺术与生活也具有连续性，在生活之中，对生活起作用。这不是过去那种生活与艺术相分离而相互感应的关系，而是通过艺术加强生活的经验，从而产生意义。因此，美育必须与人生结合起来，努力恢复审美经验与日常生活经验的正常过程间的连续性，让生活艺术化，同时在艺术中升华生活，让受教育者从生活经验中发现美、表现美、创造美。同时，杜威注重教育学研究，强调克服被动的"旁观式"书本教育，主张由受教育者在知行合一的原则下主动学习，强调教育为经验的改造服务，将爱好与学习结合起来。这是一种将对美的追求与对知识的追求相结合之路。

需要注意的是，席勒、马克思、杜威等思考的"美育"是广义的美育，即对人的性格的全面培养，造就健全的人，从而造就健全的社会。而在现代社会，美育常常被人们理解为狭义的美育，即对艺术和自然的审美教育，尤其主要指对艺术欣赏能力的教育。这就把美育仅仅视为一种专业教育，培养人们与艺术有关的技能。一个现代人掌握音乐、绘画、舞蹈等艺术的基本技能和欣赏能力是必要的，但如果把审美教育仅仅狭隘地理解为艺术教育，甚至在教育实践中进一步简化为某些艺术知识和技能的教育，则显然是片面的，片面的审美教育只可能培养出片面发展的人。事实上，在古代社会，审美教育并非是孤立的，也并非只是为了培养具有某种能力的人。在古代中国，周王官学要求学生掌握六种基本才能，即礼、乐、射、御、书、数，既有礼、乐的审美教育，也有射箭、驾车这样的体育科目，还有书写、数学的能力训练。孔子所谓"君子不器"，《荀子·乐论》所谓"乐和同，礼别异"，以及延续两千年之久的"诗教""礼教"传统，都表明美育归根结底是为了培养全面发展的"君子"，是为了建设"天下归仁，世界大同"的理想社会。而在古希腊，雅典城邦以戏剧作为公民教育的重要手段，由此形成了悲剧和喜剧极其繁荣的黄金时代。可见，美育的狭义与广义有着密切的内在联系，重要的不是区分或对立二者，而是在具体的教育实践中，把美和艺术的欣赏与知识的学习、道德的培养整合起来，相互补充，相互促进，以美启真，以美储善，最终实现真善美的统一。

在今天，随着现代化进程的日益加速，教育日益专业化，学术日益学科化，人的社会分工也变得越来越职业化。我们既要学习和培养自己的各种能力（包括艺术能力），又要避免片面的、畸形的发展，而获得人的知识、能力、性格和修养的全面发展。如果说古代的美育致力于利用艺术来对民众进行教化，那么，现代的美育则应当致力于人的全面自由发展。换言之，我们今天对"审美教育"内涵的理解务必要从古典走向现代，从狭义的艺术教育走向广义的人的全面发展的教育，从"美育"走向"大美育"，即以艺术和各种美的形态作为具体的媒介手段，通过审美活动展示审美对象丰富的价值意味，直接作用于受教者的情感世界，从而潜移默化地塑造和优化国民的心理结构，铸造完美人性、健全人格，提升艺术品位和人生境界，从而创造美好生活，构建和谐社会。

第二节　守正创新：建构中国现代美育话语体系

我们知道，19世纪末20世纪初，美学由西方传入中国，由此开启了较为漫长的"西方美学在中国"的时期。美学之所以能够在中国生根发芽，其中最重要的原因在于，当时有一批教育家、学者接受了席勒等西方美学家的美育思想，希望从美育中寻求救国、改革社会的途径和方法，从而形成了一股重要的美育思潮。因此，西方美育的中国化进程也就是西方美学的中国化进程，二者相辅相成，不可分割；而担当这一双重使命的人物，如王国维、梁启超、蔡元培、朱光潜等，则既是美学家，也是美育学家，正是他们为我们铺设了中国现代美育传统的正道。

王国维可谓中国近代美学和美育思想的最早启蒙者和理论上的奠基人，在1903—1906年间，他先后发表了《论教育之宗旨》《孔子之美育主义》《去毒篇》《人间嗜好之研究》等专门研究美育和教育问题的重要论文，最早将"美学"这个译名介绍到中国来，第一个明确提出了"美育"概念（作为"心育"之一），并第一个提出要把美育列入教育方针，全面分析了美育的特点、功能以及美育在教育体系中的特殊位置。他从教育的宗旨出发，提出了智德美三育并重不可偏废，认为正确的美育应当能促进智育与德育，成为它们的有效手段，如其所言，"美育者一面使人之感情发达，以达完美之域；一面又为德育与智育之手段，此又教育者所不可不留意也"。① 可见，王国维对美育有着全面的认识，既强调了美育作为情感教育的独特性，又没有忽视美育对德育、智育的作用。

梁启超是中国最早引进西方美学，并将其与中国传统美学思想结合起来的尝试者，也是近代中国美育思想的开启者之一。1922年，他首次在《趣味教育与教育趣味》中提出了"趣味教育"的概念，把"趣味"（审美）当目的，而不是像近代欧美教育界那样把趣味当手段，所谓"趣味教育"实质上就是情感教育或曰审美教育。如果说梁启超前期为了新民启蒙的需要而偏重于文艺的政治作用的话，那么后期则为了反对功利主义和科学主义人生观，偏重于把艺术（尤其是美文）当作陶冶情感、提升人生境界的一种必需。在他看来，"艺术是情感的表现；纯熟的表现"，"音乐、美术、文学这三件法宝，把'情感秘密'的钥匙都掌握住了。艺术的权威，是把那霎时间便过去的情感捉住，令他随时可以再现，是把艺术家自己个性的情感，打进别人的情趣里头，在若干期内占领了他心的位置"。② 可见，梁启超将陶冶人情、塑造人性的艺术教育视为审美（趣味）教育的利器。

著名教育家、民主革命家蔡元培对美育的力量和实践等问题进行了系统研究和阐述，产生了深刻影响。他对美育思想作了更为系统的阐发，把美育称为"美感教育"，明确提出了美育的概念及目的，"人人都有感情，而并非都有伟大而高尚的行为，这由于感情推动力的薄弱，要转弱而为强，转薄而为厚，有待于陶养。陶养的工具，为美的对象；陶养的作用，叫做美育"（《美育与人生》）。其美感教育根本上仍是以道德情感的陶养为目的；他还明确了美学与美育的关系，他说："美感教育者，应用美学之理论于教育，以陶养感情为目的者也。"③ 在实践上，他推动美学和美育课程的设立，主张通过美学和各种艺术实践类课程，以培养全面发展的人为理想。在理论上，他提出了"以美育代宗教"的命题，这是一个在美学界被人们反复阐释和论述，并引发了热烈讨论的命题。"美育代宗教"意味着什么？原本，代宗教的应该是科学。讲科学和民主，破宗教和迷信，是"五四"运动前后的普遍要求。"美育"在这里能做什么？很重要的一条，

---

① 王国维.王国维文集（第三卷）[M].北京：中国文史出版社，1997：58.
② 梁启超.饮冰室合集（第四册）[M].北京：中华书局，1989：72.
③ 蔡元培.蔡元培美学文选[M].北京：北京大学出版社，1983：174.

是用"美"来启发民智，提升人生境界，在科学之外，进行情感教育。结合中国当时的语境，现代的美育则具有让儿童在艺术的熏陶中接受情感教育，得到自由发展和心智健康成长的作用，而不是接受现成的教义，通过灌输的方式被教化。

在这之后的三四十年代，宗白华、邓以蛰、朱光潜等学者，在国外学习和研究美学并介绍到国内，他们的美学研究基本上都是借重西方美学的研究方法与成果，结合中国的传统文学艺术，或构筑体系，或探索中国的审美与艺术精神，而他们的美育理论同样具有"融西于中"的意味。尤其是朱光潜，可以说是上个世纪中国研究美育最深、美育观念较新而且理论成果最多的理论家。他提出，"美感教育是一种情感教育……美感教育的功用就在怡情养性"[1]，所谓"怡情养性"，就是通过非功利性的、超越狭隘物质利害关系之上的审美活动（尤其是艺术），使受教育者的个人情感得以解放，爱美天性得以生长，从个体方面来说，可以维持心理健康，升华情感，由此完成自我人格的塑造；从群体方面来说，能够打破自我与他者之间的界限，伸展同情，从而加深对人情物理的认识。在他看来，美育是理想教育的重要组成部分，而理想教育就是"让天性中所有的潜蓄力量都得尽量发挥，所有的本能得到平均调和发展，以造成一个'全人'"[2]。缺少了美育的教育只可能培养"精神方面的驼子跛子"。所以，朱光潜始终坚持以人生为核心和旨归，又以"全人"或"整体的人"为美育的目标所在，他希望青年通过"怡情养性"的审美教育而"净化人心"，成为"全人"，实现"人生的艺术化"，进而改造社会，复兴民族。朱光潜的美育思想是其美学思想和教育思想的融汇和贯通，蕴含着浓厚的人文情怀、救世理想以及精英政治倾向，不仅在当时影响巨大，在今天也依然具有重要的当代价值和现实意义。

由于在20世纪五六十年代受到苏联政治美学和工具论的影响，美育在80年代之前一直被狭隘化、工具化地理解为德育或者说思想政治教育的附庸，忽略了美育自身的特殊性，以及在解放情感、塑造人格等方面的独特功能。而随着新时期改革开放和社会转型，审美文化发生了急剧变

---

[1] 朱光潜.朱光潜全集（第四卷）[M].合肥：安徽教育出版社，1988：145—146.
[2] 朱光潜.朱光潜全集（第四卷）[M].合肥：安徽教育出版社，1988：145.

化,"美学热"亦随之兴起,使得人们的价值观、审美观随之发生了巨大变化,也促使学界积极吸收西方美育思想,重新反思和汲取中国古代美育思想和现代美育思想,面对变化了的现实生活,对美育的本质、内涵、功能和意义等重要问题提出更全面更深入的理解和创新。一方面,美学界普遍认同美育是一种非功利、非认识而以自由和创造力为特征的"情感教育",越来越看重艺术在美育中的地位和作用;另一方面,诸多学者又由"情感教育"出发,进而提出了"感性教育""生命教育"的美育本质论,意在突破理性对人民大众的长期规约,从存在论意义上突出强调人的个体性、身体性和生命活力。这些都有力地促进了美育在当代的复兴,推动了艺术创作和艺术教育的繁荣。

从传统美育的"道德教化"转向现代的"情感教育",再转向当代的"感性教育""生命教育",人的情感需要、感性生存和生命意识日益凸显,成为美育的本质内涵。这是与中国美学的现代进程同步的,即逐渐摆脱"理性至上"的逻辑而转向"直面人的感性生存权利";同时,这又是与当代中国审美文化的感官化、形式化、物欲化、商业化等消费趋向密切相关的。长期以来,现代中国美学和美育基本上偏重于认识论的意义,过分强调理性本体和精神价值信仰,而随着20世纪90年代以后中国社会和文化的变迁,尤其是大众物质生活水平的极大提高和人的感性本体的价值重新发现和确认,使得美学和美育话语的建构自然而然地从理性话语转向感性话语,从认识论慢慢转向人生论、生活论。近些年来,蔡元培、梁启超、王国维、朱光潜等现代美学家美育思想的"人生论"内涵得到重新诠释,古代文人士大夫的日常生活美学得到进一步挖掘和阐发,大大推动了美育对大众感性诉求、物质生活等方面的现实关切和精神指引,使美育真正成为连接美学与大众并引导大众走向"美好生活"的桥梁——这可谓建设中国现代美育话语体系的一条创新之路。

另一条创新之路就是努力追求美育与德育相融合,实现以美育人与立德树人相统一,培养健全人格。如上所述,美育的独特内涵、独特功能和独特意义是不能抹煞的,因此,我们既不能像以前那样不提美育,或简单地把美育从属于德育,也不能片面地把美育等同于艺术教育。当然,我们也不能片面强调美育的自律自足,把美育与德育、智育、体育等其他教育形态分离,其中最关键的问题就是处理好美育和德育之间的关系。

美育和德育的关系问题是美学研究和教育实践中的难题。与柏拉图、托尔斯泰等西方哲学家所误认的"美育妨碍德育"不同，孔子所代表的儒家教育宗旨在于"兴于诗，立于礼，成于乐"，是"始于美育，终于美育"的，按朱光潜的话来说，诗乐的目的在于怡情养性，养成内心的和谐，礼的目的在于规范行为，养成生活上的秩序，"内具和谐而外具秩序的生活，从伦理观点看，是最善的；从美感观点看，也是最美的。儒家教育出来的人要在伦理和美感观点都可以看得过去"①。可见，中国儒家教育的育人理想在于培养既"尽善"又"尽美"、既"合理"又"合情"的人。遵循这一育人理想和美育传统，中国现代美学家们大都认为德育是美育的基础、美育与德育应相互交融，比如蔡元培尽管强调"五育"要"以道德为根本"，但同时大力倡导和推行美育，因为"我以为如其能够将这种爱美之心因势而利导之，小之可以怡性悦情，进德修身，大之可以治国平天下。……人我之别、利害之念既已泯灭，我们还不能讲德么？人人如此，家家如此，还不能治国平天下么？"②朱光潜则认为美育是德育的基础，因为"德育从根本做起，必须怡情养性。美感教育的功用就在怡情养性，所以是德育的基础工夫。严格地说，善与美不但不相冲突，而且到最高境界，根本是一回事，它们的必有条件是和谐与秩序。从伦理观点看，美是一种善；从美感观点看，善也是一种美"③。总之，美育因为具有修身养性、深刻影响人心的内在育人功能而成为德育的基础，美育和德育相互交融，共同指向以道德人格为核心的健全人格的培养，如席勒所设想的，感性的人经过"审美的人"而成为"道德的人"。

守正才能创新。正是基于这样的"美育与德育相互融合"的中国儒家美育传统和现代美育传统，2015年《国务院办公厅关于全面加强和改进学校美育工作的意见》明确提出，"美育是审美教育，也是情操教育和心灵教育，不仅能提升人的审美素养，还能潜移默化地影响人的情感、趣味、气质、胸襟，激励人的精神，温润人的心灵。"这里，美育被十分清晰地定位于人格教育，且特别关注道德人格的养成。而在关于学校美育工作的总体要求中，明确提出"把培育和践行社会主义核心价值观融入学校美育

---

① 朱光潜.朱光潜全集（第四卷）[M].合肥：安徽教育出版社，1988：145.
② 蔡元培.蔡元培全集（第六卷）[M].北京：中华书局，1984：49.
③ 朱光潜.朱光潜全集（第四卷）[M].合肥：安徽教育出版社，1988：145—146.

全过程，根植中华优秀传统文化深厚土壤，汲取人类文明优秀成果，引领学生树立正确的审美观念、陶冶高尚的道德情操、培育深厚的民族情感"，进一步明确了学校美育与道德人格培养的内在关系。2018年8月30日，习近平总书记在给中央美术学院8位老教授的回信中指出，"美术教育是美育的重要组成部分，对塑造美好心灵具有重要作用……做好美育工作，要坚持立德树人，扎根时代生活，遵循美育特点，弘扬中华美育精神，让祖国青年一代身心都健康成长"。把以美育人和以德树人紧密结合起来，把审美超功利论和审美功利论统一协调起来，充分发挥审美教育养育人心、塑造人格的作用，这正是对中华美育传统和美育精神的守正与创新。

第三节 美育实践：强化三位一体的育人结构

如前所述，美学的"生活转向"是时代所趋，美学理论终究要通过具体的美育实践才能让美学走进人民大众的生活，才能真正发挥以美育人的功能。在传统教育观念中，美学理论研究和美育实践常常是脱节的，二者之间横亘着一道巨大的鸿沟。而在现代教育观念中，美育实践随着美育进入国家教育方针之中而日益丰富和提升，尤其是新世纪以来的这20年，对美育的价值和定位以及在整个教育系统中的基础性作用的认识逐渐明晰，学校美育在课程建设、师资队伍建设、机制建设、品牌项目建设等各方面都取得了较大进展，对提高学生审美与人文素养、促进学生全面发展发挥了重要作用，贯穿学校教育全程的大美育体系正在努力创建之中。当然，也毋庸讳言，由于教育资源尤其是美育资源分布的不均衡，尽管我们现在已经拥有了古今中外的美育理论资源，也基本建立起中国现代美育话语体系，但是美育在当下大众生活实践中的重要地位并未完全确立，尤其是在青少年教育实践中，还存在着诸多问题，比如把美育当作是德育、智育之外的可有可无、可多可少、可轻可重的点缀，把美育简单等同于艺术教育，强迫青少年学习艺术知识、技能并要求考级，把美育只当作是学校教育的任务，如此等等。蔡元培曾在《美育实施方案》一文中认为，彻底的美育，应该是从一个人出生到死亡的美育，即从家庭美育开始，经历学校美育，到社会美育终止。由此，我们需要进一步强化家庭美育、学校美育和社会美育三位一体的育人结构，把美育实践提升到更高的水平。

家庭是美育的摇篮。习近平总书记指出，家庭是社会的基本细胞，是人生的第一课堂，因此我们要重视家庭建设，注重家庭、注重家教、注重家风。每个家庭有每个家庭的家教家风，但审美教育是不可或缺的家教，是美好家风的源头和底蕴，因为家庭日常的环境、气氛、情感和活动，是孩子认知外在环境的基础，它潜移默化地影响着孩子对自然社会的认知，对文化人文的体察，影响着孩子道德修养、审美观念、价值体系的形成。从这个意义上来说，美育的根在家庭，家庭美育是摇篮，父母是孩子的第一任老师，也是美育的第一责任人。要做好家庭美育，父母必须遵循美育的特点，必须充分利用家庭生活环境中的一切美好事物对孩子进行审美教育，比如朴素、清新、美观的房间布置和生活用具，整洁、舒适、大方的衣着服饰和言谈举止，和睦、愉悦、文明的家庭氛围等，都有助于孩子养成健康的审美趣味。今天的家长大都注意艺术教育对孩子的培养，但关注的重心是音乐、舞蹈、美术等技能特长的培训，为的是将来的升学和求职，功利倾向十分明显。因此，家长必须降低这种功利诉求，着重培养孩子的艺术感受力和鉴赏力，尤其是运用情感、符号和形象等要素进行思维的艺术思维，进而按照艺术美的规律去创新创造。此外，千姿百态、内涵丰富的自然也是极富审美价值的审美对象，家长应将自然美作为家庭美育的重要内容，尽可能地带孩子多走进大自然，使其在自由游戏之中陶冶情感、放飞心灵，在云卷云舒、花开花落之中发现美、欣赏美，真正理解到人与自然之间是一种共生共存的生态关系，从而对自然美、生态美产生真切的认知和理解。

学校是美育的阵地。学校美育是学校教育的重要组成部分，是培养全面发展的高素质创新人才的重要阵地。党的十八大以来，学校美育工作加速推进，实现了跨越式发展，取得了历史性成就，比如美育政策制度体系更加完善，美育师资大幅增加，高雅艺术进校园、学生艺术展演、"传承的力量"等一系列品牌活动影响力不断扩大，等等。当然，目前的学校美育在观念上、实践中都还面临着一些需要厘清和解决的难题，最突出的难题在于，美育常常不是无形地融入学校教育的整体之中，而是被当作一种以艺术知识普及、艺术方法训练为主导的特殊知识活动，由此在教学中新增课程、分割课时。事实上，美育在学校教育中应渗透到知识的学习和修养的提高之中，无论是语言和文学教育，还是历史、地理、政治等课程的教育，都可与审美教育结合在一起，而不是在学习之外另搞一套。如前所述，美育不等同于艺术教育，美育是一个远大于艺术教育的概念，它要通过作为途径和手段的艺术教育（如美术教育、音乐教育、舞蹈教育、文学教育、书法教育等），来培养学生的艺术感受力和掌握基本的艺术技能，但美育又不受限于艺术教育，更非知识化的艺术教育，而是一种伴随人的个体生命始终的"成人"教育。为此，我们要以"成人"为目标，要把内在精神的引导放在学校美育的第一位，努力从认识和实践两方面有效地超越"知识化"的美育困境，建构一种指向明确、包蕴丰富的学校美育体系，整合学校教育系统中的各项审美因素，并在日常环境、学校文化、生生关系和师生关系、社团组织与活动以及人才培养规划与教学设计等各个领域中，多元化、多样性、整体性地落实美育实践。同时，要因人而异，考虑到美育对象主体即学生的实际境遇与美育指向的普遍取向之间的现实关系，在现实中生动地感受和理解每个学生的情感发生与发展需要，从而进行情感的丰富和陶养升华，尤其是要努力引导学生直面现实的、生命的矛盾冲突，不断在意识层面、精神自觉中回返真正人的生命完整性。

　　社会是美育的广场。社会美育是指借助社会上各种专门的美育设施和环境所施行的美育，以全体社会成员为对象，尤其可以兼顾到成年人和老人群体的审美需求，在时间、空间、教育内容和课程资源等方面更加灵活和丰富，能够有效弥补家庭美育、学校美育的局限，可谓一种"广场美育"。美育是全社会的事业，要推进美育事业的发展，就必须依靠全社会方方面面的共同努力。从这个意义上讲，广泛开展社会美育活动，对于提高全民族的文化修养和审美素质具有不可缺少的重要作用。当今时代，物质生活日益繁荣，社会经济、科学技术、网络信息等高度发达，给人们的生活带来无数便利，但也带来拜物主义、享乐主义、极端个人主义等诸多社会问题，导致少数人价值观混乱，道德缺失，美丑不分，人格扭曲，迫切需要社会美育来提高大众的精神生活质量，建设良好的社会审美文化。近些年，随着国家对美育的重视，社会美育的步伐也不断加快，社会设施美育、社会环境美育、社会日常生活美育等多管齐下，并逐步走向有机融合。其一，电影院、美术馆、音乐厅、文化宫、博物馆、展览馆、公园等社会设施日益增多，尤其是博物馆、美术馆，从免费开放到细分受众，从活化典藏到不断拓展公教活动，逐步成为一个公共教育场。这些社会设施成为社会美育的重要阵地，通过群众性的文化娱乐活动，采取多种多样的形式和方法，使全体成员受到美的熏陶。其二，依托已有的优美的自然景观和人文景观，开发和打造新的自然景观与人文景观，比如北京大运河文化带、滨河公园、步道等，通过社会环境的美化对社会成员发挥美育作用。其三，以高尚的人为榜样，通过一些感人的模范事迹影响一般人，比如"感动中国年度人物评选"，使社会成员在日常生活中经受精神道德的洗礼，努力追求自身的道德完善和人格美化，促使全社会形成风清气正的社会风气。通过这些社会美育形式，越来越多的人开始走进博物馆、美术馆，走入生态景观，注重个人的艺术品位和美德培养。当然，我们的社会美育在受众人数、普及程度、自觉学习等方面还任重道远，这就需要更多社会力量的支持，需要更多专业美育机构和公共机构进一步发挥自身优势，充分发挥博物馆、美术馆等公共资源在与学校、社区等互动中得到最大化利用，从而进一步普及社会美育，使美育成为国民生活的一部分。

本章小结

美育就是"以美育人"，是一种以"人"为中心的"爱美的教育""成人的教育"，它鼓舞人们去爱美、欣赏美、追求美，提高生活情趣，培育崇高生活目标，这是美育的独特功能，是单纯的德育、智育、体育所不能达到的，它关乎全体国民的情感的陶冶、感性的满足和生命意识的全面开发，对于"培养德智体美劳全面发展的社会主义建设者和接班人"，对实现中华民族伟大复兴，具有至关重要的作用和意义。美学理论和艺术理论的研究为美育实践提供了充分的理论保障和智力支持，不仅改变了长期以来仅以智育或德育为中心的教育格局，确立了美育在其中的不可动摇的独特地位，而且个体的情感、生命等感性诉求得到尊重和肯定，极大地发挥了美育在"立德树人"中的重要作用，为真正培育人格健全、德智体美劳全面发展的人创造了条件。

无论是现代美育话语体系的理论建构，还是"三位一体"的美育实践，当代美育都应始终坚持"以人为本"的价值取向，坚持"立德树人""以美育人"的中心任务,既要把古代美育与现代美育区分开来,又要立足当下,从古代美育中汲取营养,建立现代美育体系,弘扬中华美育精神,繁荣当代艺术生产,着力塑造全面而自由发展的人,促进人的现代化和美好生活的实现,最终建构起一个健康和谐的美好社会。

后　记

这本书是中国文联出版社给予的一项任务。接到任务后,我根据要求拟了一个框架性目录,发给拟邀请参加的深圳大学美学与文艺批评研究院、深圳大学人文学院,以及国内其他高校的一批学者。当时正值疫情盛行,无法见面。我在与各位参编者沟通的基础上,在2020年3月,召开了一次线上会议,围绕我提出的框架进行了讨论,并确定了分工,明确了写作要求。当年5月,我回到深圳,分别与参编者接触,了解写作进度。6月,各位学者先后交稿。我阅读了各位的稿件,提出了修改要求。此后几经反复,终于成稿。各章的分工情况如下:

导言：论美学学科内涵的扩展与新变（高建平）

第一章　审美活动：主客二分的美与美感及其超越（高建平）

第二章　自然美、环境美、生态美（史建成）

第三章　艺术与艺术美（史雄波）

第四章　美与艺术的范畴（高建平）

第五章　古代与中世纪的美学（高建平）

第六章　现代美学的兴起（李永胜）

第七章　20世纪前期西方美学（陈昊）

第八章　语言学转向：西方美学的新发展（陈昊）

第九章　先秦两汉的美（李健）

第十章　魏晋至唐宋美学概要（朱海坤）

第十一章　元明清的美（李健撰第一、二、四、五节,朱海坤撰第三、六节）

第十二章　近现代的美（李丹舟）

第十三章　中国马克思主义美学的现代历程（高建平）

第十四章　美学与美育（江飞）

这套书是在中国文联出版社总体策划下写成，邓友女老师提出了总体要求，并一直关心着该书的进展。在写作过程中，几次与李心峰老师交换意见，从他那里得到许多启发。

在此，我向各位参编者表示谢意，同时也感谢中国文联出版社为这本书的出版做出的努力。书有自己的命运。希望这本书受到更多的人欢迎，让更多的人读后感到受益。

高建平
2021 年 7 月 3 日